A VIVA VOZ

Carlos Fuentes

A viva voz

Conferencias culturales

A viva voz
Conferencias culturales

Primera edición: diciembre, 2019

D. R. © 2019, Carlos Fuentes y Herederos de Carlos Fuentes

D. R. © 2019, derechos de edición mundiales en lengua castellana:
Penguin Random House Grupo Editorial, S. A. de C. V.
Blvd. Miguel de Cervantes Saavedra núm. 301, 1er piso,
colonia Granada, alcaldía Miguel Hidalgo, C. P. 11520,
Ciudad de México

www.megustaleer.mx

D. R. © 2019, Steven Boldy, por el prólogo

ISBN: 978-607-318-697-1

Impreso en México – *Printed in Mexico*

El papel utilizado para la impresión de este libro ha sido fabricado a partir de madera
procedente de bosques y plantaciones gestionadas con los más altos estándares ambientales,
garantizando una explotación de los recursos sostenible con el medio ambiente y beneficiosa para las personas.

Penguin
Random House
Grupo Editorial

Índice

Prólogo de Steven Boldy   9

MAESTROS
Balzac   19
William Faulkner: la novela como tragedia   39
Los hijos de la Mancha   61

AMIGOS
Mi amigo Octavio Paz   81
Luis Buñuel, cineasta de las dos orillas   91
Experiencia, amor y amistad: reflexiones
en honor de Alfonso Reyes y Julio Cortázar   119
Cien años con Fernando Benítez   147

VOCACIÓN
La literatura moderna y las figuras hispánicas   155
¡Obra en la vida!   185
Una nueva geografía de la novela   217
La creación literaria   247
Transformaciones culturales   261
La novela de la Revolución mexicana   283

Prólogo

La obra narrativa y ensayística de Carlos Fuentes se escribió para ser impresa y leída, y releída, claro está. Es una aventura intelectual y vivencial única, muchas veces difícil. Requiere en el lector el pleno ejercicio de su cultura, atención y sentidos, un ejercicio que es ampliamente recompensado con placer, reconocimiento y un enriquecimiento de su percepción del mundo y sus seres. Las conferencias se conciben principalmente para ser pronunciadas y escuchadas. Carlos Fuentes fue un conferenciante generosamente prolífico e incansable. Hasta el final subía al podio con un salto atlético, seducía a su público con la brillantez de sus dramáticas síntesis, su manera personalísima de vivir y compartir su cultura literaria, la calidez de su tono. En una conferencia hablaba de la atención que mantener y ahondar la amistad exige y su palabra viva encarnaba esta intensa atención que define al escritor realmente importante. Una atención penetrante, crítica, colérica a veces, amorosa, inteligente. La inmediatez de la palabra hablada de Fuentes informa y anima los textos escritos de las conferencias reunidos en este tomo. Hablan intensamente de su relación con la literatura universal y nacional, con su propia literatura, con sus amigos y con la comunidad de escritores, desde Cervantes hasta Cortázar que, con él, comparten una plural apertura a la diversidad, la otredad y a la duda crítica que el poder y tantos regímenes políticos pugnan por eliminar.

A Fuentes le gustaba agrupar los conceptos y las figuras literarias en tríadas: desde los yo, tú y él, de *Artemio Cruz*, los tres peregrinos de *Terra Nostra,* memoria, inteligencia y voluntad; hasta el trío Voltaire, Rousseau y Diderot en *La campaña* o Marat, Robespierre y Danton con sus respectivos personajes en *Federico en su balcón.* Los tres maestros de los que habla aquí, Balzac, Faulkner y Cervantes, representan las visiones y prácticas que dialécticamente conforman gran parte de su obra: *grosso modo*, realismo, energía optimista, progreso lineal, la conciencia trágica, la conciencia crítica y lúdica, la mezcla de géneros y los juegos literarios que subvierten el orden narrativo y natural. La novedad de *La región más transparente* radicaba en el maridaje del realismo decimonónico francés y el modernismo anglosajón. La primera ruptura radical con el realismo y la fijeza genérica, bajo el signo cervantino, de la Mancha, llegó con *Cambio de piel.*

Estas tres conferencias empiezan pausadamente con una exposición amplia y sintética, de clase magistral, sobre la realidad histórica e intelectual en la cual se desarrolla la labor de sus maestros y van ganando en urgencia, en atrevimiento conceptual y dramatismo retórico. Usa el clásico ensayo de Benjamin sobre París como capital del siglo XIX para hablar del fetichismo de las posesiones, del dinero, del espectáculo del consumo como trasfondo de la energía de los personajes de Balzac y la seguridad con la que éste encarna lingüísticamente su psicología y voluntad. Se concentra después en *La piel de zapa* como vértice de las dos vertientes de la obra de Balzac: la de los estudios de costumbres sociales y la fantástica de los estudios filosóficos. Esta vacilación genérica se refleja en el realismo de

Artemio y lo fantástico en su novela corta *Aura*, ambos del mismo año. En el caso de William Faulkner empieza con una exposición del tajante maniqueísmo moral de Estados Unidos y su doble fe en el progreso material y la salvación espiritual, su destino excepcional frente a la corrupción de la vieja Europa, su optimismo sin fisuras. Han sido escritores como Poe, Melville, Hawthorne y Steinbeck quienes más eficazmente han denunciado esta ideología, pero es Faulkner el que eleva el drama a nivel de tragedia. La derrota del Sur en la Guerra Civil y su larga historia de violencia racista subvierten la versión triunfalista de la historia. Sigue una exploración larga, densa, brillante y elocuente del "tiempo incandescente" de Faulkner y un análisis importante del sentido de la tragedia como ambigüedad y desgarro entre opciones morales de igual validez. La noción de la tragedia resurge repetidamente en estas conferencias y en la literatura de Fuentes, asociada también con Kafka y Nietzsche. Faulkner nos permite "acompañar a la razón dentro de sus límites sin enajenarnos a sus ilusiones".

Fuentes inscribe a Cervantes y su progenie, los hijos de la Mancha, en el elogio de la locura erasmista, que erige la duda irónica contra los dogmas gemelos de la Fe ciega y la Razón hermética. Cumple una función paralela a la de Faulkner contra el maniqueísmo y la falsa conciencia yanquis. Fuentes sitúa a Erasmo y su *Elogio de la locura* (lo que puede ser), en la esencial tríada renacentista entre Tomás Moro (*Utopía*, lo que debe ser) y Maquiavelo (*El príncipe*, lo que es). El *Quijote*, con su diálogo de géneros entre épica y picaresca, su personaje que se sabe leído, su radical ironía y sus juegos de las novelas dentro de la novela (hermanos del teatro dentro del teatro de *Hamlet*) funda una dinastía de escritores irreverentes y autorreferenciales como el Sterne de *Tristram Shandy*, el Diderot de *Jacques le fataliste* y el Borges de "Pierre Menard". Y aquí Fuentes empieza a levantar vuelo y a divertirse: Napoleón era un "anti-Quijote" que fundó la tradición de Waterloo, que nació de la historia y no de la imaginación como la de la Mancha. Los héroes de la nueva sociedad burguesa post-revolucionaria campean a sus anchas, por supuesto, en las páginas de Balzac. Las certezas de este mundo, y la doble fe en el progreso y el realismo, sólo se rompen radicalmente con la Primera Guerra Mundial cuando resurge la literatura de la mancha, manchega y manchada. Fuentes también se inscribe en la tradición subversiva de la Mancha, una tradición inseparable de las otras tradiciones: "Tengo un artículo de fe: No hay tradición que se sostenga sin creación que la renueva. Y no hay creación que valga sin tradición que la preceda".

En cierto modo, las demás conferencias sobre literatura son una ampliación de las premisas asentadas alrededor de "los maestros". Sus páginas demuestran una y otra vez la generosa apertura de Fuentes a una comunidad internacional y pluricultural de escritores que militan contra el olvido, la separación, el abuso de poder. El terreno común de la literatura es un sitio profundamente democrático: "Existe un terreno común donde la historia que nosotros mismos hacemos y la literatura que nosotros mismos escribimos, pueden reunirse. Ese lugar no es Olimpo sino Ágora". La otredad y los otros tienen plena cabida en su literatura. Las palabras consoladoras de Flaubert, "Madame Bovary soy yo", tienen que ceder el paso a las palabras de

Rimbaud: "Je est un autre". "Yo es Otro." Estas palabras no ofrecen consuelo, sino exigencia. Somos otro. Y el otro puede ser extraño. El otro puede alarmarnos, repugnarnos. Es la difícil lección de las últimas obras de Fuentes como *La voluntad y la fortuna* o *La Silla del Águila*. Las culturas viven en constante transformación y Fuentes no deja de celebrar el poder transformador de la literatura, su poder de añadir algo valioso a la realidad: "Todos estos son reclamos a nuestra imaginación que cambian para siempre al mundo porque no se contentan con reproducir o reflejar la realidad, sino que aspiran a crear una nueva y más profunda realidad. Don Quijote y Hamlet son inimaginables antes de que Cervantes y Shakespeare los creasen. Hoy no entenderíamos el mundo sin ellos. No nos entenderíamos a nosotros mismos".

Entre las palabras más sentidas y profundamente humanas de Fuentes son las que dedica a la amistad. Hablando del mal y de las experiencias difíciles con las que se ha enfrentado en la vida, se refiere a una intensidad de atención que trascienda el yo personal y se abra al otro: "Se levantará el templo de la ética para que la experiencia humana sea, difícil, excepcionalmente constructiva. Ello requiere, a mi entender, un alto grado de *atención* que rebasa nuestro propio yo, nuestro propio interés, para prestarle cuidado a la necesidad del otro, ligando nuestra subjetividad interna a la objetividad del mundo a través de lo que mi yo y el mundo compartimos: la comunidad, el nos-otros". Hablando de su amistad con Julio Cortázar y Aurora Bernárdez, "una pareja de alquimistas verbales, magos, carpinteros y magos", añade lo que podría ser el lema de sus meditaciones sobre la amistad: "Lo que no tenemos, lo encontramos en el amigo. Creo en este obsequio y lo cultivo desde la infancia". Los amigos que incluye en estas conferencias son Luis Buñuel, Alfonso Reyes, Julio Cortázar, Fernando Benítez y Octavio Paz. Los homenajes a Reyes y a Benítez no pueden ser más elocuentes. El primero supo "traducir la totalidad de la cultura de Occidente a términos latinoamericanos"; leer al segundo "es como leer el siglo xx mexicano". Estos homenajes serios y entrañables cobran tintes más carnavalescos en *Cristóbal Nonato*. Sus palabras sobre Buñuel revelan al extraordinario crítico de arte que fue Fuentes, más que evidente por otra parte en su *Viendo visiones*. Sus comentarios sobre la mirada del deseo en *El obscuro objeto del deseo*, el deseo masculino de poseer a la mujer y el de la mujer de "ser otra para ser ella" son agudos. Sobre el amor, es difícil olvidar su frase: "Creo que el amor es como los ríos ocultos y los surtidores sorpresivos de Yucatán". En "Mi amigo Octavio Paz", escrito justo después de la muerte de éste, cuyas primeras poesías y ensayos fueron "las aguas bautismales de mi generación", dedica generosas palabras al poeta. A la espera de leer (¿desde dónde?) la copiosa correspondencia que se publicará cincuenta años después de la muerte de Fuentes, nos deja dicho en la última página de su artículo lo que respondió cuando le ofrecieron para la *Revista Mexicana de Literatura* un ataque salvaje contra Octavio Paz: "aquí no se publican ataques contra mis amigos". Y otra frase, con un paralelismo muy de Paz: "Octavio, físicamente, incendió el dinero. ¿Lo incendió, otro día, el dinero a él?" Con todo, no deja de ser un entrañable ensayo sobre la amistad que los unió durante tantos años.

En las conferencias que conforman la tercera parte de esta colección, Fuentes vuelve su mirada hacia la historia de sus propias obras literarias y a los principios que rigen su construcción. Coloca sus obras al lado de los acontecimientos culturales relevantes de su época y cuenta detalles y emite juicios que interesarán vivamente a los amantes de su literatura. Revela, por ejemplo, el desasosiego que le sigue produciendo su personaje Artemio Cruz, que "es el hijo más rejego, rebelde, taimado, traidor a ratos, héroe en algún momento, que constantemente regresa a mí reclamando su filiación. Es un reproche, es un recuerdo". Es la cifra del destino patente y oculto de México: "Pero gracias al proyecto de Artemio, México es lo que es hoy, aunque también es lo que no es, dejó de ser, o aún no es". Otorga a *Cristóbal Nonato* una función análoga: "No se trata de una profecía sino de un exorcismo". En diferentes modos, *Cambio de piel* y *Terra Nostra* hablan de su relación con la cultura española. Cuando la censura franquista prohibió la primera: "Sentí, irónicamente, que lo ocurrido ilustraba, miserablemente, lo que la novela decía: el reino de la violencia, los dominios de la intolerancia, y la persistencia de la estupidez, son verdaderamente universales". La segunda representa "el diálogo de un mexicano con esa mitad de nosotros que es España". Como con Artemio Cruz, alude a una especie de íntima otredad dentro del devenir nacional.

De la última conferencia, su decálogo para el futuro novelista, sobresalen tres consejos. "DISCIPLINA. Los libros no se escriben solos ni se cocinan en comité. Escribir es un acto solitario y a veces aterrador." "LEER. Leer mucho, leerlo todo, vorazmente." Del segundo consejo sigue el tercero: la creación literaria se sostiene sobre la tradición literaria. De ésta y de las demás conferencias de Carlos Fuentes irradian la ética y la presencia vital del gran escritor mexicano y universal.

STEVEN BOLDY, 2019

Maestros

Balzac

Señoras y señores:

No conozco ensayo más hermoso sobre una ciudad que el de Walter Benjamin, titulado *París, capital del siglo XIX*. Benjamin, el producto más acabado de la civilización alemana de su época, fue una víctima del nazismo que murió al filo de la noche, entre la espada y la pared, suicidado por la historia. Es, acaso, el más grande ensayista de nuestro siglo y sus palabras sobre París, la ciudad que él soñó y perdió en la muerte, me servirán de guía para acercarme a los problemas que trataremos en este curso: identificación, percepción y nominación del sujeto y el objeto literarios en el movimiento de des-plaza-miento.

Ciudad cerrada, ciudad abierta; ciudad virgen, ciudad desflorada. El paisaje moderno, nos dice Benjamin, es el pasaje comercial inventado en París en el siglo XIX: una naturaleza de vidrio y fierro, los elementos modernos que la revolución industrial añade al aire, al agua, la tierra y el fuego clásicos; vidrio y fierro contra la quebradiza opacidad de la pobreza antigua, las ventanas cubiertas de papel aceitoso, las chozas asfixiadas, sin ventanas, pozos de humo oscuro.

El pasaje comercial, dice Julio Cortázar en el cuento del mismo título, es "el otro cielo"; se convierte en "la caverna del tesoro": una caverna luminosa, accesible a todos.

El pasaje comercial es interior y es exterior. Adentro, protege de la inclemencia del tiempo, permite pasearse a toda hora bajo los techos de vidrio y fierro; afuera, permite mostrar públicamente la mercancía, ofrecerla y protegerla a la vez.

Subterráneo de vidrio: el pasaje comercial muestra y nos muestra al tiempo que nos encubre y aprisiona. Aproximación del paraíso: puede llover en el otro mundo, dice Cortázar, en el mundo del "cielo alto"; no aquí, en este segundo cielo, más cercano, que es el de las galerías Vivienne en París o Güemes en Buenos Aires. "Los pasajes y las galerías han sido mi patria secreta desde siempre", confiesa el protagonista de *Todos los fuegos el fuego*. Y en *Ese oscuro objeto del deseo*, de Luis Buñuel, las imágenes culminan misteriosamente en esas galerías con luz de esperma: el protagonista de la película, Fernando Rey, se aleja por una galería comercial con un costal al hombro. ¿Qué acarrea el héroe del consumo hacia el tiempo consumido por la palabra que no tardará en aparecer en la pantalla:

FIN?

El fetichismo mercantil, nos dice Walter Benjamin, alcanza su culminación en las llamadas ferias mundiales, ocasiones excepcionales, Navidades de Mercurio, Ascensiones y Epifanías del universo comercial cuyas manifestaciones cotidianas —la misa mercantil— serán las galerías y los grandes almacenes a los que tan misteriosamente nos desplazan Buñuel y Cortázar.

La primera feria mundial moderna tuvo lugar en París en 1798 en medio y como parte distintiva de la Revolución francesa. ¿Pan y circo del segundo directorio? Sí, pero algo más también: dos percepciones diversas de lo que sería, de allí en adelante, el mundo de las cosas, la galaxia mercantil: los organizadores revolucionarios entienden ofrecerle al pueblo de París una diversión; para el pueblo, en cambio, la feria comercial es vista como una emancipación. El valor de la mercancía es transformado por esta operación cuasi-sagrada: la revolución industrial, hija pragmática de la ideología revolucionaria, va a ofrecer una cantidad y variedad de objetos sin precedente a un número y variedad creciente de ciudadanos. No bastará con que esas cosas sólo sean usadas y desechadas prontamente; primero, deben poseer un valor metapecunario: deben ser percibidas, identificadas, nominadas como símbolos, fantasmagorías placenteras, sublimaciones del ego, distracciones que nos recompensan de un trabajo que por ser más libre se ha convertido en más desvalido, de una política que con ser más igualitaria no ha sido más solidaria, de una sociedad que con declararse más fraternal no ha provocado menos sentimiento de enajenación.

La ley Le Chapelier —el primer acto legislativo de la Revolución francesa— disuelve las corporaciones profesionales y artesanales y entrega a los trabajadores a la penumbra cenicienta de las fábricas de Dickens y de las cárceles de Balzac: será libre quien sobreviva en un mundo sin más ley que la voluntad individual, sin más límite que la ambición personal, sin más recompensa que la ganada en esta tierra y convertida enseguida en objeto vendible, comprable, atesorable pero también mirable y sobre todo admirable.

Las antiguas peregrinaciones religiosas a Santiago y a Canterbury se transforman en las peregrinaciones mercantiles a las ferias mundiales. Varias de ellas —en este siglo y el pasado— se celebran en París, convertida en capital del lujo, monopolizadora de la elegancia y la profusión de objetos que el mundo desea. Hoy más barata, cercana y democrática, esa opción la ofrecen Houston, Dallas y Miami o aun más modestamente Perisur. Pero entonces como ahora, para el comprador potencial que en todo caso siempre es espectador primero, la mercancía es diversión —*entertainment, show business*— y para el empresario, séalo de mercancía o de espectáculo, el espectador es su mercancía. (Trasladado brutalmente al terreno político, esta simbiosis de mercantilismo y espectáculo explica sobradamente la elección, en los Estados Unidos, de Ronald Regan.)

La prensa moderna, nos dice Benjamin, aparece para organizar el valor de la mercancía, darla a conocer, informarnos qué cosas son deseables y, sobre todo, cuáles son nuevas, para ti, sólo para ti, cliente, elector, mi semejante, mi hermano.

En *Las ilusiones perdidas* y en *La piel de zapa* de Balzac, la prensa aparece como una nueva forma de conspiración: una conspiración alegre y sin peligro, la llama Benjamin. En nuestros días, el sociólogo norteamericano C. Wright Mills hablaría del producto final de esta conspiración sonriente de prensa y mercancía, y lo llamaría "el Robot Alegre". Pero para el siglo XIX que nos describe Walter Benjamin, la novedad no provocaba un sentimiento de adormecimiento, sino de liberación. Aún lo produce, pero hoy somos robots que aceptamos alegremente nuestra cómoda esclavitud; para el ciudadano emancipado y en ascenso del siglo XIX, para Rastignac en París y para Pip en Londres, la transformación de la mercancía en diversión era un hecho revolucionario y liberador.

El París descrito por Benjamin se celebra a sí mismo con fotografías y, siempre, más y más mercancías. El barón Haussmann condena a muerte la vieja ciudad medieval y abre las grandes avenidas —la Avenida de la Ópera, los bulevares de las Capuchinas, de los Italianos, de Courcelles— que permitirán un tránsito más expedito para quienes compran cosas pero también para quienes las roban: Arsène Lupin, el caballero ladrón, escapará más fácilmente gracias a las anchas avenidas que comunican los centros del poder social y mercantil parisino.

En cambio, los revolucionarios potenciales ya no podrán levantar barricadas en los anchos espacios de los grandes bulevares. La ciudad de las revoluciones de 1789, 1830 y 1848 es demolida: adiós, *Los miserables*, adiós, *La educación sentimental*, adiós, la *Historia de dos ciudades*. Nunca más tejerá Mme. Defarge junto a las guillotinas, ni saldrá Jean Valjean a buscar a Marius entre las barricadas del Faubourg St. Antoine, ni contemplarán los ojos inocentes y tristes de Frederic Moreau la caída de los Borbones en medio del furor de julio.

La lucha de clases ya no tendrá lugar. La Europa burguesa, después de la explosión de 1848 —el ardiente fiel histórico del siglo XIX europeo, pero también su albergue español adonde cada cual lleva lo que ya tiene— cree llegado el momento de la paz perpetua. En cambio, Marx lee en las revoluciones del año 48 un proceso de diferenciación irreversible dentro de la unidad anti-aristocrática fraguada por la revolución de 1789 —que, a su vez, fue un resultado de la ruptura del convenio secular entre la realeza y el Estado llano: nunca hay política sin alianzas.

Los intereses dejan de coincidir. Las diferencias sociales se acentúan y —escribe Marx— la burguesía percibe "claramente que todas las armas que había forjado en su lucha contra el feudalismo voltearon sus puntas contra ella, que todos los dioses creados por ella la habían abandonado". Sin embargo, ni Bismarck ni Francisco José ni Luis Napoleón ni la reina Victoria parecen muy asustados por este estado de cosas. El des-plazamiento que asegurará la paz interna se llamará, por un lado, crítica que al igual que la revolución burguesa ha sido la más profunda y fuerte de todas las revoluciones —y la más duradera y liberadora también— porque para establecer su sistema ha tenido que criticarlo con libros, escuelas, sindicatos, partidos, parlamentos que son la salud del sistema porque atacan críticamente al sistema. El sistema del sistema es la crítica del sistema.

El otro des-plazamiento es internacional y se llamará imperialismo. El proletariado nacional será menos explotado que el proletariado colonial. Las insurrecciones y las represiones ya no tendrán lugar en Europa, sino en Argelia, México e Indochina. Los dictadores del mundo colonial perpetúan esta gran ilusión: Porfirio Díaz es el más acabado ejemplo de la paz en las colonias, el orden y el progreso, el Paseo de la Reforma a cambio del Bulevar de las Capuchinas y el Puerto de Liverpool a cambio del Bon Marche.

Pueden encontrarse todos los paralelos que se quieran entre el segundo imperio francés y el porfiriato mexicano, su sucesor republicano y colonial en las Américas, pero ni los bulevares de Haussmann, construidos para proteger a la ciudad contra la violencia civil, impidieron la explosión de la Comuna de París; ni los saraos del Centenario y los penachos del ejército federal impidieron la explosión de 1910 en México, encumbros del imperio de Maximiliano y la República de Juárez.

Cuando París era la capital del siglo xix, la golosina de los pasajes comerciales era muy dulce, las ferias mundiales sagradas, la prensa excitante y seductora. Y, sobre todo, la creciente clase media de Europa obtuvo por primera vez posesión de la mercancía misma a través del dinero, y posesión de la identidad propia a través de la fotografía. Voy a estudiar estos dos aspectos y los problemas que proponen a la literatura, en este orden.

Primero, las cosas, la historia de las cosas.

Luis Felipe, el monarca burgués, es el primer rey que posa en pantuflas. El cuadro que lo describe sentado junto a su chimenea, rodeado de su mujer e hijos, no sólo establece el ánimo democrático de la Monarquía de Julio. Es quizás el primer cuadro de un rey sin corona, sin armiño y sin cetro, aunque no desnudo. Sus posesiones son las de cualquier burgués acomodado: el rey vive como el banquero Nucingen o como el comerciante Birotteau en las novelas de Balzac. El rey tiene un interior: el interior hogareño se convierte en símbolo de la interioridad anímica. El rey ya no está en su palacio, sino en su casa. Trabaja en su palacio; *vive* en su casa. La Revolución francesa, en cierto modo, culmina en la célebre pintura de Luis Felipe: el trabajo y la vida han sido separados. Si el rey sale de su casa para ir al trabajo, ¿cómo no ha de hacerlo el obrero para ir a la fábrica, cómo no ha de hacerlo el antiguo peón de la tierra para abandonarla y pasar a la industria urbana? Vivir *donde* se trabaja —ese signo de la artesanía— traduce las ocupaciones bajas, inseguras, tradicionales o excéntricas: zapateros y enterradores, abarroteros y escritores, la bohemia en su mansarda y el herrero en su covacha. La revolución industrial es un traslado masivo del trabajo del hogar artesanal a la fábrica impersonal —en nombre de la libertad individual, se trueca una forma de colectivismo por otra.

El interior —real y simbólico— es el lugar donde tenemos nuestras cosas: nuestros valores. El arte del siglo XIX, indica Walter Benjamin, tiene lugar en interiores. La gente compra, colecciona, amasa, sofoca: es la época de los salones recargados hasta la saciedad delirante; entrar a ellos es como verse obligado a comer cien pasteles de vainilla con cerezas y crema chantilly.

La fotografía nos dejará orgullosas, enfisemáticas pruebas de este encierro lúgubre que es, en cierto modo, el escenario elegante de la tuberculosis, la sífilis y la melancolía mortal, las enfermedades rampantes del siglo XIX. La gente se viste como sus interiores: capas y más capas de cosas, corsés, corpiños, polisones, cachorones, gorros de dormir, chalecos, polainas, bastones, sombreros de copa, bombines, gorras acechavenados como las de Sherlock Holmes, sombreros de pluma como los de Sissi la emperatriz de Austria.

Estos interiores que en Francia se llaman tarabiscoteados, en Inglaterra y en Estados Unidos; jengibres, son la vitrina secreta de las cosas amasadas, atesoradas para ser mostradas a los demás en una especie de semivirginidad entre afuera y adentro: las cosas, como las relaciones sexuales, pueden preferir la endogamia o la exogamia y son quizás las grandes familias de los *robber*

26

barons, los barones ladrones, de los Estados Unidos quienes con mayor gusto exhiban exteriormente sus interiores: los Gould, los Carnegie, los Stanford, los Harriman y sobre todo los Vanderbilt, cuyos palacios sobre el Hudson y en la playa de Newport tienen recámaras chinas, persas, versallescas, florentinas, sevillanas: el mundo entero puede ser comprado, ya no hay tesoros escondidos que no puedan ser extraídos del centro de la tierra y exhibidos, mostrados, celebrados como en la cena de los Astor en Madison Square Garden de Nueva York, donde las 400 familias del capitalismo decimonónico norteamericano se hacen fotografiar mientras cenan, vestidos de frac y crinolinas, a caballo, servidos por mozos de librea que deben estirar el cuello y los brazos y evitar las coces y que también figuran como posesiones privilegiadas y mostrables. Río abajo, en Hyde Park, viven los millonarios modestos que hacen sus propias camas y obedecen las reglas del puritanismo fundador. Su nombre: Roosevelt. Su hijo: el millonario renegado que les va a quitar sus "cosas" a los Rockefeller y a los Vanderbilt.

La gigantesca redistribución de la riqueza y la nueva organización del trabajo prohijadas por la Revolución francesa y por la revolución industrial convierten el dinero y el trabajo en temas centrales de nominación, identificación y percepción en la novela del siglo XIX. Me limito al autor que con más delirante actividad bautizó a su tiempo: Dickens. En su obra abundan los nombres metálicos, cobre de Copperfield, níquel de Nickleby, plata de Silverstone, bronce de Sampson Brass; los nombres cortan como el pedernal de Jeremiah Flint y como la profesión del Dr. Slasher, el rebanador; la siderurgia se apropia del nombre de Tom Steele, la bolsa del de la señora Joe Pouch, y Mr. Price, el señor Precio, es un prisionero por deudas en la novela de *Pickwick*. Heep, el hipócrita, es cosa amasada y Scrooge, el avaro, da su nombre a su vicio en el diccionario de los neologismos creso industriales.

Balzac, lo sabemos, es el gran novelista del dinero. Sus héroes comparten con los de Stendhal, Dickens y Thackeray, la ausencia de pasado, la novedad histórica y la voluntad de ser. La descripción de objetos y de interiores adquiere gran relieve en todos estos autores; pensemos por un instante en algunas grandes escenas como el salón de la Sanseverina en *La cartuja de Parma* de Stendhal, la casa de los millonarios arribistas, los temibles Veneering, en *El amigo mutuo* de Dickens, el baile la víspera de Waterloo en *La feria de las vanidades* de Thackeray. Pero acaso sólo Balzac supo transformar radicalmente la posesión en símbolo, la cosa inerme en vida y en muerte, cumpliendo así el deseo secreto del poseedor: que la cosa que *yo* poseo sea tan mía que tenga, también, lo que yo poseo para perder y ganar: mi vida y mi muerte.

La piel de zapa, escrita en 1831 —es decir, al principio de la carrera de Balzac—, preside la vasta arquitectura novelesca de *La Comedia humana* porque contiene las dos vertientes de la obra balzaciana: la vertiente social de los estudios de costumbres (*Papá Goriot, Las ilusiones perdidas, Eugenia Grandet, Los parientes pobres*) y la vertiente fantástica de los estudios filosóficos (*Louis Lambert, La búsqueda del absoluto, El elixir de larga vida*). "El novelista de la energía y la voluntad", como lo llamó Baudelaire, es también el novelista de un duelo con el terror, como definiría Roger Caillois a la literatura fantástica.

La energía que prodigan los personajes en ascenso de Balzac produce ciertos resultados deseables: expansión, ascenso social, ganancia financiera, estimación social, fama. Pero estos resultados van acompañados de otros nada deseables: desgaste, retroceso, envejecimiento, pérdida. La piel de zapa es el símbolo balzaciano de *la cosa* suprema, casi una cosa *en sí*, una posesión que aumenta nuestras posesiones a la vez que nos desposee de la vida y nos ofrece la cosa final, la posesión eterna: la muerte.

Para el protagonista de la novela, Rafael de Valentin, un joven de buena familia y de pésimos recursos, esta posesión-desposesión se inscribe en una percepción que es la del absurdo. Acaso el protagonista de *La piel de zapa* sea el primer héroe del absurdo moderno y no es fortuito que este absurdo tenga que ver con la posesión de las cosas. El viejo anticuario que, para deshacerse de ella, le ofrece la piel de onagro a Rafael, le advierte que su posesión puede asegurarle al dueño una vida breve, intensa y ardiente, o bien una vida larga, tranquila y sin pasiones. Pero para tener la vida larga, la condición es no *usar* la piel; es decir, *no gozar de la propiedad*. En cambio, la vida breve será el resultado del uso de lo que se posee: la piel de zapa.

Rafael de Valentin tiene plena conciencia de que la afirmación de su ser (y de su propiedad) le aproxima velozmente a la muerte. Pero descubre también que hay dos formas de la muerte. Nos creemos libres, dice Rafael; en realidad sólo escogemos entre la destrucción y la inercia.

El protagonista es autor —eterno, inconcluso autor— de una teoría de la voluntad: es el autor, vale decir, de un libro sobre el tema de la novela dentro de la novela.

Es el hijo burgués, decimonónico y post-revolucionario de Cervantes, de Sterne, y de Diderot, tres fundadores radicales de la narrativa moderna que se apresuran a demostrarnos que toda novela se contiene a sí misma no sólo como texto explícito sino como reflexión crítica sobre ese mismo texto. Este matrimonio de la forma y su reflexión adversaria que es lo propio de las novelas cómicas de *Don Quijote*, *Tristram Shandy* y *Jacques el fatalista*, asume en *La piel de zapa* el ropaje lúgubre de una parca paseándose en medio de un baile lujoso.

El baile de *La piel de zapa* es, a un tiempo, el de la muerte y el de la vida —pero la vida es carnaval explícito, pasión que la consume y la aproxima a la pérdida de sí. "Muero porque no muero": lo contrario también es cierto, vivo porque no vivo, y en el corazón de esta simbiosis inevitable Balzac coloca el tema de la posesión de las cosas y de la pérdida de esa posesión como un *mito*, el de Tántalo, condenado a jamás gustar verdaderamente de los frutos y el agua que tiene, casi, al alcance de sus labios: v. *Quevedo* —"delgada sombra, denigrada y fría, ves de tu misma sed martirizarte"— y como una *actividad*: el juego, la apuesta brutal sobre vida y muerte, la ruleta que quita o da lo que poseemos. Y lo que poseemos, en el mundo de Balzac, en la capital del siglo xix, es lo que somos.

Novela del siglo xix y sus posesiones, *La piel de zapa* lo es también por su construcción lírica. Como una gran ópera, la narración de Balzac tiene un primer acto en un casino, donde las cosas se ganan y se pierden física, monetariamente; un segundo acto con el anticuario que salva de la ruina a Rafael ofreciéndole el talismán: la piel de zapa que se reduce con cada deseo cumplido por ella en beneficio de su poseedor;

y un acto final en la orgía prolongada de la propiedad y la muerte, en la que Rafael lo adquiere todo y lo pierde todo a través de su talismán.

Balzac logra una extraordinaria tensión entre el elemento temporal y el elemento espacial de su novela. Esto es necesario en dos sentidos. En tanto novela mítica, *La piel de zapa* requiere un tiempo, pero en tanto novela simbólica, requiere un espacio determinado.

El espacio simbólico de *La piel de zapa* es la piel de zapa. El objeto duro y feo que el anticuario entrega a Rafael se convierte en un objeto suave y dúctil, como un guante, apenas lo toca su nuevo propietario. Pero cuando Rafael, horrorizado ante las propiedades de su riqueza suprema, quiere destruirla, el talismán revierte a su dureza inquebrantable. A medida que se cumplen los deseos de Rafael, el espacio de la piel se reduce; pero también se reduce el tiempo de Rafael: la voluntad del héroe es anulada por el cumplimiento de sus deseos.

"Jamás —dice su criado, Jonathan— jamás le digo, ¿desea Usted?, ¿quiere Usted?… Estas palabras están prohibidas en la conversación. Una vez, se me escapó una. '¿Quiere matarme?', me dijo mi amo, encolerizado."

Pocos instantes de terror y absurdo interdependientes se asemejan al momento baladí y estremecedor de esta novela de Balzac, en el que un camarero le dice al protagonista: "¿Quiere Usted más espárragos?"

La manifestación de la voluntad, en este caso, es no sólo absurda: es mortal.

En esta novela desesperada, el tiempo y el espacio, el mito y el símbolo, la posesión y la desposesión, la vida y la muerte se reúnen finalmente en la pasión erótica. Ésta es tanto más poderosa cuanto es más escondida. Al contrario de la avalancha de cosas, de objetos, de posesiones que significativamente decoran los teatros, las salas de juego, las tiendas de antigüedades, los bailes, los salones y los hoteles de este París del primer año de la Monarquía de Julio, la presencia y el uso erótico en *La piel de zapa* se esconden, no se muestran; apenas dicen una o dos palabras. Pero esas palabras poseen un secreto tal —el de su único lugar de encuentro de todo lo que, en el resto del libro, al tocarse huye de nuestras manos como los banquetes fugitivos de Tántalo— que nos estremecen más que si ocurriesen en un bulevar, fuesen mostradas en una galería comercial o, finalmente, terminasen fotografiadas por los señores Nadar y Daguerre y sus descendientes, prontos a apropiarse, cámara en mano, de todas las imágenes visibles dc la modernidad.

Pero el sexo en Balzac es casi invisible. Quizás por esto el siempre equivocado (y por eso consagrado, ya que sus errores revelan las virtudes de lo que critica) Sainte-Beuve llamó a *La piel de zapa* "Libro pútrido, apestoso". Porque aquí la poesía carnal es vista a través de dos mujeres. La cortesana Fedora es una mujer cínica pero triste porque posee "una memoria cruel" y esa mujer que se entrega a todos no se entrega a Rafael de Valentin: el héroe agónico de *La piel de zapa* lo deseará todo, salvo la entrega erótica de Fedora. Es decir: nunca le pedirá esto a su talismán. A Fedora quiere tenerla *sin* la piel de zapa. Esto es imposible: Fedora sólo es obtenible artificial, mágicamente. La posesión de Rafael se reduce a una soberbia escena de *voyeurismo*: Fedora se desviste lentamente y Rafael la espía a través de los velos de gasa de su recámara.

La ópera es cuestión, finalmente, de telones. El erotismo con Fedora sólo es concebible con una cortina, un velo, de por medio. Nos lo dice el propio Rafael desde antes de conocerla, con palabras que suenan a pronóstico borgiano: "Yo me creé una mujer, la diseñé en mi pensamiento, la soñé".

Como en *Las ruinas circulares* de Borges, el objeto del deseo es otro deseo: el hijo del soñador no sabe que es soñado por su padre y el terror del padre es que el fantasma descubra "no ser un hombre, sino la proyección del sueño de otro hombre". El humillante vértigo de esta situación es salvado cuando el padre descubre que él, también, es soñado: es decir, que él también es deseado.

Balzac no trasciende la creación de Fedora por el deseo de Rafael con la nitidez mítica empleada por Borges; prefiere apelar a la sustitución del objeto sexual por el fetiche.

Rafael de Valentin elimina el cuerpo de Fedora al obtener el objeto que podría comprarla; en vez, la piel de zapa sustituye el cuerpo de Fedora y se convierte, en las palabras de Freud, en "la prueba del triunfo sobre la amenaza de la castración y una salvaguarda contra ella"; posee, asimismo, la cualidad fetichista de ser ignorada y en consecuencia permitida: nadie le prohíbe a Rafael tener su piel de zapa porque la significación del talismán es desconocida. Nadie le prohíbe, en otras palabras, ser dueño de *su propia muerte*.

Fedora significa castradora: tal es su fama, su *renombre*. Rafael la desea pero teme la mutilación: la piel de zapa es el fetiche que sustituye a Fedora. Sólo que esa sustitución no es la de un objeto sexual por otro, sino la del sexo por la muerte. El desplazamiento del erotismo a la mortalidad abre la brecha de una identificación que Rafael sabe pasajera: ¿puede conocer el amor *a pesar de* Fedora y a pesar de la piel de zapa?

La sorpresa erótica de *La piel de zapa* es que la plenitud sexual le es reservada a la heroína pura y virginal, Paulina. Paulina, como Lillian Gish o Blanca Estela Pavón, adora de lejos a su novio y no se atreve a declararle su amor, le plancha en secreto sus camisas y deja de comer un pedazo de pan para compartirlo con él. Esta figura del clásico melodrama populista es convertida por el genio de Balzac en la más estremecida figura sensual de sus novelas: convertida en heredera millonaria, Paulina, que sufrió la pobreza con Rafael, compartirá con él, en la riqueza, la pasión y la muerte al fin identificadas. Su primer orgasmo en brazos de Rafael merece, acaso como ningún otro en la historia de la novela, el nombre francés de "la pequeña muerte": anuncio de la gran muerte de este héroe que no puede escapar a la muerte aunque escoja la vida. Porque al entregarle un placer total, Paulina se convierte en el deseo total de Rafael y desear totalmente, para él, es morir totalmente.

Paulina la dulce, y no Fedora la cruel, mata a Rafael porque no le permite vivir sin desearla —no le permite, más bien dicho, *morir* sin desearla. El coito final entre los dos amantes es a la vez una lucha con la pequeña y con la gran muerte; Rafael se arroja sobre Paulina desnuda con "la ligereza de un ave de presa" y busca palabras para "expresar el deseo" que devora "todas sus fuerzas"; pero de su pecho, ahora, sólo salen "sonidos estrangulados".

Incapaz de palabras, Rafael muerde el seno de Paulina y la novela culmina cuando el criado, Jonathan, acude a los gritos de Paulina e intenta separarla del cadáver que la posee en un rincón de la recámara.

Una vez, al principio de su jubilosa carrera, Balzac dijo sobre sí mismo: "Sería curioso que el autor de *La piel de zapa* muriese joven". A mí esta novela me conmueve también porque preside la obra y la vida de su autor. Es decir: preside su tiempo. Balzac murió a los 50 años de edad, pocos meses después de su siempre aplazado matrimonio con la condesa Hanska, aunque sus palabras finales consistieron, primero, en llamar al ficticio doctor Horace Bianchon, el médico de cabecera en varias novelas de *La Comedia humana* —nominación— y enseguida —identificación— exclamar: "¡Dios mío, 500 mil tazas de café me han matado!"

La percepción real de esta individualidad, la de Honorato de Balzac, inmersa en un mundo donde los objetos aparentan dar la vida y en realidad reservan la muerte, es inseparable de la novela donde Balzac eleva *la cosa* al nivel simbólico, convierte el objeto puro en sujeto impuro y vence a la muerte con la literatura. Porque sólo una cosa es cierta en el combate, ya no entre Rafael de Valentin y la piel de onagro que lo derrota, sino entre ésta y la novela de Balzac: la piel se encoge, pero al mismo tiempo la novela —la escritura— se amplifica.

En una carta a la duquesa de Aforantes, quejosa de que Balzac no la visitase con más frecuencia en su casa de campo, el novelista le dice: "No pienses mal de mí: trabajo de día y de noche. Y sorpréndete de una sola cosa: aún no he muerto".

Balzac ha nombrado, en *La piel de zapa*, a una cosa que es la muerte: el talismán de la piel de onagro; ha percibido que la posesión ofrece vida y otorga muerte; pero no ha sabido identificar estas realidades literales y simbólicas *sino* en la medida en que ha sido capaz de identificar su novela, *La piel de zapa*, como un texto, como una estructura verbal que contiene y da permanencia a cuanto se rehúsa a tenerlos: la fugacidad de la vida como posesión de las cosas.

Ahora, permítanme terminar esta primera conferencia, que muy conscientemente he querido radicar en la historia de las cosas para progresar desde ese extremo al otro, el de la historia de las palabras y de las personas que las dicen que, en efecto, para el ciudadano emancipado y en ascenso del siglo XIX, la transformación de la mercancía en diversión era un hecho revolucionario, liberador y, *Helas!*, pasajero: Madame Bovary cierra el drama del optimismo mercantil: es una mujer que necesita tener más y más para sentir que es más y más.

Imaginemos, sin embargo, a Emma Bovary provista de una tarjeta de crédito de la American Express. Su apetito por las cosas no hubiese sido menor que en la Francia provinciana del siglo pasado, sus deudas tampoco, pero acaso su destino hubiese sido distinto. Pero la literatura se adelanta siempre a la historia para decirnos que lo que parece un destino diferente es sólo un destino aplazado. Una buena mañana, armado de valor, el doctor Charles Bovary (Chabovary, como le decían sus condiscípulos) le retira a su mujer la tarjeta de crédito. Es decir: la devuelve al siglo XIX, la entrega en manos de los prestamistas sin escrúpulos y el destino literario, a pesar de todo, se cumple.

Drama universal y permanente, el de la heroína de Flaubert es el de una falsa percepción que conduce a un divorcio de la identidad entre las palabras y las cosas: la analogía, faro y fardo de la aventura quijotesca, se disipa cada vez más en el mundo de la diferenciación infinita del siglo XIX y Emma Bovary es su víctima: Emma Bovary muere porque no puede colmar la distancia entre la percepción sicológica determinada por las palabras románticas que ha leído y la percepción sociológica de los silencios tediosos impuestos a una espera de médico de provincia.

El precio para colmar esa distancia se llama cosas, objetos, mercancías para atiborrar al mundo con lo nuestro. Pero el mundo, misteriosamente, devora *nuestras* cosas y vuelve a presentarse, cada vez, como un vacío. Entonces tenemos que atiborrarnos de algo que nadie puede quitarnos: la mercancía invisible, la muerte, provocada por la mercancía indigerible y por ello *entrañable*: el veneno.

Pero no todos los propietarios son, como Madame Bovary, una heroína, también nombre de droga, endrogados, como esta Quijotita con faldas, por la certidumbre de que lo que leen es la realidad literal. NO; generalmente, un propietario del siglo XIX, cuando se da cuenta de que una cosa ha desaparecido de su lugar, ya no *está* y quizás ya no *es*, llama a un detective para que la encuentre y la restituya a su propietario y a su lugar. Así nace la literatura policial en el siglo XIX, y por eso nos ocuparemos en la siguiente ocasión de Edgar Allan Poe. Pues, naturalmente, tener tantas cosas es también tener miedo de perderlas.

Las cosas se ofrecen al consumo que es la suerte final de la posesión, y el uruguayo Lautréamont nos dice, que "los almacenes de la Rue Vivienne exhiben sus riquezas ante la mirada maravillada". Ésta es la misma galería de la Rue Vivienne que el argentino Cortázar empleará, como lo recordé, en *Todos los fuegos el fuego*:

extraño puente entre el río Sena y el Río de la Plata por el que transitan las figuras de la imaginación no novelesca, portadoras, a la vez, de la realidad material descrita y de la realidad imaginaria deseada. Todo gran artista, al cabo, no sólo describe la realidad, sino que la funda.

Balzac fue el fundador de una realidad sorprendida en el acto de crearse a sí misma. Él la dotó de energía, vitalidad, exuberancia, sí, pero también de esa sabiduría que nos sabe descendientes de la muerte a fin de asegurar la continuidad de la vida.

Trinity College, Dublín, Irlanda
13 de abril de 2000

William Faulkner: la novela como tragedia

Señoras y señores:

Es posible distinguir dos grandes fundaciones en la historia de la América anglosajona. Primero la de las trece colonias británicas establecidas en 1621 por los puritanos en Massachusetts y en seguida la República Federal Democrática inaugurada en Filadelfia en 1776, por los padres fundadores, Washington, Jefferson, Franklin.

La América anglosajona es ante todo una página en blanco. La escriben el idilio y la utopía. Norteamérica es idílica mirando el pasado y utópica mirando al futuro. Ambas miradas se expresan como el sueño americano, *the American dream*, y como el estilo de vida americano, *the American way of life*.

La cara idílica presenta un rostro optimista, benigno, sonriente, panglossiano: vivimos en el mejor de los mundos posibles. Es el rostro de Pollyanna, la niña feliz, creación literaria de Eleanor Porter a fines del siglo XIX. Hoy olvidada por los lectores. Pollyanna persiste en imágenes de quienes la encarnaron en el cine —Mary Pickford, Hayley Mills— pero su capacidad de ser feliz jamás desaparece del espíritu norteamericano.

Pollyanna es la optimista integral. Nada la derrota. Nada borra su sonrisa o alborota sus dorados rizos. Es el origen de mil imágenes hollywoodenses:

pueblos de cercas blancas, pastos manicurados y novios adolescentes sorbiendo popotes en la fuente de sodas local.

Pollyanna pervive como sinónimo de optimismo, alegría, traje color de rosa. Y la civilización que rodea a Pollyanna es benigna —es familiar— y es progresista.

De allí sólo falta un paso para que a la dorada cabecita de la niña feliz la nimbe un halo de fe en el progreso. ¿Y dónde radica el progreso, de dónde emana esa luz? Naturalmente, de la nación pragmática y utilitaria, sin lastres anacrónicos.

El nuevo mundo de los Estados Unidos de América, opuesto al viejo mundo europeo aislado, enajenado, ruinoso y corrupto. Ya ven ustedes que cuando habla con desprecio de "la vieja Europa", el secretario Donald Rumsfeld no dice nada nuevo.

El sueño y el estilo de vida norteamericano se proponen, a partir de estas premisas, como cima de la condición humana perfecta, acelerada y proyectada en pantalla gigante.

¿Cómo es posible que el resto de la humanidad no renuncie a su cultura propia a fin de asimilarse, cuanto antes, al proyecto norteamericano?

Claro, hay muchas razones para responder a esta, sin duda, generosa invitación. La principal es que la unidad del mundo está hecha de la diversidad de sus culturas, del respeto debido a cada una de ellas y de la interacción fecunda entre civilizaciones.

Pero si tuviese que escoger un motivo principal para poner en tela de juicio la propuesta de superioridad norteamericana, sería el hecho de que la manzana del Edén-USA contiene un gusano: el gusano del maniqueísmo, es decir, la voluntad de ver el mundo en términos tajantes de buenos y malos, de tintes blancos y negros absolutos, sin grisuras, matices o términos medios.

La tradición maniquea de Norteamérica proviene del puritanismo de la era colonial y lo expresa a la perfección el pastor puritano Cotton Mather, quien nos informa en 1702 que los protestantes americanos (lo cito) "somos agentes de Dios, enviados de la Providencia para formar hogares para los escogidos y aniquilar a los miserables salvajes (los indios) enviados al nuevo mundo nada menos que por el Diablo".

Contra este maniqueísmo intolerante se levanta el ideal ilustrado de la Revolución de Independencia del año 1776, hecha por hombres formados en la filosofía del Siglo de las Luces: Benjamin Franklin, Thomas Jefferson, el ciudadano Tom Paine…

En Filadelfia, ellos consagran los principios de la igualdad, la democracia, la división de poderes, el Estado de derecho, los derechos humanos. Pero añaden dos elementos que quiero destacar:

Uno es el de la inevitabilidad del progreso.

Otro es el del derecho a la felicidad.

Se podría pensar que estos dos principios —progreso y felicidad— estarían hechos a la medida de una Pollyanna narrativa. Lejos de ello, los grandes novelistas norteamericanos han sido plumas más afiladas que un puñal para rasgar el telón de la felicidad y el progreso, ofreciendo, de Hawthorne a Melville a Dos Passos a Dashiell Hammett y James Baldwin, el panorama crítico de la incertidumbre, la impotencia, la quiebra de los valores de fundación y su contingencia dramática debido a hondas fisuras morales, sicológicas, sociales, políticas, raciales…

No ha habido, en verdad, críticos más críticos de los Estados Unidos de América que sus propios novelistas.

Ninguna crítica exterior se aproxima a la rabia, la incisión, la desesperanza, el acíbar que sus novelistas le han servido a los Estados Unidos. Esto, sobra decirlo, redunda en honor de esa gran nación, tan dañada por las aventuras de una soberbia imperial que la perjudica a ella tanto o más que a sus víctimas, pero salvada una y otra vez por la poderosa raíz democrática que, una y otra vez también, le devuelve la razón perdida a la ciudadanía norteamericana.

Ojalá tenga yo, una vez más, razón ante la sinrazón actual.

Nathaniel Hawthorne se queja de que Norteamérica sea un país "sin sombra, sin antigüedad, sin misterio" y en *La letra escarlata* procede a llenar esa ausencia con las tinieblas de una regresión a la crueldad, al mal, al dolor infligido por unos seres humanos a otros.

Ante el oscuro mal de Hawthorne, Edgar Allan Poe le recomienda: "Hawthorne, cómprate una botella de tinta visible". Pero el propio Poe sólo encuentra su espíritu en un descenso al vórtice de lo irracional y primigenio que es su alma, su corazón delator. Dice Kafka que Poe escribió cuentos de terror para sentirse a gusto en el mundo. Con razón fue Edgar Allan Poe el autor favorito de José Stalin —maneras eficaces de enterrar en vida a los enemigos— y con razón pudo Henry James descubrir en Poe —con otra vuelta de tuerca— que la inocencia puede ser malvada.

Herman Melville, en la loca cacería de la ballena blanca por el capitán Ahab, revela el desastre al que puede conducir "el orgullo fatal" de un hombre y un país que se despiden de la inocencia, sólo para regresar una y otra vez a ella. Ahab se bautiza a sí mismo, no en nombre del Padre, *sed in nomine diabolis*: en nombre del Diablo.

Si Hawthorne descubre el mal norteamericano en la cacería de brujas de la Nueva Inglaterra —eterno antecedente del macartismo y las cárceles de Guantánamo y Abu Ghraib—, Poe lo descubre en sí mismo —el corazón delator— y James, genialmente, en el misterio del medio día, pues mientras más aclara la conciencia de sus personajes, más ahonda el misterio de los mismos.

Los escritores naturalistas —Howells, Norris, Dreiser, Upton Sinclair— narran el ascenso de los *robber barons*, los grandes capitalistas explotadores —los "pulpos" financieros— y la invisibilidad de la gente menuda, con una aplastante precisión que será redimida de la mera intención crítica por tres autores del siglo xx.

Scott Fitzgerald cuenta el cuento de hadas de la burbuja de prosperidad de los años veinte —la era del jazz— para terminar en la venta del alma por un puñado de dólares: el Gran Gatsby debe perderlo todo, hasta el nombre y la biografía, para representar el papel asignado por el Sueño Americano.

Y John Dos Passos pinta el mural absoluto de los usa de Manhattan a Los Ángeles como una manifestación de la energía de la desesperación. Se trata, dijo Sartre de los personajes de Dos Passos, de destinos acabados. Sólo una salvación vislumbran: desplazarse, cambiar de lugar, irse a California.

Qué es —California— a donde se mueven los miserables migrantes de *Las uvas de la ira* de John Steinbeck, en medio de privaciones e injusticias que persiguen a la familia Joad como furias griegas. "Algo sucede —escribe Steinbeck en *Las uvas…*—, fui a mirar y la casa está vacía. La tierra está vacía. Todo el país está vacío. No puedo quedarme aquí. Tengo que marcharme a donde se va la gente".

¿Y a dónde se va la gente? A California. A El Dorado. ¿Y qué encuentra en California la gente? La maravillosa aldea Potemkin de Hollywood, una pura fachada, cinco minutos de gloria y luego el *crack-up*, el desfonde, el desbarate, el desmadre, de Fitzgerald. La fama y la gloria se disipan en los callejones sombríos de la novela policial norteamericana casi toda ella ubicada en Los Ángeles y San Francisco —James Cain y *El cartero siempre llama dos veces*, Dashiell Hammett y *El halcón maltés*, Raymond Chandler y su ojo privado Marlowe, para mirar por las cerraduras la corrupción moral, política y sexual de California—, *the slide area*, la zona donde el continente se desliza, hasta perderse, en el mar y no tiene ya fronteras continentales qué conquistar: del Atlántico al Pacífico. Debe salir a imponer su voluntad en otra parte —para bien y para mal.

Grandes y humildes poetas de la ciudad y de la noche, las novelas negras nos recuerdan todo lo no escrito: la novela de la negritud humillada, Richard Wright y James Baldwin y, más tarde, Ralph Ellison —*El hombre invisible*— y Toni Morrison —*Tar baby*.

Pero será William Faulkner quien eleve todo el drama —y el melodrama— nacional de los Estados Unidos al nivel de la tragedia.

Porque, la gran literatura crítica norteamericana se ancla casi siempre en la modalidad dramática —la comedia humana— o aún melodramática —la comedia sin humor— pero rara vez alcanza el nivel de la tragedia.

No puede hacerlo porque, siendo la nación moderna por excelencia, los Estados Unidos son portadores de la doble vertiente de la modernidad. En primer lugar, la promesa de la salvación espiritual en el futuro propia del cristianismo y en segundo lugar, la promesa de progreso material ascendente propia de la revolución mercantil e industrial.

Es claro que estas dos vocaciones excluyen radicalmente la idea trágica que en la Antigüedad clásica se manifestó como forma moral y estética ante una realidad histórica que no contribuía a tener fe ciega ni en la felicidad ni en el progreso.

El mito de Prometeo ilustra a la perfección la condición trágica. Prometeo roba el fuego divino para llevar la verdad a los hombres. Es castigado y condenado a vivir para siempre en cadenas, su hígado picoteado por un buitre. La pregunta trágica es: ¿habría sido Prometeo más libre si no hubiera usado su libertad? ¿Es libre porque la usa sólo para perderla?

En la tragedia, ambas partes tienen razón. Antígona posee la razón de la familia, Creonte, la razón de la ciudad. Protagonizan un conflicto de valores que la catarsis trágica resuelve en un valor compartido: el de la *polis*, la ciudad, la comunidad.

La catarsis asume colectivamente la falibilidad personal como conflicto de valores, no como enfrentamiento de virtudes. Una virtud niega a su opuesta. Un valor reafirma a su contrario. Antígona mantiene el valor de la familia. Creonte, el valor de la ciudad. Ambos se funden en el espíritu individual y en la comunidad colectiva.

De esta manera, la Antigüedad avanza en la medida en que asume el o los pasados: su futuridad hace presente su preteridad. La tragedia es una exigencia de no sacrificar ninguno de los tiempos de la historia, a fin de hacerlos presente: hay que tener un pasado *vivo*, a fin de tener un futuro *viable*.

La modernidad, por el contrario, tiende a suprimir el pasado en nombre del porvenir. La tragedia no cabe en semejante proyecto. Para Hegel, la tragedia se funde y desaparece en el proceso dialéctico de la historia. Saint Simon, Marx, Spencer, Comte, Bastiat: los escuadrones de la fe en el progreso inevitable dominan el pensamiento del siglo xix. La libertad se afirma suprimiendo la tragedia.

Nietzsche es quien se atreve a decir que la dialéctica *también* puede ser trágica porque la libertad nunca se realiza plenamente en la historia. El ser humano jamás se integra plenamente a la razón. "La felicidad y la historia rara vez coinciden."

Al derecho a la felicidad inscrito en la Constitución norteamericana y otros documentos políticos "felices", Nietzsche les responde diciendo que no puede haber ni verdad ni felicidad mínimas si no le reservamos un espacio a la posibilidad del fracaso.

Nietzsche nos ofrece una concepción de la libertad como conciencia de que la libertad es trágica porque nuestra contingencia humana jamás nos autoriza a ser plenamente libres, aunque sí nos permite identificar la libertad inalcanzable con la lucha misma para alcanzarla.

Lo dice admirablemente Kafka: "No espero la victoria. La lucha misma no es alegre, salvo en la medida en que es lo único que se puede hacer... Acaso acabaré por sucumbir, no a la lucha, sino a la alegría de la lucha".

Encuentro un eco cierto de estas palabras en el credo de William Faulkner: "Escribo a partir de la oda, la alegría, el epitafio nacidos de una reserva amarga e implacable que se niega a la derrota".

Y sin embargo, aunque se niegue a la derrota, Faulkner la asume en nombre de la humanidad a partir de un tiempo y un espacio que son los suyos: el sur de los Estados Unidos de América y el mítico condado de Yoknapatawpha. Como en los casos de la Comala de Rulfo y el Macondo de García Márquez, a mayor intensidad local corresponde mayor significado universal.

Pero el movimiento es en doble sentido. A medida que intensifica su referencia local, Faulkner vigoriza su significado universal, y viceversa.

Los espacios y los tiempos inmediatos de Faulkner son los del sur de los Estados Unidos. Ésta es la tierra: una "desolación profunda y pacífica, sin cultivar, hundiéndose poco a poco en las barrancas rojas y estranguladas, bajo las lluvias largas y calladas del otoño y las furias galopantes del equinoccio".

El condado de Yoknapatawpha, 2 400 millas cuadradas. 15 611 habitantes (blancos: 6 298; negros: 9 313). Propietario único: William Faulkner. Límites: al norte, las colinas ondulantes de Mississippi; al sur, las negras tierras de aluvión. Los caminos polvosos del "verano largo y ardiente". Las carretas tiradas por mulas. Los pantanos sombríos. El río "amarillo y dormilón". La verde tristeza de los bosques. Las viejas plantaciones arruinadas. Las chozas de tablas que habitan los negros. El pueblo nuevo de Jefferson, chato, vulgar, brillantón. Un país duro para el hombre, dice Anse en *Mientras agonizo:* "Ocho millas regadas con el sudor del cuerpo que lava la tierra del Señor, como el Señor nos indicó que lo hiciéramos".

Vieja tierra vendida por el cacique indio Ikkenotube a los franceses, a los españoles, finalmente a los anglosajones "rugientes, con su evangelio protestante y su whisky hervido, que cambian la faz de la tierra, que derrumban un árbol que creció durante 200 años a fin de capturar un oso o extraer una taza de miel". El indio creyó que vendía, el europeo que compraba: en realidad, dice Faulkner, "Dios no le dio la Tierra a los hombres para que se adueñaran de ella, sino para mantenerla solidaria e intacta en la comunidad anónima de los hermanos y Dios sólo pidió a los hombres compasión, humildad, sufrimiento y resistencia y el sudor de su frente".

Tierra violada por la apropiación, por el trabajo "cuya esencia primaria es reducida a esta crudeza absoluta que sólo una bestia puede y quiere soportar". Tierra de amos y esclavos que clamaba y exigía su propia violación, su propia derrota, para después contarla y así salvarla. "Quiero que todo esto sea narrado —piensa la anciana Rosa Coldfield en *¡Absalón, Absalón!*— para que la gente que nunca te verá y cuyos nombres nunca escucharás y que nunca han escuchado tu nombre lo lean y sepan por fin por qué Dios nos permitió perder la guerra: que sólo a través de la sangre de nuestros hombres y las lágrimas de nuestras mujeres pudo Dios dominar nuestro demonio y borrar su nombre y su linaje de la tierra."

Tierra que "no envejece... porque no olvida".

Éstos son los hombres. Campesinos de "manos duras y arruinadas y ojos que ya revelaban ese legado de ensimismamiento junto a surcos sin fin, detrás de los lentos traseros de las mulas". Negros que heredan "la larga crónica de un pueblo que había aprendido la humildad gracias al sufrimiento y al orgullo, gracias a la resistencia, y que sobrevivió al sufrimiento". Los fundadores: los Sartoris, los Sutpen, los Coldfield, los Compson, amos de la sociedad feudal destruida por la Guerra de Secesión. Los usurpadores: los Snopes, los invasores mercantilistas del norte. Y frente a los actores del drama visible, los depositarios secretos del sueño, de la crónica, de la locura que se atreve a recordar: las mujeres, los viejos, los niños, los locos.

Faulkner nos propone un doble escenario para amplificar las voces trágicas de sus novelas. Para per-sonar —enmascarar para revelar— a sus personajes.

El tiempo.

Y el lenguaje.

Ambos, hay que subrayarlo, se inscriben en la gran revolución cultural de la primera mitad del siglo xx. Concurren en ella múltiples manifestaciones que cambian para siempre nuestra concepción del tiempo y del espacio.

Ésta es una vasta constelación de estrellas conectadas por la luz que cada uno arroja sobre las demás.

La noción newtoniana del tiempo en flujo perpetuo y autosuficiente es puesta de cabeza por Einstein y su definición del espacio-tiempo continuo pero relativo y reversible que Heisenberg puntualiza en términos de lenguaje: el tiempo y el espacio son elementos del lenguaje empleado por un observador para describir su entorno. La presencia del observador introduce la indeterminación en la realidad: hay tantas realidades como puntos de vista. Un sistema ideal y cerrado ya no es posible.

Así como no es posible para el cubismo pictórico, que reclama el privilegio de la visión múltiple en espacios formales circunscritos o el montaje cinematográfico en Griffith y Eisenstein aspiran a darnos la simultaneidad de los eventos narrados: los escalones de Odessa del *Acorazado Potemkin*, las eras históricas de *Intolerancia*.

De la misma manera, Pound escribe poemas que deben ser aprehendidos en un instante y ya no en una secuencia temporal, y en la música, Pousseur propone una composición musical ya no sucesiva sino instantánea que coloque al auditor en el centro de una red de asociaciones y referencias que la permitan componer su propia pieza.

De la física al cine a la poesía y a la música, se trata de una verdadera rebelión contra la famosa clasificación hecha por Lessing en el *Laocoonte* de 1766. Hay artes del espacio —pintura, escultura— que son aprehensibles en tiempo inmediato. Hay artes del tiempo —música, literatura— que sólo son aprehensibles en sucesión.

La abolición de estas barreras asociada a los intentos paralelos en las ciencias, es la imposible aspiración de la novela de la vanguardia de los 40 primeros años del siglo XX.

Hacer lo imposible. Convertir la sucesión lineal de la prosa narrativa en aspiración a la simultaneidad de espacios y la instantaneidad de tiempos. La nómina de la revolución es impresionante, pues incluye a James Joyce, Marcel Proust, Dorothy Richardson, Hermann

Broch, Aldous Huxley, John Dos Passos, William Faulkner y Virginia Woolf.

La autora de *Orlando* lo dice explícitamente: "Quiero sincronizar los sesenta o setenta tiempos diferentes que laten simultáneamente en todo sistema humano normal".

Pero es Faulkner quien le da a esta revolución narrativa su fórmula más precisa en *El ruido y la furia*: "Todo es presente, ¿entiendes? Ayer no terminará hasta mañana y mañana empezó hace 10 mil años".

La literatura latinoamericana, que desde las crónicas de Indias y sus fabulosos bestiarios, navega en los mares de lo real maravilloso (Carpentier) o el realismo mágico (García Márquez) pertenece por derecho propio a esta conquista y la anticipa en las islas fabulosas de Fernández de Oviedo y en las ciudades inimaginables de Bernal Díaz del Castillo. No nos cuesta admitir lo moderno: lo anticipamos.

Para Faulkner, en cambio, revolucionar el tiempo lineal y la estabilidad espacial es un acto revolucionario porque pone en entredicho el tiempo del progreso, que es sucesivo y ascendente y el espacio material, que es mensurable y apropiable.

En Faulkner, el tiempo es simultáneo y los espacios superpuestos.

En *¡Absalón, Absalón!*, en *El ruido y la furia*, no existen calendarios de enero a diciembre o anuarios de 1860 a 1910. Las novelas de Faulkner son narradas por una memoria incluyente, instantánea, fulgurante, oscura como un subterráneo, olvidada como un desván, resucitada sólo gracias a un lenguaje bien llamado barroco, toda vez que el barroco, en la brillante intuición de Carpentier, es el lenguaje de quienes no poseen nada y buscan desesperadamente apropiarse de todo, el lenguaje de quienes no son dueños de la verdad y la buscan con afán…

Dixie Gongorist, gongorista sureño, fue llamado, despectivamente, Faulkner al inicio de su carrera. Ser comparado con uno de los grandes poetas de la humanidad es, más bien, un elogio. Lo cierto es que el gongorismo de Faulkner, su barroquismo verbal, es la única manera que este preciso artista, William Faulkner, tiene de acercarse a una realidad deforme como la propia perla que da su nombre al barroco.

Memoria y lenguaje.

El hombre recuerda que está en la naturaleza.

Sabe que utilizar a la naturaleza es violarla.

Sabe que mantenerla intacta es corromperla también: sólo Dios puede contemplarla irresponsablemente.

El hombre, por acción u omisión, introduce el mal en el orden natural.

No hay escena más terrible como respuesta a la naturaleza, que el acto del brutal Popeye en *Santuario* cuando escupe en el manantial que nutre el verdor del bosque.

Pero así como introduce el pecado en la naturaleza, el hombre, que no es Dios, puede redimir y amar a la naturaleza.

Es una ardua responsabilidad, porque todo conspira para que la corrupción y el mal se extiendan por la tierra, la tierra dividida de Yoknapatawpha, la tierra vencida del sur.

División y derrota. Estos elementos trágicos de la obra de Faulkner crecen sobre la tierra que los sostiene pero una cosa es la tierra, que nos antecede, y otra, el mundo, que es el nombre de lo que hacemos en la tierra.

Apelo a la clara distinción que hace el eminente filósofo español Emilio Lledó para aplicarla a las novelas de Faulkner: Estamos situados en el mundo.

Gracias al lenguaje, decidimos cómo nos situamos en el mundo.

Pero nuestra posibilidad humana es construir un mundo al lado del mundo. Y esto es lo propio del lenguaje: crear nuestros mundos paralelos.

Es decir: existe la tierra del sur. La tierra es dividida. Y sobre esta división se desarrolló una historia. La historia de la división del sur se llama el racismo. La historia del sur es la historia de una derrota doble. Vencido externamente por las fuerzas del norte, el sur ya estaba vencido, internamente, por las fuerzas de la separación racial. El racismo es la derrota íntima del sur que precede a la derrota militar en la Guerra de Secesión.

Faulkner escribe sobre el sur cuando estas realidades al mismo tiempo, se desvanecen y persisten. Faulkner las propone como mitos: El mito del lar, de la patria, de la tradición arruinada porque ya llevaban en sí la semilla de la corrupción.

Cada niño del sur, escribe Faulkner, "ha nacido crucificado sobre una cruz negra".

La esclavitud corrompe a los amos y a los siervos.

El gran historiador sureño, C. Vann Woodward, enumera en su volumen *El peso de la historia del sur*, las creencias que la región entre Virginia y el río Grande tradicionalmente ha tenido acerca de sí misma.

El sur es agrario.

El sur es blanco.

Y el sur es racista, sobre todo cuando deja de ser blanco y agrario.

El sur es una historia. Pero una historia aparte.

El sur no ha participado de la *"success story"* —la "historia de éxitos"— del norte.

El sur ha sido pobre.

Y el sur ha sido derrotado.

"Soy hija de una guerra perdida —dijo la novelista sureña Katherine Anne Porter—. Tengo en la sangre un conocimiento de lo que puede ser la vida en un país derrotado viviendo en los huesos desnudos de la privación."

Generación tras generación sureñas han vivido la experiencia de una guerra perdida —cosa que el norte había desconocido hasta el momento de Vietnam.

Si el norte tiene un mito de inocencia, éxito y complacencia moral, el sur posee su propio mito de corrupción, de derrota y de culpa fatales.

William Faulkner no es ajeno a estas identificaciones del sur. Lo extraordinario en sus novelas es que retrotrae la historia cronológica del sur a un origen anterior al devenir histórico porque es el instante de la fundación misma de la historia, de la cual el sur es un episodio.

Faulkner asume la condición sureña a partir de la condición humana. Sus narraciones son siempre un llamado a recordar el momento en que nos instalamos en la historia y nos damos cuenta de que el mundo nos hace, pero sólo a condición de que nosotros hagamos al mundo.

Es el instante en que nace la conciencia.

Y en Faulkner la conciencia del estar en el mundo creando al mundo se manifiesta como espacio, como tiempo y como lenguaje.

Mundo fragmentado, obsesivo, decadente, que exige un lenguaje y una narración torturados, igualmente obsesivos, a menudo retóricos, pues en gran medida reflejan "un debate con los demás", como diría Yeats, pero al mismo tiempo —y sobre todo— poéticos porque representan también el debate de Faulkner con Faulkner y, gracias a su arte narrativo, un posible debate de nosotros con nosotros mismos.

El mito del sur —ésta es la esencia de Faulkner— sólo es mantenido por la memoria. La memoria es el elemento catártico que, mediante el lenguaje, nos devuelve la verdadera historia —no en línea recta, progresista, ascendente, sino en círculos concéntricos, en profundidades oceánicas, en flujos fluviales, en taladración de montañas…

Una memoria muchas veces irracional, en la que es posible que nadie crea "incluyendo a los que contaban las historias y las repetían y a los que las escuchaban cuando eran contadas". Mitos, historias, chismes, "oda, elegía y epitafio salidos de una amarga e implacable reserva de no derrota", dice Faulkner en *¡Absalón, Absalón!*, su gran cantar trágico sobre el sur.

La memoria como reserva invicta de la derrota.

¿Cuál es el verdadero tiempo de la memoria?

El negro Joe Christmas nos da un indicio en *Luz de agosto*: "Sólo años después la memoria supo que estaba recordando".

"La memoria no existe con independencia de la carne", leemos en *Las palmeras salvajes*.

Y de nuevo en *¡Absalón, Absalón!*, Faulkner define la temporalidad de su memoria: "Tal es la sustancia de la memoria: el sentido, la vista, el olfato, los músculos con los que vemos y escuchamos y sentimos; no la mente, no el pensamiento…"

Faulkner nos está diciendo que no hay memoria sin carne: la memoria es presente carnal.

De allí la permanente ironía temporal del autor: todo es recuerdo, pero todo se recuerda en el presente. Todo lo que fue *está siendo*.

Quentin Compson, en *El ruido y la furia*, no se suicidó ni se suicidará. *Se suicida*. Como Joe Christmas *es* asesinado y Jim Bond *nace*: todo sucedió ya al ser narrado, todo sucederá antes de iniciarse la narración, pero en realidad todo sucede en el presente narrativo de la memoria. En Faulkner, el tiempo ni se pierde ni se gana. Es siempre presente, obsesión de la memoria carnal, incandescente.

De esta conjunción de tiempos en el presente surge necesariamente el estilo narrativo de Faulkner, esa "helada velocidad" a la que se refería Sartre, cuyo centenario celebramos ahora y quien descubrió a Faulkner en Francia antes de que lo descubriesen en los Estados Unidos.

El estilo de Faulkner está consagrado a una búsqueda de la novela que el autor escribe y nosotros leemos. La magia de Faulkner es que nos cuenta lo que ya sucedió a partir de algo que ya es, o que ya está, pero que el novelista y el lector desconocen.

En otras palabras, la novela ya existe. El novelista, acompañado del lector, la busca, la descubre. Es así que también los personajes se convierten en búsqueda de los personajes y la pregunta a la que nos obligan como lectores es la siguiente: ¿Quiénes son estos hombres y estas mujeres que buscan descubrir lo que ya sucedió?

La respuesta es: Somos él y ella, tú y yo.

Nada en Faulkner, la retórica torturada, la invención lírica, la temporalidad absoluta, la narración alternada, es gratuito.

Su radicalismo poético tiene este sentido: el de revelarnos nuestra otra identidad, la que escrupulosamente escondemos o negamos bajo nuestras máscaras sociales, profesionales, políticas y hasta familiares.

Los personajes trágicos de Faulkner dicen y hacen lo que tú y yo, hipócritas lectores, podríamos decir y hacer. Son posibilidades extremas, hondas, secretas del lector obligado a descubrirse a medida que descubre, junto con William Faulkner, la novela que está leyendo.

En *Luz de agosto*, Joanna Burden, la madura ninfómana amante del negro Joe Christmas, le grita al negro salvaje... con su pelo salvaje, cada cabello vivo como los tentáculos de un pulpo y sus manos salvajes y su respiración...: "¡Negro! ¡Negro! ¡Negro!"

Crucificado sobre su propia piel, el negro Christmas resucita, vence, se identifica sexualmente: es como un Cristo que en la agonía del Calvario mantiene vivo el sexo. Joanna es la Magdalena que se hinca a adorar el sexo maldito que la identifica, le da placer y la salva precisamente porque es el del ser separado y negado: el negro.

El negro vence al blanco porque le ofrece la tentación de ser todo lo que el blanco no puede ser en su sociedad. Sólo en este sentido trágico el negro es agente de la libertad. Joe Christmas experimenta la suya como una libertad limitada, paradójica, prometeica: "Se sintió como un águila, dura, suficiente, poderosa, sin remordimiento, fuerte. Pero eso pasó, aunque él no lo supo y como el águila, su propia carne... seguía siendo una jaula".

Seguía siendo una jaula. El instante ha pasado y el hombre regresa a la prisión social. La libertad —la pasión humana— ha vencido por un instante a la fatalidad —el uso humano.

"No me obligues a rezar todavía, Dios amado, deja que me condene un poco más, sólo por un rato más deja que me condene…", dice Joanna Burden en *Luz de agosto*.

Condenados a la libertad a fin de aplacar la condena de la fatalidad, los personajes de Faulkner descubren en el amor la naturaleza trágica tanto del albedrío como del destino.

"Suceden demasiadas cosas —escribe Faulkner—. Eso es. El hombre hace, engendra mucho más de lo que puede o debe soportar. Así es como averigua que puede soportarlo todo. Eso *es*. Eso es lo terrible. Puede soportarlo todo."

Faulkner nos está diciendo que se tolera la fatalidad y, paradójicamente, se gana la libertad sabiendo que se es capaz de soportar, de resistir y en ciertos momentos, de vencer.

Quiero decir que en Faulkner la libertad es trágica porque tiene conciencia tanto de su necesidad como de su limitación.

La limitación final, la fatalidad final, es la muerte: el uso y el abuso totales del ser humano.

Pero aun la muerte deja de ser fatal si se la nombra, si se le advierte que la conocemos y la esperamos: "La razón de la vida —declara Faulkner— es prepararse para permanecer muerto mucho tiempo".

Por eso la libertad en Faulkner es del más alto orden trágico: el proyecto humano —la pasión, el amor, la libertad, la justicia— la vida humana debe actuarse y actualizarse aun a sabiendas de que está destinada al fracaso final.

Sólo mediante esta conciencia podemos salvar la ilusión del progreso permanente de ese optimismo que, al negar la actualidad trágica de hombres y mujeres concretos, se expone a instaurar nuevas fatalidades en nombre de una razón que ignora sus excepciones trágicas.

Gracias a escritores como Faulkner —y como Dostoyevski, Kafka y Beckett— podemos acompañar a la razón dentro de sus límites sin enajenarnos a sus ilusiones.

En la frase final de *Las palmeras salvajes,* William Faulkner arriesgó su destino y dio la clave de toda su obra: "Entre el dolor y la nada, escojo el dolor".

Preferibles a la nada, éstos son los hombres y las mujeres, éstas sus moradas, éste su dolor.

Y porque escogió el dolor sobre la nada, Faulkner pudo afirmar: "El hombre no sólo resistirá. Prevalecerá".

Cátedra Latinoamericana Julio Cortázar
Universidad de Guadalajara
Guadalajara, Jalisco, México
11 de marzo de 2005

Los hijos de la Mancha

Señoras y señores:

Tengo un artículo de fe: No hay tradición que se sostenga sin creación que la renueve.

Y no hay creación que valga sin tradición que la preceda.

Ninguna obra literaria ilustra mejor esta convicción que *Don Quijote de la Mancha*.

Nace de una tradición intelectual clara, noble y, para colmo, disimulada.

Y se perpetúa en una tradición que se confunde —porque la origina, porque la bautiza— con la historia de la novela.

¿De qué tradición arranca el *Quijote*?

De la tradición de Erasmo de Rotterdam y su *Elogio de la locura* (1511), libro esencial de una tríada renacentista que incluiría *Utopía* de Tomás Moro (1516) y *El príncipe* de Maquiavelo (1513).

Utopía: lo que debe ser.

El príncipe: lo que es.

Elogio de la locura: lo que puede ser.

Es bien sabido que Cervantes tuvo como maestro al erasmista español Juan López de Hoyos y que el erasmismo español, promovido por los hermanos Juan y Alfonso Valdés en la corte de Carlos v, significó, con plenitud, la presencia del sabio de Rotterdam en la España carolingia.

Pero a partir de la Contrarreforma y el Concilio de Trento (1545-1563), la monarquía española da marcha atrás y Erasmo pasa del cielo al infierno. Sus libros van a dar al índice, su retrato en los archivos inquisitoriales es el de un demonio con colmillos sangrientos.

¿En qué consistió, empero, la lección erasmista? Lo dice el sabio de Rotterdam: "Todo en la vida es tan oscuro, tan diverso, tan opuesto, que no podemos asegurarnos de ninguna verdad".

Quería Erasmo prevenir a su tiempo contra dos peligros dogmáticos: el de la Fe como absoluto pero también el de la Razón como suficiencia. Ni Fe ciega ni Razón hermética. Erasmo opta por el atajo irónico del elogio de la locura para salvar a su tiempo de los absolutos tanto de la Fe que se abandona, como de la Razón que se avecina.

Don Quijote se inscribe de lleno en el elogio de la locura erasmista. Su genealogía es la de los locos serenos, una larga línea hereditaria que se inicia con Horacio cuando evoca a un orate que se pasaba los días dentro de un teatro riendo, aplaudiendo y divirtiéndose, porque creía que una obra se estaba representando en el escenario vacío. Cuando el teatro fue cerrado y el loco, expulsado, éste exclamó: "No me habéis curado de mi locura, pero habéis destruido mi placer y la ilusión de mi felicidad".

Dice San Pablo: "Dejad que aquel que parece sabio entre vosotros se vuelva loco, a fin de que finalmente se vuelva sabio. Pues la locura de Dios es más sabia que toda la sabiduría de los hombres".

Repite Pascal: "El hombre está tan necesariamente loco que sería una locura, por otro giro de la razón, no estar un poco loco".

Éste es el linaje de Don Quijote y Cervantes lo resume con todo el sigilo que requería, en la España posttridentina, hacer alusión al entonces prohibido Erasmo de Rotterdam. Con el recurso al secreto, sin embargo, Cervantes potencia su erasmismo más que si lo confesara públicamente.

Erasmista emboscado, renacentista español de miras tan amplias como cualquiera de las grandes figuras de la época —Shakespeare en Inglaterra, Galileo en Italia, Spinoza en Holanda, Montaigne en Francia— Cervantes funda la novela moderna como un acto que recoge todas las tradiciones anteriores de la narrativa y las reúne en un solo haz.

Con Cervantes nace la novela como diálogo de géneros, virtud que Hermann Broch le exige a la novela contemporánea y que Claudio Guillén sitúa originalmente en el *Quijote* y su activísimo diálogo genérico, pues allí conviven: La picaresca y la épica, Lazarillo y Amadís, Sancho Panza y Don Quijote.

La novela dentro de la novela: el curioso impertinente.

La novela bizantina de cuentos interpolados.

La novela de amor: la hermosa Dorotea.

La novela morisca: el Cautivo.

La novela de la actualidad periodística: las apariciones de Roque Guinart, comprobado contrabandista y agente de los hugonotes franceses.

Y la novela autorreferencial: Don Quijote descubre que no sólo lee novelas, sino que él mismo es objeto de la lectura: Don Quijote en la imprenta de Barcelona, Don Quijote leído por los duques.

Qué extraordinaria decisión la de Cervantes: autor de un acto fundacional que al inventar un género le da al mismo la vasta generosidad de incluir todos los demás, de traspasar las limitaciones anteriores de la narrativa a fin de darle a la novela moderna su carácter incluyente y su legalidad propia mediante un acto de ilegalidad rampante: la creación del "género sin ley", como llamó André Gide a la novela.

Acaso sólo en la España de la Contrarreforma podía surgir una novela que asumiese los ropajes del Renacimiento europeo con tan elegante disimulo, como para revelar una realidad más profunda y permanente que la de una etapa histórica: la realidad de los disfraces y los disfraces de la realidad.

No es éste un juego gratuito, sino una verdad creativa y por ende, moral: La novela no predica certezas, sino incertidumbres.

Y en *Don Quijote*, todo es incierto.

El lugar de la Mancha, de cuyo nombre no quiero acordarme.

La autoría del libro.

Y el género del libro.

Todo ello incierto porque la realidad es incierta.

Y la realidad es incierta porque es polivalente.

Quiero indicar que acaso, sin Cervantes, la novela habría encontrado su camino crítico, su espejo de la duda, su casa con dos puertas.

El hecho es que fue Cervantes quien abrió el campo de la novela moderna al corazón de la realidad mediante la realidad del libro.

Lo comprueba la descendencia de Cervantes, los hijos de la Mancha que asumen la heredad del Quijote.

En primer término, dos grandes novelas del siglo XVIII: *La vida y opiniones del caballero Tristram Shandy* (1760) del novelista angloirlandés Laurence

Sterne y *Jacques el fatalista* (1796) del autor francés Denis Diderot.

La admiración de Laurence Sterne hacia Don Quijote se basa en el humor, la fiesta, la comedia: "Estoy persuadido —leemos en *Tristram Shandy*— de que la felicidad del humor cervantino nació del simple hecho de describir eventos pequeños y tontos con la pompa circunstancial que generalmente se reserva para los grandes acontecimientos".

Sterne pone de cabeza este humor, describiendo los hechos pomposos con el humor de los hechos pequeños. La guerra de la sucesión española definió la política europea del siglo XVIII. Muerto sin heredero Carlos II el Hechizado en 1700, ¿a quién revertía la corona de España y sus vastos dominios de ultramar?

La guerra de la sucesión española, la herencia de Carlos el Hechizado, ensangrentó una vez más los campos de Flandes y fue escenario de las victorias militares del duque de Marlborough, tatarabuelo de Winston Churchill.

Pues bien: Laurence Sterne hace que en su novela, *Tristram Shandy*, sea el excéntrico tío Toby, privado de luchar en la guerra debido a una pudorosa herida en la ingle, quien libre las batallas de Flandes… sólo que en la versión miniatura de su hortaliza, en el césped que antes le sirvió de boliche. Allí, entre dos hileras de coliflores, el tío Toby puede reproducir las campañas de Marlborough, sin derramar una gota de sangre.

Ojalá que todas las guerras de este mundo no trascendieran de un *jardin potager*. En todo caso, Sterne retoma la imaginación quijotesca, invirtiéndola. Si Don Quijote convierte los molinos en gigantes Tristram Shandy convierte a los gigantes en molinos.

En Cervantes y en Sterne, el espíritu cómico indica los límites de la realidad. La reproducción de los sitios de la batalla de Flandes en un jardín de hortalizas señala, en *Tristram Shandy*, no sólo los límites de la representación literaria o de la representación histórica, sino los límites tanto de la historia como de la literatura. Pues la historia es tiempo y el tiempo, nos dice Sterne al final de su bellísima novela, es fugaz, "se gesta con demasiada prisa... Cada letra que trazo me dice con cuánta rapidez la vida fluye de mi pluma. Los días y sus horas, mi querida Jenny, más preciosos que los rubíes de tu cuello, vuelan sobre nuestras nubes ligeras en un día de viento...y cada vez que beso tu mano para decir adiós y cada ausencia que sigue a nuestros adioses, no son sino preludios de la eterna despedida. ¡Dios tenga piedad de nosotros!" O sea: el tiempo no sólo es historia. También es literatura.

Semejante concepción de la fugacidad del tiempo es propia de toda gran literatura y de toda vida engrandecida por la conciencia de saberse breve.

Lo que sucede a partir del *Quijote* es que el tiempo se convierte no sólo en evolución lineal de la narración, sino en constante puesta en duda o multiplicación de los tiempos de la novela. Uno es el tiempo de la escritura. Otro el tiempo de la lectura. Todo en el *Quijote* es, a un tiempo, leído y escrito, en un constante flujo temporal que está al servicio de la incertidumbre crítica de la novela.

De allí que los temas de la crítica de la escritura y la crítica de la lectura con los que Cervantes arranca de la posible complacencia a su desocupado lector crean la tradición de la Mancha, que se prolonga en Sterne y su *Tristram Shandy* y en Diderot y su *Jacques el fatalista*.

Ficción, celebración de la ficción y crítica de la ficción. Si Cervantes acentúa la crítica de la autoría, consecuencia de la crítica de la lectura que enloqueció al hidalgo, Sterne acentúa la crítica del lector, convirtiéndolo en co-autor de un tiempo nuevo, propio de cada lector y de cada lectura.

Por ejemplo, Sterne se dirige constantemente al lector: "Veo claramente, lector, por tu aspecto…" —le dice el invisible autor al invisible lector, Sterne le echa piropos al lector. Le pregunta "¿y ahora, lector de mi libro, qué debo hacer?", poniendo el destino mismo de la novela en manos de su destinatario.

El ser o no ser de Shakespeare se convierte en la novela de Sterne en un narrar o no narrar.

Las voces del lector irrumpen en la novela para animar o desanimar al narrador.

Un lector le dice al narrador: "Cuéntalo, no lo dudes".

Otro, en cambio le advierte: "Serás un idiota si lo haces. Mejor cállate la boca".

Jacques el fatalista de Denis Diderot, como la novela de Sterne, es una sonora reafirmación de la tradición de la Mancha y su doble hermandad de la libertad y la incertidumbre. Jacques y su amo recorren los caminos de Francia como Sancho Panza y el suyo, los de España. Si la ruta de Don Quijote es constantemente interrumpida por historias interpoladas, la narración dentro de la narración, la diversidad de voces y el diálogo de géneros, Diderot potencia la lección de Cervantes dándole al lector la libertad de escoger entre numerosas alternativas o posibilidades de la narración.

Algunas opciones se dirigen al futuro: Jacques se separa de su amo en un cruce de caminos y el narrador no sabe a cuál de los dos seguir de allí en adelante: ¿al amo o al criado?

Pero más interesantes son las opciones que Diderot le ofrece al lector respecto al pasado —es decir, lo ya ocurrido— en la novela que estamos leyendo. En efecto, nos pregunta el autor, ¿dónde pasaron la noche anterior al presente de la narración el amo y el criado?

Diderot le ofrece siete posibilidades al lector:

1. En un gran burdel de una gran ciudad.
2. Cenando con un viejo amigo.
3. Con unos monjes que los maltrataron en nombre de Dios.
4. En un hotel donde les cobraron demasiado cara la cena.
5. En la casa de un par de Francia, donde carecieron de todas las necesidades en medio de todas las superfluidades.
6. Con un cura en una aldea, o
7. Emborrachándose en una abadía benedictina.

Escojan ustedes —decida el lector.

Tanto en Sterne como en Diderot, el empleo del tiempo determina el ritmo de la prosa. Y me refiero no sólo a la brevedad de los capítulos, sino a la velocidad del lenguaje. La rapidez como hermana de la comicidad nos resulta hoy obvia en la imagen cinematográfica acelerada de Buster Keaton o de Charlie Chaplin. Pero nuestra imagen visual, cinematográfica, posee claros antecedentes musicales en *El barbero de Sevilla* de Rossini y poéticos en el *Eugenio Oneguin* de Pushkin.

Oigan ustedes la velocidad de los recitativos en Rossini:

Fra momenti io torno
Non apritte a nessuno
Se don Basilio venisse a ricercarmi
Che m'aspetti

O el ritmo acelerado del verso en Pushkin

Yo te amaría,
pero en un día,
con la costumbre,
te odiaría.

Tanto Sterne como Diderot pertenecen a esta tradición de la velocidad.

Leemos en Diderot: "Conozco a una mujer bella como un ángel... Deseo acostarme con ella... Lo hago... Tenemos cuatro hijos".

Y en numerosos pasajes de *Tristram Shandy*, Sterne acelera el tiempo narrativo para cumplir su imposible propósito: narrar un libro que refleje fielmente el tiempo de la vida porque dura exactamente lo mismo que la vida tanto del narrador como del protagonista Tristram Shandy, lo cual propone, a su vez no un solo tiempo sino varios:

1. El tiempo de la escritura a cargo de Laurence Sterne.
2. El tiempo de la novela a cargo de Tristram Shandy.

3. El tiempo que emplean en leerla ustedes, amables lectores.

Las cosas se complican porque Tristram empieza a narrar nueve meses antes de nacer y porque su nacimiento mismo es demorado por una sirvienta atolondrada que no sabe atender a tiempo a la mamá del bebé Tristram. Y por si fuera poco, cuando la sirvienta sube la escalera para cuidar a mamá Shandy, su pie se detiene en el segundo escalón y allí permanece, inmóvil, durante unas 50 páginas mientras la narración se distrae en una historia que no tiene nada que ver con el nacimiento del héroe pero que contribuye a la convicción cervantina de Sterne: La digresión es el alma de la narración.

La libertad de jugar con la lengua en nombre de la libertad de la imaginación, la ruptura insolente de la unidad, la rebeldía contra el orden consagrado, la gran tradición de la Mancha iniciada por Cervantes y continuada por Sterne y Diderot, es abruptamente interrumpida por un terremoto histórico.

Sumen ustedes: Revolución francesa y fin de la monarquía absoluta y los remanentes feudales. Revolución americana y fin del dominio colonial en el nuevo mundo. Disolución de los gremios y asociaciones de trabajo a favor de la libre empresa y expansión sin límites de las clases medias entorpecida por las aristocracias tradicionales. La revolución industrial.

Todo ello sucede a lo largo de medio siglo —y quizás aún no acaba de suceder—. Pero el símbolo del suceso es un hombre, un protagonista, un ser humano que por su voluntad imperiosa, su ambición gigantesca, la fuerza de su personalidad, se impone a la historia, la inventa, la moldea y la hereda. Es el anti-Quijote.

Ese personaje se llama Napoleón Bonaparte y a partir de su biografía —de simple cabo del ejército a emperador de Francia y dueño de Europa— la novela europea hace un giro de 180° para centrarse en el tema del ascenso del héroe —o antihéroe— en la nueva sociedad burguesa post-revolucionaria.

La tradición que llamaré de Waterloo en oposición a la de la Mancha no nace, pues, de la imaginación, como la cervantina, sino de la historia. Se propone reflejar la historia y, acaso, dirigirla o por lo menos modificarla.

Cada soldado de mi ejército trae en su mochila el bastón de mariscal, dice Napoleón, iniciando la era anti-aristocrática, anti-hereditaria, de las carreras abiertas para todos. El código civil napoleónico. La propiedad ya no hereditaria, sino adquirible por todos los medios. El trabajador sin derechos, sujeto a la libertad de empresa. Lo dice con gran fuerza Alfred de Musset en su espléndida novela *La confesión de un hijo del siglo* de 1836.

"Napoleón hizo temblar el lúgubre bosque de la vieja Europa." "La gesta napoleónica", añade "separa al pasado del futuro pero no es ni lo uno ni lo otro… y ya no sabemos, a cada paso, si ahora caminamos sobre un surco o sobre una ruina".

Surco o ruina, de la historia napoleónica surge Julien Sorel, el ambicioso seminarista del *Rojo y negro* de Stendhal que, empleado como tutor en casa de un viejo aristócrata, lee en secreto el *Memorial de Santa Helena* para que Napoleón le sirva de ejemplo erótico a fin de seducir a la esposa del patrón.

¿Y qué son los grandes arribistas de *La Comedia humana* de Balzac si no individuos napoleónicos dispuestos a hacer carrera a como dé lugar, mediante la ambición, el disimulo, la traición? Eugenio de Rastignac y Lucien de Rubempré aprovechan la oportunidad del nuevo tiempo post-napoleónico para hacer carrera, alcanzar la cumbre, mofarse de los ideales, aprovechar las convenciones.

Lo resumen todo los consejos del abate Herrera a Lucien de Rubempré en *Las ilusiones perdidas*: Engaña. Disimula. Miente. Y asciende. La sociedad sólo es conquistada, sin escrúpulos, por los ambiciosos.

Pero, ¿quién es "el abate Herrera"? Es el gran maestro de ceremonias de *La Comedia humana* de Balzac. En realidad se llama Jacques Collin, *Trompe la Mort*, el engañamuertos salido de las prisiones de Francia a la conquista de una sociedad que reclama la astucia del criminal para ser dominada, al grado de que Colin-Herrera acabará su carrera como Vautrin, jefe de la policía parisina. En efecto, carreras abiertas para todos, sobre todo para los ambiciosos sin escrúpulos. El criminal a cargo de la justicia y al cabo, los locos a cargo del manicomio.

Surgida de los campos de batalla y de las prisiones, instalada en los salones y los parlamentos, la tradición de Waterloo termina no sólo en la derrota y el exilio, como Napoleón mismo, sino en el crimen y la locura, como el último héroe bonapartista de la novela, Rodion Raskolnikov. En *Crimen y castigo*, Raskolnikov habita una buhardilla adornada por el retrato de Napoleón Bonaparte. Napoleón justifica a Raskolnikov en su filosofía de hombre totalmente libre para actuar, incluso para matar. Pero aquí entramos a un severo cambio de dirección: si Raskolnikov culmina la tradición napoleónica de Waterloo, presagia ya la nueva tradición del superhombre de Nietzsche capaz de "salir de una repugnante sucesión de asesinatos, violaciones, actos incendiarios y tortura, con un sentimiento de exaltación… con la inocente conciencia de una bestia rapaz…"

Nietzsche nos coloca en el umbral de nuestro propio tiempo y de la tentación totalitaria. Vuelvo atrás para indicar que la tradición de la Mancha pervive con gracia a veces, dramáticamente otras, en la tradición de Waterloo. Dos notables ejemplos son dos Quijotitas con faldas que como el hidalgo de la Mancha, creen lo que leen. Catherine Morland, en *La abadía de Northanger* de Jane Austen, pierde la razón leyendo novelas góticas de terror pero la recupera gracias a buenas dosis británicas de té y simpatía. En cambio, Emma Bovary, en la novela de Flaubert, corre hacia su pérdida leyendo novelas románticas que ella desea vivir en la realidad. Su esposo es un aburrido médico de provincia. Sus amantes, pasajeros y desleales. Su crédito, limitado: no sé a dónde habría llegado Mme. Bovary con una tarjeta de American Express. Su destino es la muerte. La distancia entre el mundo real de Emma sólo la salva la muerte.

Podemos comparar entonces, con todas las salvedades, dos grandes tradiciones narrativas: la de Waterloo y la de la Mancha.

Waterloo se ocupa de la vida real.

La Mancha se ocupa de la vida ficticia.

Waterloo se niega como ficción: pretende ser fiel reflejo de la vida, rebanada de vida, espejo en el camino de la vida.

La Mancha se celebra a sí misma como ficción y celebra su génesis en la ficción.

El trasfondo de Waterloo es explícitamente social.

El de la Mancha es libresco, desciende de otros libros y rinde homenaje constante a la tradición literaria.

Waterloo es serio. La Mancha es cómica.

Los personajes de Waterloo pretenden ser hombres y mujeres reales, sicológicamente verificables.

Los personajes de la Mancha, más que actores, son lectores.

Y es que Waterloo lee al mundo, en tanto que la Mancha es leída por el mundo… y lo sabe.

Waterloo se funda en la experiencia: se escribe de lo que se sabe.

La Mancha se basa en la inexperiencia: se escribe de lo que se ignora.

Waterloo, a partir del siglo XIX, se vuelve tradición central de la novela y la Mancha, tradición excéntrica.

La novela iberoamericana nace en el siglo XIX con la independencia de las colonias y la independencia se confunde con todo lo que representa retraso —a saber, indios, negros y españoles— y celebración de todo lo que se identifica con el progreso —Francia, Inglaterra y los Estados Unidos.

Esta imitación extralógica conduce a la erección de fachadas legalistas que poco o nada tienen que ver con la realidad de la América Latina que, gústele o no, es ibérica, india y mestiza, negra y mulata. En cambio, dijo Victor Hugo, la Constitución de Colombia fue escrita para los ángeles, no para los humanos.

El divorcio entre el país real y el país legal tiende a manifestarse también en la literatura. No hay muy buenas novelas latinoamericanas en el siglo XIX. Hay naturalismo, realismo, costumbrismo. Hay retratos sociales importantes como los del chileno Blest Gana.

Hay novelas de aventuras divertidas como las del mexicano Manuel Payno. Hay títulos asombrosos, como el de una novela de otro mexicano, Riva Palacio, titulada *Monja, casada, virgen y mártir*. En ese orden.

Hay un gran libro, acaso el mejor de nuestro siglo XIX, que es el *Facundo* de Sarmiento, diálogo genérico de política, geografía, historia, economía y fe en la civilización contra la barbarie encamada por el papá de todos los tiranos latinos, el feroz caudillo de la Rioja, Facundo Quiroga.

Y hay una gran excepción a la regla: la tradición de la Mancha, así en Iberoamérica como en Europa misma, la prolonga un gran escritor brasileño, Joaquim Maria Machado de Assis. Pobre, mulato, autodidacta, Machado de Assis publica en 1881 *Las memorias póstumas de Blas Cubas y* recupera de un golpe, para Iberia y para Iberoamérica lo que Milán Kundera llama, con melancolía, "la extraviada herencia de Cervantes".

Blas Cubas es una novela escrita desde la tumba por el protagonista muerto. Como Sterne y Diderot, Machado se dirige al "lector poco ilustrado", al lector que es "el defecto del libro". Lector, le dice Machado, sáltate este capítulo. Vuelve a leer este otro. No seas perezoso. Conténtate, lector, con saber que esto que lees son meramente notas para un capítulo triste que NO escribiré. Irrítate de que te obligue a leer un diálogo entre los amantes y si este capítulo te parece ofensivo, recuerda que éstas son mis memorias, no las tuyas y que desde el principio te advertí: este libro es suficiente en sí mismo. Si te place, excelente lector, me sentiré compensado. Si el libro te desagrada, te premiaré con un chasquido de dedos y me sentiré bien librado de ti…

El "desocupado lector" de Cervantes esconde una enorme ironía: nadie requiere mayor participación del lector que Cervantes, quien inaugura la tradición de la Mancha invitando al lector a ser co-autor de un libro que se sabe libro, dándole al lector el privilegio democrático de entrar a la imprenta donde se fabrica el libro que estamos leyendo, sabedores, Cervantes y sus lectores, de que la vida de la novela depende de los valores de una lectura mediante la cual la imaginación del autor y la del lector se reúnen en los fértiles terrenos de la certidumbre crítica. La religión propone dogmas. La política, ideologías. La lógica, certezas. La novela, enigmas.

No es casual que el renacimiento de la tradición manchega coincide con una época de incertidumbre profunda. A partir de la Gran Guerra de 1914-1918, se derrumban las certezas del progreso en ascenso perpetuo, el derecho a la felicidad y el bienestar inevitable.

Las guerras mundiales y las múltiples guerras locales, los totalitarismos y los campos de concentración, la intolerancia y el terror, la rapidez de los satisfactores pasajeros, la basura de un mundo que se dice conservador y lo consume todo, el aplazamiento de la agenda de la necesidad por los caprichos de la necedad, el lento funeral de la palabra en aras de lo que Emilio Lledó llama "el etéreo imperio de las imágenes".

Todo ello nos ha regresado con visión y voluntad renovadas al Quijote. En las negras horas precedentes a la Segunda Guerra Mundial, Thomas Mann abandonó la Alemania de Hitler cruzando el Atlántico con *Don Quijote* como su más seguro amarre con la civilización europea.

Pero desde antes, bajo las nubes de la Primera Guerra, Franz Kafka habría descubierto que *Don Quijote* fue una invención magnífica de Sancho Panza, quien de esa manera se convirtió en un hombre libre para seguir las hazañas del caballero andante, sin hacerle daño a nadie.

Kafka y Mann recuperan para Europa la tradición de la Mancha y a partir de entonces la continúan Günter Grass en Alemania, Italo Calvino en Italia, Milan Kundera en Checoslovaquia, Salman Rushdie en la Gran Bretaña, Thomas Pynchon en Estados Unidos y en Latinoamérica, Jorge Luis Borges, cuyo "Pierre Menard, autor del Quijote", cierra la tradición circular de la Mancha determinando que basta repetir el *Quijote* letra por letra, pero con tiempo e intención diferentes, para reabrir el círculo, reanudar la tradición y darle nuevo acento goytisolitario en España, nelidapiñoniano en Brasil, cortazariano en Argentina.

Los hijos de Cervantes se convierten, en Iberia e Iberoamérica, en los hijos de la Mancha, los hijos de un mundo manchego y manchado, impuro, sincrético, barroco, corrupto, animados por el deseo de manchar con tal de ser, de contaminar con tal de asimilar, de multiplicar la apariencia de las cosas a fin de multiplicar el sentido de las cosas.

En contra de la consolación de una sola lectura de una realidad única, los hijos de la Mancha duplican todas las verdades para impedir que se instale un mundo ortodoxo de la fe o de la razón o un mundo puro, excluyente de la variedad impura, cultural, sexual, política, pasional de las mujeres y de los hombres.

Cervantes y su descendencia son los adelantados de la imaginación y de la ironía, del mestizaje y del contagio vitales en un mundo amenazado por los verdugos del racismo, la xenofobia, el fundamentalismo religioso y otro, implacable fundamentalismo, el del mercado.

La gran herencia de Cervantes para su tiempo, el nuestro y todos los tiempos, consiste en decirnos que el mundo es susceptible de muchas explicaciones.

Que el mundo no es una realidad fija, sino mutable.

Que toda verdad y toda razón requieren pasar por el cedazo de la duda.

Que sólo nos acercamos a la realidad si la ponemos en tela de juicio.

Y que sólo nos acercamos a la verdad si no pretendemos imponerla.

Muchas gracias.

La Caixa
Palma de Mallorca, España
28 de julio de 2005

Amigos

Mi amigo Octavio Paz

Señoras y señores:

"No quisiera comenzar esta conferencia sin un homenaje al gran poeta y ensayista mexicano Octavio Paz. Su obra abarca y enriquece nuestro siglo cultural. También lo sobrevive. Un gran escritor como Paz es guardián y testigo, junto con sus lectores, de su propia inmortalidad."

Con estas palabras di inicio a mi plática en la Feria del Libro de Buenos Aires, al conocer la noticia de la muerte de Paz. Pero anoche apenas, dos distinguidos amigos mexicanos con los que cenaba en Londres me dijeron: No basta. Tus palabras en Argentina recibieron escasa difusión en México. Escribe algo más sobre Octavio.

¿Algo más? No creo que un escritor mexicano haya escrito más que yo sobre Paz. Conferencias, prólogos, memorias, defensas públicas, discursos, ensayos. Durante 30 años, estuve atento a la obra de Paz. Él me correspondió con ensayos sobre mis libros, prólogos y un hermoso poema. Añádase a esto mi correspondencia con Paz, que suma más de mil cartas intercambiadas a lo largo de tres décadas y que se encuentran depositadas en la biblioteca de una universidad norteamericana. Julio Ortega, el único que ha leído esta correspondencia en su integridad, la describe como "el conmovedor documento de una amistad". He dispuesto que la mayor parte de las cartas cruzadas con Octavio queden selladas hasta 50 años después de mi propia muerte, cuando las intimidades, franquezas, desavenencias, querencias e insultos que inevitablemente salpican un canje de letras tan cotidiano e intenso, no hieran a nadie y sólo fatiguen a los biógrafos.

Conocí a Octavio en París, en abril de 1950, cuando yo tenía 21 años y él, 35. Nos hicimos amigos inmediatamente. Yo llegaba de México poseído de una admiración previa, alimentada por la lectura de *El laberinto de la soledad*, primero, de *Libertad bajo palabra*, enseguida. Ambos libros fueron las aguas bautismales de mi generación. *El laberinto* resumió la preocupación reinante acerca del carácter de "lo mexicano". Alfonso Reyes en *La X en la frente* y Samuel Ramos en *El perfil del hombre y la cultura en México*, habían precedido la interrogante de Paz; los "Hiperiones" de la Facultad de Mascarones la seguirían; los nacionalistas chatos y patrioteros la enterrarían: "El que lee a Proust se proustituye", se escuchó un día en una conferencia donde sólo faltaron los sarapes de Saltillo, en el Palacio de Bellas Artes.

Paz le entregaba a mi generación una gran visión conciliadora de México y el mundo, como lo había hecho Reyes antes que él. Reyes: "Seamos generosamente universales para ser provechosamente nacionales". Paz: "Por primera vez en nuestra historia, somos contemporáneos de todos los hombres". La obra de Paz presupondría la de Reyes. Al regiomontano le tocó proponer una universalidad incluyente en un medio de nacionalismo excluyente. La inconmensurable obra de don Alfonso consistió en traducir a términos hispanoamericanos la totalidad de la cultura de Occidente.

Sus meditaciones sobre Grecia o Goethe, sobre Góngora y Mallarmé, despojaron de "extranjería" a lo que por herencia nos correspondía. Fueron el antídoto del chovinismo barato, pero también el complemento indispensable a la revolución como revelación que protagonizaron los Orozco y los Rivera, los Chávez y los Revueltas, los Martín Luis Guzmán y los Rafael Muñoz.

Mi relación con Reyes fue casi filial. Visitándolo periódicamente en Cuernavaca, aprendí a leer lo que me faltó leer entre los 15 y los 20 años. Llegué armado por Reyes a otra relación, ésta fraternal, con Paz. Don Alfonso acostumbraba decir que para él el mundo terminó el día 9 de febrero de 1913 en que su padre, el general Bernardo Reyes, murió acribillado en el Zócalo de la ciudad de México. Literariamente, le interesaba más el pasado que el presente. Su gusto tenía límites, Proust, Joyce y pocas cosas más allá. Abominó de mi *Región más transparente*. Le agradecí su franqueza y mantengo viva la llama de mi amor y gratitud hacia el mejor prosista de la lengua española durante la primera mitad del siglo.

¿Fue Paz el mejor prosista de la segunda mitad? Puede prosperar, sin duda, esta afirmación. Su poesía, dicen algunos, no es tan alta como su prosa. Paz no fue ni Neruda ni Vallejo y acaso tampoco fue Gorostiza, Villaurrutia o López Velarde. Pero sin la junta poética de *Libertad bajo palabra*, *Piedra de sol* y *Semillas para un himno*, es difícil que se comprenda, o se origine siquiera, un decir poético reflexivo, metafísico en ocasiones, juguetón en otras, rabioso en algunos grandes momentos. El "chillen, putas" dirigido a las palabras asciende a la noche que a su vez "cae... sobre Teotihuacán" donde

83

"en lo alto de la pirámide los muchachos fuman marihuana" y "suenan guitarras roncas". Y la ceniza del pitillo y del volcán desciende a su vez a esa mesa donde el abuelo y el padre pueden recordar a Juárez y a Zapata, pero nosotros, ¿a quién?

El gran acierto de Paz fue darle pensamiento a la poesía y poesía al pensamiento. Contagió su prosa de relámpagos metafóricos y su poesía de lucidez discursiva. Quizás ésta fue su singularidad, siendo, como todo gran creador, heredero de una traducción. Acaso los poetas modernos de lengua española a los que más tuvo Paz en deuda fueron Jorge Guillén y Emilio Prados. Carlos Blanco Aguinaga nos debe, al respecto, un buen estudio comparativo.

La poesía se hereda, se refunde, se hace y se deshace, pero también se vive. Paz, el joven Paz que conocí en 1950, quería vivir poéticamente. Sufría el peso de sus obligaciones diplomáticas pero las cumplía disciplinadamente. El "¿cómo?" que puntuaba su conversación era una interrogante al padre, un reproche y una invocación a la vez, pero sobre todo una búsqueda de aprobación filial. Su rabia contra las insuficiencias del lenguaje era pareja a su rabia contra las insoportables suficiencias del dinero y de la fe. El signo del dólar y la señal de la cruz son objeto de furia y escarnio en su poesía joven. El dinero, físicamente, le carcomió las manos en la época dura en que trabajó para el Banco de México contando los billetes viejos destinados al incinerador.

Octavio, físicamente, incendió el dinero. ¿Lo incendió, otro día, el dinero a él?

Recorrimos juntos el París de nuestra juventud, una capital intocada por la guerra externamente, pero con penurias persistentes en las cosas de la vida diaria, calefacción, luz, teléfonos, gasolina. Octavio tenía un bello apartamento en la Avenida Victor Hugo y de allí salíamos con Elena Garro, Adolfo Bioy Casares, Silvina Ocampo, Enrique Creel, José Bianco y otros amigos, a los cabarets de Saint-Germain-des-Prés, donde Juliette Greco duplicaba la noche con su voz y su atuendo "existencialista", donde Albert Camus demostraba ser un gran bailarín de boogie y donde Luis Buñuel regresaba al triunfo de *Los olvidados* en Cannes, en contra de la voluntad patriotera y pusilánime del gobierno de México. Octavio, diplomático mexicano, se plantó a las puertas del Palacio de los Festivales a distribuir un panfleto escrito por él en defensa de la hermosa y terrible película de Buñuel, cuyo arte exaltaba, no denigraba, a México.

La imagen parisina que permanece para siempre en mí es la de un mediodía gris en que Paz me llevó a ver el primer gran cuadro de la posguerra, la obra magnífica de Max Ernst llamada *Europa después de la lluvia*, en una galería de la Place Vendôme. La mirada de Ernst y la de Paz eran intensamente azules, "como el viento partiendo en dos la cortina de nubes". Pero Ernst tenía un perfil de águila y la cabellera blanca; el joven Paz era esbelto, de melena ondulante e irresistiblemente atractivo para las mujeres. Ya en México, 5 años más tarde, salíamos mucho a bailar con muchachas guapas, organizábamos con ellas *toga parties* en las que el único requisito era llegar vestido con una sábana blanca y éramos arrastrados por el vendaval bohemio que era José Alvarado a la célebre Casa de La Bandida donde Paz contestaba a las canciones un tanto impúdicas de Graciela Olmos con versos de Baudelaire que "las muchachas" imaginaban más léperos aun.

Paz y Alvarado habían compartido una buhardilla del centro cuando estudiaban derecho en San Ildefonso, y allí se llevaron a vivir a un maniquí bautizado "La Rígida" y que me sirvió de tema para un cuento, "La Desdichada", en la que el papel de Bernardo corresponde a un retrato imaginario del joven Octavio. Otras veces, una pareja esperpéntica e irresistible de la noche mexicana llamados Ámbar y Estrella, nos guiaban por las galerías de espejos más secretos de la urbe, poblada de mendigos, travestistas, mariachis, organilleros, mujeres de pelo en pecho y faunos del bosque de concreto.

Juan Soriano y Diego de Mesa eran también constantes compañeros de aventuras nocturnas en aquella ciudad de apenas dos millones de habitantes, perfectamente segura para los desvelados como nosotros y aun para quienes no se desvelaban, como el célebre grupo de Los Divinos que se reunía cada sábado en Bellinghausen para disecar los eventos de la semana y saborear las ironías cachacas de Hugo Latorre Cabal, el pesimismo animoso de Jaime García Terrés, la prudencia consustancial de José Luis Martínez, la máscara de gracejadas que ocultaba el alma profundamente poética de Alí Chumacero, la elegancia física y mental de Joaquín Diez Canedo y el ensimismamiento juguetón, el humor inesperado, de Max Aub. Éramos los amigos de Octavio.

Pero como una "gran ola", Paz llegaba a México y lo alborotaba todo. Renovó la vida teatral de la ciudad con las puestas en escena del grupo Poesía en Voz Alta, cuyo telón se abría sobre las maravillas escénicas preparadas por Gurrola, Mendoza y José Luis Ibáñez pero se cerraba ante el susto casi virginal de las autoridades universitarias. Nos impulsó a Emmanuel Carballo y a mí a crear una *Revista Mexicana de Literatura* que ofendió seriamente los sentimientos xenófobos y nacionalistas de la época. Condenada como elitista y artepurista, en ella vio la luz, sin embargo, un poema político de Paz que causó furor en su momento, "El cántaro roto", y su pregunta de piedra, jadeo y sabor de polvo: "¿Sólo está vivo el sapo, sólo reluce y brilla en la noche de México el sapo verduzco, sólo el cacique gordo de Cempoala es inmortal?"

Con esta pregunta en los labios marchamos los dos juntos, Octavio y yo y amigos como José de la Colina, en apoyo a Othón Salazar y su movimiento de maestros disidentes. Pasamos por la Avenida Juárez bajo el balcón de la Secretaría de Relaciones Exteriores desde donde nos miraban, con asombro, nuestros jefes, Padilla Nervo y Gorostiza. Nunca nos dijeron nada. Era posible ser funcionario y luchar por el sindicalismo independiente. Otros tiempos, en verdad. No había que ponerse la camiseta.

Fue la vida personal lo que se le complicó a Paz y lo llevó de vuelta al extranjero, a la India, a la nueva dimensión de su pensamiento y su poesía. Lo vi por primera vez con su nueva esposa, Marie José, en un restorán romano con José Emilio Pacheco. Se acabaron las parrandas, se acabó el vacilón y vino la tragedia. Tres años más tarde, la noche de Tlatelolco indicó el fin de la revolución institucional mexicana y el nacimiento de una sociedad civil educada por la revolución para lo mismo que su gobierno quiso asesinar esa noche, el espíritu de libertad de la nueva generación. La sangre manchó la plaza de las Tres Culturas y Paz abandonó su puesto diplomático en la India.

Le escribí enseguida desde París, donde me encontraba, ofreciéndole solidaridad, mi casa, mi apoyo económico, lo que quisiera. A recibirle al muelle de Barcelona fuimos todos, Gabriel García Márquez, Juan Goytisolo, Mario Vargas Llosa, José Donoso… ¿Quién le negó a Paz el honor que Díaz Ordaz se empeñaba en regatearle? ¿Quiénes defendieron en México más a Octavio contra la saña del caníbal poblano que Fernando Benítez, Carlos Monsiváis, José Emilio Pacheco, Elena Poniatowska y yo mismo?

Regresó con modestia, sin desplantes heroicos, a México, cuando salió de la presidencia Díaz Ordaz. Vivió en un pequeño apartamento de San Ángel Inn que le rentó Sol Arguedas. Volvimos a marchar, esta vez contra los "Halcones" asesinos, movilizamos juntos a un mitin en Ciudad Universitaria, nos reunimos con Demetrio Vallejo y Heberto Castillo para formar un partido o movimiento de socialismo democrático. Y discutimos mucho. No estábamos de acuerdo en varios asuntos políticos, pero nos preciábamos de diferir sin pelearnos, de probar nuestra amistad, fuerte y honda, contra todas las diferencias. Dábamos, queríamos dar, una prueba de coexistencia respetuosa entre concepciones diferentes de la vida y la sociedad. Casi lo logramos.

Cuando, siendo director de la *Revista Mexicana de Literatura*, me llegó a las manos un ataque salvaje contra Octavio Paz, me negué a publicarlo.

—Entonces usted no cree en la libertad de crítica y de expresión —me dijo el autor.

—En lo que creo es en la amistad —le contesté—. Y aquí no se publican ataques contra mis amigos. Vaya usted a otra parte con su escrito. No faltan espacios que se lo publicarán encantados. Pero aquí, contra un amigo, no.

La amistad requiere atención, cuidado y amor. "No dejes pasar un día sin reparar tus amistades", aconsejó el Dr. Johnson. El recuerdo es una renovación cotidiana de la amistad. Y sólo en el corazón de un amigo podemos reconocernos realmente a nosotros mismos, y al mundo, "como el día que madura de hora en hora hasta no ser sino un instante inmenso…"

Lo dije en Buenos Aires y lo repito ahora. La obra de Octavio Paz abarca y enriquece nuestro siglo cultural. También lo sobrevive. Un gran escritor como Paz es guardián y testigo, junto con sus lectores, de su propia inmortalidad.

Londres, Inglaterra
5 de mayo de 1998

Luis Buñuel, cineasta de las dos orillas

Señoras y señores:

En 1950, estudiaba en la Universidad de Ginebra y frecuentaba un cine-club en la ciudad suiza. Allí vi por vez primera *Un perro andaluz* de Luis Buñuel. El presentador de la película explicó que se trataba de la obra de un cineasta maldito muerto en la guerra de España.

Levanté la mano para corregirlo. Buñuel estaba vivito y, supongo, coleando, en la ciudad de México y acababa de filmar una película, *Los olvidados,* que sería presentada ese mismo año, 1950, en el Festival de Cannes.

Hoy, vuelvo a levantar la mano para honrar la vida sin fin de uno de los grandes artistas del siglo xx, nacido con el siglo, en 1900, en la población aragonesa de Calanda.

Todos ustedes conocen los datos biográficos y me limitaré a resumirlos.

La educación católica —Buñuel, como Simón Bolívar y Fidel Castro, fue alumno de los Jesuitas.

La revuelta contra los valores tradicionales al lado de los jóvenes compañeros de la Residencia de Estudiantes de Madrid.

La amistad —y las bromas— con Salvador Dalí y Federico García Lorca.

El viaje a París y el aprendizaje cinematográfico con Jean Epstein en la versión de *La caída de la Casa de Usher* de Poe.

La comunión con el movimiento surrealista, la filiación con Dalí en *Un perro andaluz* gracias al dinero enviado por la madre de Buñuel, y el escándalo mayúsculo al estrenarse, en 1930, *La edad de oro.*

El advenimiento y caída de la república española y la filmación del documental *Las Hurdes.*

El exilio en Hollywood, primero y, en seguida, el trabajo en el Museo de Arte Moderno de Nueva York durante la Segunda Guerra, hasta el arribo a los Estados Unidos de Dalí y su denuncia de Buñuel como peligroso ateo, anarquista y comunista.

El peregrinaje hacia México con su mujer, Jeanne, su hijo mayor, Juan Luis, y 300 dólares en el bolsillo.

Su residencia permanente en México, el nacimiento de Rafael el Benjamín, el apoyo de Óscar Dancigers para *Los olvidados,* el premio a la mejor dirección en Cannes y lo demás es historia.

Una historia tachonada de amigos, apoyos, gratitudes, cuyos nombres más altos son los guionistas Luis Alcoriza, Julio Alejandro y Jean-Claude Carrière, los productores Raymond y Robert Hakim, Gustavo Alatriste, Manuel Barbachano y, sobre todos, Serge Silberman. El grandísimo fotógrafo Gabriel Figueroa. La constelación de actores que iré nombrando en el curso de esta conferencia.

Y sobre todo, el número infinito de los amigos que pudimos gozar de su espléndido sentido del humor, su gracia pícara, su discreto sentido de haber vivido la cultura entera del siglo y de poder compartirla con uno, su emotiva devoción a la amistad, entendida como un lazo que le resta importancia a cualquier enemigo.

La amistad como una manera de festejar y participar pero también como la capacidad de permanecer juntos en silencio.

Vimos juntos muchas películas, desde la *Roma* de Fellini que Buñuel admiró tremendamente en razón de su libertad creadora, pasando por *Senderos de gloria* de Kubrick, que conmovió sus sentimientos políticos y morales, hasta el *Rey de reyes* de Nicholas Ray en un cine de la ciudad de México, de donde fuimos expulsados a gritos y silbidos cuando Satanás, en el desierto, tienta a Cristo con una visión de cúpulas doradas y minaretes lujosos. "¡Joder —exclamó Buñuel—, que le ha ofrecido Disneylandia!"

De manera que esta noche, permítanme una vez más ir al cine con Luis Buñuel. Pero esta vez, a ver las películas del propio Luis Buñuel.

CORTE A EXTERIOR. ISLA DESIERTA. DÍA. PANORÁMICA.

Robinson Crusoe mira su isla desde lo alto de una montaña. Se da cuenta de que su reino es el de la soledad. Empieza a gritarle a las montañas, en espera de la única voz humana que puede escuchar, la única compañía que le está reservada: la voz propia, el eco de Robinson Crusoe.

Famosamente, Jean Paul Sartre dijo, "El infierno son los demás". Buñuel, honesta y hasta humildemente, pregunta: "Pero ¿puede haber un paraíso sin la compañía de nuestros semejantes?"

Buñuel es demasiado casto políticamente (no políticamente correcto: simplemente limpio y modesto pero moralmente fuerte) para enarbolar ideologías o simplificar un tema inmensamente complicado como lo es el de la solidaridad humana, nuestra relación con nuestros semejantes...

Una de las películas que vi con él fue *Milagro en Milán* de Vittorio de Sicca. Buñuel salió descontento de la sala. Se oponía a la visión simplista de los ricos como una clase uniformemente egoísta, estúpida y cruel, y de los pobres como una clase, sin excepción, bondadosa, casi angelical en su inocencia y fraternidad manifiestas.

Claro, Buñuel podía ser implacablemente crítico de los discretos encantos de la burguesía. Basta recordar su extraordinaria galería de personajes autocomplacidos, hipócritas o fríamente inhumanos, desde las ampliamente dotadas matronas y los barbados directores de orquesta de *La edad de oro* hasta la extraordinaria disección del chovinismo machista, género hispánico, en las grandes caracterizaciones finales de Fernando Rey: el hidalgo que seduce niñas, droga a virginales monjas antes de violarlas, se proclama liberal en las tertulias para salvar su apariencia pública pero bebe chocolate con los curas en casa para salvar su alma privada.

Pero a los pobres no les va mejor. La crueldad del joven criminal "el Jaibo" (Roberto Cobo) o del siniestro ciego (Miguel Inclán) en *Los olvidados*, del guarda del coto de caza en *Diario de una camarera*, de la mercenaria madre de Conchita en *Ese oscuro objeto del deseo*, o de la aviesa tribu de mendigos en *Viridiana*, confirman la certeza a menudo expresada de Buñuel en el sentido de que la pobreza no ennoblece a nadie.

Degrada, degrada casi tanto —o más— como la insolente riqueza.

El hecho de que la crueldad sea más disfrazada, más engañosa, en la discretamente encantadora burguesía, no desvirtúa, en Buñuel, una mirada abarcadora y sin pestañeos de la crueldad, el egoísmo y la violencia como las espesuras naturales en la selva del *homo homini lupus* —el hombre lobo del hombre.

En los barrios perdidos de México o en los elegantes salones de París, los hombres y las mujeres son victimarios y víctimas.

Buñuel dice esto porque cree que es cierto, que la crueldad es una roca profundamente asentada a la que debemos mover con una fuerza difícil de obtener sin sucumbir, en el camino, a la vacuidad ideológica o a la sublimación caritativa.

A esta visión dura y exigente le da su fuerza el principio de la solidaridad en Buñuel. Yo creo que ningún realizador se ha acercado al principio de la solidaridad humana con tanta originalidad y con tanta reserva artística como Buñuel.

No Eisenstein y su obvio proselitismo.

No Chaplin y su facilidad sentimental.

No Capra y los triunfos de Gary Cooper y James Stewart sobre el plutócrata Edward Arnold gracias al excepcionalismo norteamericano, *the land of the free,* la tierra de los libres por definición.

Ni siquiera el conmovedor soliloquio de Henry Fonda en *Las uvas de la ira* de John Ford.

Ninguno de estos ejemplos, en mi consideración, alcanza la profundidad de una sola escena de Buñuel: El sacerdote itinerante, ingenuo y abusado, Nazarín, ha tratado de imitar a Cristo sólo para ser burlado, golpeado y crucificado por tomarse el trabajo de seguir las enseñanzas de Jesús, muchas gracias. Conducido con una cuerda de presos, le es ofrecida una piña por una mujer compasiva. Primero, Nazarín rehúsa el regalo, haciéndonos sentir que se considera indigno de él. Pero un instante después, se regresa, acepta la incómoda fruta y le da las gracias a la mujer: —Que Dios se lo pague.

Nazarín, interpretado con una dulzura y dolor conmovedores por el gran Francisco Rabal, ha perdido la fe en Dios, pero ha ganado la fe en los hombres. Sus palabras son una respuesta a la soledad de Robinson. El eco del náufrago solitario encuentra una voz en la gratitud del sacerdote socialmente ligado. O re-ligado, que es lo que significa la palabra re-ligión.

CORTE A INTERIOR. NOCHE. FINCA CASTELLANA.
MEDIO PLANO.

La novicia Viridiana, vistiendo su largo camisón blanco, se arrodilla a rezar y abre su negro maletín de viaje, extrayendo de él crucifijo, corona de espinas, martillo y clavos. De la misma manera que un mecánico sacaría tornillos, perforadoras y cilindros.

Son los instrumentos de su profesión. Son, asimismo, una ilustración del cuidado minucioso con que Buñuel escoge los objetos en sus películas.

Como todos sabemos, Buñuel sentía pasión por la entomología y uno de sus libros de cabecera era el estudio de Fabre sobre la vida de las abejas, las avispas y los escarabajos.

La cámara, en ocasiones, hace las veces de microscopio. El cineasta se aproxima a las cosas sin interrumpir la acción. Un lento y baboso caracol puede recorrer la mano de Nazarín mientras el sacerdote le explica su filosofía panteísta a las dos barraganas, que se le han unido en su peregrinación.

Escorpiones en *La edad de oro*. Mariposas con cabezas de muerte en *Un perro andaluz*. Perros trotando debajo de los carretones en *Viridiana*. Y borregos entrando a una iglesia en *El ángel exterminador*. Tales son los objetos animados del mundo natural o alienado que Buñuel exhibe para demostrar, no nuestra enajenación al mundo de los objetos, sino precisamente la presencia de las cosas que sostienen nuestros mundos mentales, eróticos o políticos.

El materialismo de Buñuel recorre la gama de lo cotidiano a lo escandaloso. Pero aun los actos más físicos —comer, caminar, hacer el amor— pueden convertirse en protagonistas de una pesadilla jamás soñada.

El grupo de sibaritas del *Discreto encanto...* nunca puede sentarse a gozar de una buena comida.

En *El fantasma de la libertad,* los actos de comer y defecar son moralmente invertidos.

Fernando Rey no puede penetrar el cinturón de castidad medieval de Carole Bouquet en *Ese oscuro objeto...* y en *Viridiana* no puede tocar el virginal cuerpo de Silvia Pinal sin drogarla primero y luego escuchar un disco de *El Mesías* de Haendel.

Aun así, el oscuro objeto del deseo se nos escapa constantemente. Lejos de ser pasivos o inánimes, los objetos se mueven, sobre todo cuando son sujetos humanos que una percepción deformada o un orden social sofocante, han convertido en cosas.

En *La vida criminal de Archibaldo de la Cruz* hay, a mi parecer, un desenlace demasiado fácil cuando el protagonista (Ernesto Alonso) alcanza el verdadero amor y deja atrás el mundo de sustitutos deificados de la carne humana que tan cuidadosamente alojó en su mente: una cajita musical con una bailarina mecánica, la sangre corriendo por el muslo desnudo de su nana, el maniquí de cera de la mujer deseada, Miroslava.

Pero en *Diario de una camarera*, Buñuel demuestra que se ha leído de cabo a rabo al maestro Freud. El viejo duque que emplea a la recamarera Celestina tiene una fijación fetichista con el calzado —como Imelda Marcos. Y el fetichismo, nos enseña Freud, puede significar una sustitución de deseos, una sublimación del trabajo o, aun, el trabajo mismo de los sueños...

En *Diario de una camarera*, Jeanne Moreau, la más inteligente de las actrices en el más inteligente de sus papeles, lo observa todo y no se deja engañar por nada.

El desfile de disfraces sexuales, degradaciones morales y distorsiones sociales pasa frente a su mirada fría e irónica. Solamente al final de la película, cuando todos estos hechos aislados se reúnen en el haz de una realidad política —el ascenso del fascismo— comprendemos la extraordinaria manera como Buñuel ha cimentado el horror político en el horror individual.

Aquél —el horror político— debe ser denunciado y atacado. Pero éste —el horror individual— debe ser comprendido, incluso compadecido, acaso denunciado como la máscara moral de la iniquidad social.

Buñuel da el paso de más. Subsume el análisis sicológico en la mirada redentora del humor. Esto me parece obvio en el *Un perro andaluz*, donde el protagonista, Pierre Batcheff, está batallando sin cesar con sus memorias de la infancia y las represiones de su juventud, trátese de una mochila escolar o de un piano relleno de burros muertos.

Pero de todos los filmes de Buñuel, hay uno en el que el humor y la sicopatología se reúnen de manera brillante y enervante. Me refiero a la película mexicana *Él* (1953), que debuta, precisamente, con una escena de fetichismo del pie.

El protagonista, maravillosamente actuado, gracias a su absoluta falta de ironía, por Arturo de Córdova ("No tiene la menor importancia") es un mexicano de clase alta, cuarentón, católico, virgen y burgués. Sólo le faltó ser de Guadalajara. Cada Jueves Santo, devotamente, Arturo lava los pies de los pobres en la Catedral. Pero esta vez, súbita, convulsivamente, se topa con un par de preciosas pantorrillas y pies exquisitamente calzados, pertenecientes a la no menos exquisita actriz argentina Delia Garcés.

Arturo primero se enamora de los pies y los zapatos de Delia y en consecuencia cree que se ha enamorado de la mujer misma. Sin embargo, tanto el fetiche como la fémina no son sino las aperturas —uso la palabra a propósito— de los celos patológicos de Arturo.

Desea los pies a fin de desear a la mujer pero desea a la mujer para hacer de ella el objeto de unos celos que dejan a Otelo a la altura moral de un principiante que no amó sabiamente pero sí en demasía, engañado por el villano de la pieza, Yago.

No así en el Otelo de Buñuel. Nadie engaña al celoso sino el celoso mismo. Y es que los celos matan el amor, pero no el deseo. El hombre celoso detesta a la mujer que rompió el pacto de amor, pero sigue deseándola porque la traición, a su manera de ver, fue prueba de la pasión misma de ella. Arturo cree que Delia lo ha traicionado, lo cual es manifiestamente falso. Pero Arturo debe creerlo a fin de poder seguir deseándola, a pesar de la traición, como si Delia en efecto lo hubiese engañado. Pero ello significa que la malvada, aunque sea deseada o a pesar de ser deseada, debe ser castigada.

La manera como Buñuel escenifica este sicodrama es asombrosa. Por principio de cuentas, Arturo, durante la primera noche de amor, se acerca a Delia, quien mantiene los ojos cerrados ante los avances eróticos de Arturo. Éste se aparta, preguntando furiosamente: "¿En quién estás pensando?"

Durante la luna de miel, nuestro Otelo criollo está convencido de que el vecino en el cuarto de al lado los está espiando y procede a introducir una larga y puntiaguda aguja por la cerradura.

Finalmente, en el paroxismo de los celos, entra a la recámara de la novia armado con un ominoso conjunto de instrumentos: cloroformo y algodón, cuerdas, hilo y aguja…

Vaya puntada. O no hay remedio sin remiendo. Dígalo si no la gran reparadora de virgos, nuestra madre la Celestina.

Arturo, el Otelo mexicano, termina encerrado en un monasterio, dentro de su original claustro católico, convencido de que allí ha encontrado, en la religión, la salvación… Hasta que, en la escena final, vestido con hábito monacal, se aleja por un corredor zigzagueando hacia una forma secreta e infinitamente inquietante de la locura.

No es de extrañar que, año con año, Jacques Lacan, el jefe de la escuela freudiana de París, iniciase sus cursos sobre sicopatología en la Sorbona exhibiendo esta película de Buñuel. Cuando se estrenó en 1952 en el Cine Mariscala de la ciudad de México sólo estábamos en la sala una docena de espectadores —entre ellos, lo recuerdo, Salvador Elizondo. La película permaneció en cartelera tres días.

CORTE A INTERIOR. NOCHE. ESTUDIO 28. PARÍS. 1930.

Arrojan tinteros a la pantalla. Las pinturas de Dalí, Miró, Max Ernst, Tanguy y Man Ray en el vestíbulo son destruidas a navajazos. Los Camelots du Roi, los pandilleros fascistas franceses, han cumplido su trabajo. Han interrumpido la proyección de *La edad de oro* de Buñuel, exclamando, típicamente, "¡Muerte a los judíos!" El comisario de la policía parisina, Jean Chiappe, especialista en prohibir películas y proteger prostíbulos, legaliza el vandalismo, prohibiendo futuras proyecciones de la película.

En efecto, *La edad de oro* no sería vista públicamente en Francia hasta 1966, cuando el heroico curador de la Cinemateca Francesa, Henri Langlois, la volvió a poner en su sitio: la pantalla del Palais de Chaillot.

Yo estuve allí. El entusiasmo de los jóvenes reunidos era digno de verse. Buñuel les había devuelto una parte de su libertad perdida.

No diré que esto tuvo algo que ver con los eventos de la famosa "Revolución de Mayo" del 68 parisino. Pero existe una afinidad entre Buñuel, el surrealismo, la anarquía y una rebelión estudiantil que proclamaba "La imaginación al poder" y "Prohibido prohibir". Una rebelión que sentía descender de Marx —hay que cambiar al mundo— y de Rimbaud —hay que cambiar la vida.

Buñuel formó parte del movimiento surrealista nacido del horror sangriento de la Primera Guerra Mundial: el horror ante el absurdo de la muerte de millones de jóvenes sacrificados sin sentido. Originado en el Café Voltaire de Zúrich bajo la inspiración de Tristán Tzara y Hans Arp, el movimiento primero llamado DADÁ quería crear una sociedad más libre en la que, por vez primera, se diesen la mano la revolución social y la imaginación artística, la libertad social y la expresión de nuestros más hondos y oníricos deseos humanos.

Los enemigos de semejante proyecto eran la Iglesia, el Ejército y el Estado. Esta trinidad represiva no podía ser derrotada tan sólo por la revolución política, sino por la de la mente y las costumbres. "El Surrealismo al Servicio de la Revolución", proclamó el Papa del movimiento, André Breton. Restaurar la unidad perdida. Encontrar el punto donde los opuestos se juntan.

Hoy, después de los horrores del siglo XX, sabemos que el deseo de totalidad al que aspiraban los surrealistas no está muy lejos del espíritu del totalitarismo que practicaron sus enemigos. La unidad es peligrosa si no co-existe con la diversidad.

De manera que si los logros artísticos del surrealismo son considerables, políticamente su alianza con la revolución proletaria resultó imposible, Stalin se encargó de ello. La ruptura era inevitable. Aragón y Eluard se unieron al Partido Comunista, Breton mantuvo la pureza aislada de la fe, Salvador Dalí se convirtió en Avida Dollars y Robert Desnos murió en el campo de concentración nazi de Theresienstadt. Y desde el exilio en el nuevo mundo, Max Ernst y Luis Buñuel continuaron caminos de creación propios.

"Asombradme", "Étonnez moi", demandó un día Jean Cocteau. Y eso, exactamente, hicieron los surrealistas, asombrar. A veces con bromas descomunales, a veces con espléndidas películas, poemas y pinturas, pero siempre con la convicción de que una sociedad adormilada debía ser, ante todo, sacudida y sacada de su siesta.

Un perro andaluz y *La edad de oro* siguen asombrando hasta el día de hoy. Desde la escena del ojo rebanado con que se abre la visión de la primera hasta la tambaleante salida de un Cristo ebrio del castillo del Marqués de Sade en la segunda, el escandaloso asombro estaba allí. Pero en Buñuel no hubo nunca sólo escándalo por el escándalo, sino escándalo político y social.

Gastón Modot, el protagonista de *La edad de oro*, llega a una cena-concierto, le da una cachetada a la oronda anfitriona, le jala las barbas al director de la orquesta y ama violentamente sobre la grava del jardín a la insatisfecha heroína (Lya Lys) que hasta ese momento debía contentarse con recibir vacas lecheras en su cama y chuparle el dedo gordo a las estatuas de su jardín.

Pero Modot llega a la fiesta después de recorrer calles plagadas de anuncios —más que en el Periférico— urgiéndole a consumir y consumir en nombre del amor, o hacer el amor sólo si primero ha comprado los estimulantes del amor: *brassieres*, medias de seda, artefactos depilatorios, perfumes y cremas varias.

El hombre que tan violentamente irrumpe en la distinguida recepción concertante es impulsado por los deseos que la sociedad le ha impuesto. Es, en este sentido, el primer antihéroe fílmico de la sociedad de consumo, que hoy en día, sólo en los Estados Unidos de América, gasta 13 mil millones de dólares anuales en cosméticos.

Eres lo que compras. Compras lo que eres. Eres lo que tienes, tienes lo que usas, usas lo que tirarás a la basura.

Una pregunta política cuelga sobre todo ello: ¿Cómo puede llamarse conservadora una sociedad que no conserva nada?

Semejante visión crítica de la sociedad acompañará a Luis Buñuel a lo largo de su carrera.

Una visión a veces feroz y cruel, a veces maravillosamente lírica y cómica. Hay en este cineasta una vida entera, toda una enseñanza de tolerancia y humor, al cabo una madurez perceptible entre la recepción violentamente descrita en *La edad de oro* y la sucesión elegante de tranquilas interrupciones del *Discreto encanto de la burguesía*.

Pero atención: entre uno y otro momento, se sitúa la denuncia más feroz y más angustiosa en ese abismo dramático y cumbre del humor que es *El ángel exterminador*, acaso la más profunda crítica social en la carrera del director.

Buñuel profesaba una debilidad por el anarquismo. Por ello, le deleitaban las películas de Buster Keaton, el cómico de la cara de palo y del desastre incontrolable, de quien Buñuel, hermosamente, escribió: "Su expresión es tan modesta como la de una botella, pero en los círculos claros de sus ojos, su alma ascética hace piruetas".

Otros favoritos eran Laurel y Hardy, el Gordo y el Flaco, ángeles extraordinarios, por derecho propio, de pastelerías, automóviles y mansiones suburbanas.

Sin embargo, Buñuel era un anarquista práctico o, si ustedes lo prefieren, reflexivo. Una vez me dijo: "Teóricamente es maravilloso pensar en volar el Museo del Louvre. En la práctica, mataría a quien lo intentase…"

Y añadía: "¿Por qué no sabemos distinguir claramente entre las ideas y la práctica? A los sueños no les pedimos que se vuelvan realidad cuando despertamos. Nos volveríamos locos cada mañana".

"Étonnez moi!" "¡Asombradme!"

Buñuel relata cómo visitó a André Breton cuando el gran surrealista agonizaba. Breton tomó la mano de Buñuel y le dijo: "Amigo mío, ¿se da usted cuenta de que ya nadie se escandaliza de nada?"

Había terminado una época. ¿Quién podía reír cuando Benjamin Péret decía que el acto surrealista perfecto es salir a la calle y disparar indiscriminadamente contra los paseantes? ¿Quién, después de los horrores organizados de Hitler y Stalin? ¿Quién, después de la violencia cobarde de ETA?

Podemos reír ante la imagen de una monja cayendo por el cubo vacío de un ascensor en *Archibaldo de la Cruz*. No podemos reír de una monja arrojada viva desde un avión de la Fuerza Aérea Argentina por un militar sadista llamado Astiz, el Ángel de la Muerte. Sí, el ángel exterminador…

CORTE A EXTERIOR. NOCHE. SEMANA SANTA EN CALANDA, ARAGÓN, ESPAÑA.

Repetidamente, a medida que Buñuel exiliaba la música de sus películas, la banda sonora convocaba el estruendo de los tambores de la Semana Santa en Calanda, recordándonos que Buñuel, artista universal, hombre cosmopolita, era, radicalmente, un español. Ello le dio una superioridad muy notable sobre las manifestaciones puramente teóricas o analíticas del surrealismo francés; la cultura de Buñuel tiene raíz y esa raíz es española.

Esto le da a Buñuel un poder muy grande. Le permite rendir homenaje en sus películas a la tradición hispánica, la verdadera, la que asume la tradición para levantar sobre ella una nueva creación que, a su vez, enriquece a la tradición.

La relación entre el poder y la impotencia, entre la crueldad y la inocencia, entre la presencia de la autoridad y la inhabilidad para entender los propósitos del poder, se encuentran en el corazón del diseño fílmico de Buñuel.

Sus personajes se someten a reglas arbitrarias —la resignación religiosa, la sujeción política, la conformidad social— o se rebelan contra ellas.

La pasividad suprema es supremamente representada en *El ángel exterminador*, donde toda una clase social, no sólo un pequeño grupo, carece de la voluntad para cruzar un umbral, liberándose de la prisión que ella misma ha creado.

Pictóricamente, el mundo burgués de Buñuel le debe mucho —o es parte de la tradición— de las pinturas de corte de otro aragonés sordo, Goya, cuyos modelos parecen ignorarse a sí mismos o el hecho de que el pintor los está retratando como personajes huecos y ridículos.

La fatalidad suprema, en cambio, la representan *Los olvidados,* donde las vidas brutales y las miserables muertes de los hijos de la barriada parecen prescritas por el destino, sin salida. Asesinados a cuchilladas y arrojados a la basura, los olvidados de México son los descendientes sombríos de los pícaros de España, los buscones de Quevedo, y los pilletes de Murillo.

La suprema libertad, en cambio, es supremamente representada por los personajes que siguen la ruta del más grande de los arquetipos españoles, Don Quijote.

Buñuel hizo dos grandes películas "quijotescas", *Nazarín* y *Viridiana*. En ambas, el idealista decide cambiar la sociedad mediante el ejemplo de su propia virtud.

Nazarín, a quien la espléndida actuación de Francisco Rabal le da un aura de dulzura, misticismo y dolor, sale a esos campos, como Don Quijote, a hacer el bien y predicar la virtud. Como el Caballero de la Triste Figura, recibe en recompensa golpes, burlas y engaños. Lo acompañan, además, dos Sancho Panza con faldas, dos barraganas (interpretadas por Marga López y Rita Macedo) que deciden arrepentirse y acompañar a su héroe —sólo para ser denunciadas como las putas del cura.

Y Viridiana, la bondadosa empedradora de infiernos, el Quijote vestido de monja, también se topa con la brutalidad y la burla de los mendigos a los cuales pretende redimir.

Buñuel, de este modo, acrecienta sus referencias a las figuras hispánicas proyectándolas en el universo de la fe.

CORTE A INTERIOR. NOCHE. CUARTO DE HOTEL. PARÍS. MEDIUM SHOT.

En *El fantasma de la libertad*, un viejo, rodeado de la penumbra de su cuarto de hotel, dice con voz quebrada pero aún burlona: "Mi odio hacia la ciencia y la tecnología va a devolverme a la abominable fe en Dios".

"Ése soy yo", me dice, juguetonamente, Buñuel cuando vemos juntos la película. Y, efectivamente, Buñuel vivió la última semana de su vida en un hospital, conversando con su íntimo amigo el padre dominico Julián Pablo.

"Fue una de las experiencias espirituales más hondas de mi vida", me dice el padre Julián. "Buñuel trascendió la religión formal para ir a las fuentes mismas de lo que debemos llamar el alma humana, su grandeza, su servidumbre, su libertad…"

La famosa frase de Buñuel, "Gracias a Dios, soy ateo", es algo más que una broma. Es el disfraz necesario para un artista —Luis Buñuel— que en su obra encarna las palabras que Pascal pone en boca del Cristo: "Si no me hubieras encontrado ya, no me buscarías aún".

La fe sólo es verdadera porque es increíble. Para tener fe, hay que renunciar a la razón. "Es cierto porque es absurdo", dictaminó Tertuliano acerca de la fe en el siglo II. Pero, ¿cree Dios, también, que creer en él es absurdo?

Esta cuestión ronda las imágenes y las preocupaciones religiosas del cine de Buñuel. Dios no puede contestar porque tendría que admitir que Tertuliano está en lo cierto. Dios es Dios porque nunca se muestra y nos habla sólo a través de los niños, los poetas, los santos y los locos. Un Dios cotidiano, visible, haciendo la tertulia con Tertuliano, no sería Dios. Sería, simple y precisamente, Jesús.

Cristo es la encarnación humana concreta de Dios. Su presencia entre nosotros destierra otras dos preguntas del absurdo:

Primero, ¿qué hacía Dios antes de crear el mundo?

Segundo, ¿pudo Dios pasarse la Eternidad pensando en lo que hubiese ocurrido si Él no hubiese creado el mundo?

Es cierto porque es absurdo: Buñuel, en *Nazarín* y *Viridiana*, se despacha estas preguntas dándole a Cristo la carne y la sangre de estos dos personajes.

Acaso las preguntas sin respuesta las pregunte San Simeón el Estilita (el actor Claudio Brook) encaramado en su alta columna en el desierto.

¿Podemos amar a Dios sin conocerlo?

¿Y podemos conocer a Dios sin amarlo?

Son preguntas que dibujan el perfil histórico del siglo xx, y nos son propuestas por creyentes como los novelistas Graham Greene, François Mauriac y Georges Bernanos, por librepensadores tan honestos y generosos como Albert Camus, y por dos cineastas, ambos a Dios gracias, ateos, pero ambos, sin embargo, en lucha con el ángel de sus propias tradiciones religiosas: La cultura protestante de Ingmar Bergman y la cultura católica de Luis Buñuel.

Ambos convergen en la figura del Dios que de veras estuvo aquí: Jesús de Nazaret, su vida, su misión, su destino.

Me basta evocar a estos creadores para traer a colación la variedad de respuestas que ellos —y ellas, la filósofa judeocristiana Simone Weil; la pensadora judía Edith Stein, convertida al cristianismo, monja del Carmelo y víctima del exterminio en Auschwitz— han dado al desafío de Jesucristo.

Buñuel, en esto, es muy claro. La fe de Simón del Desierto es inútil: lo aísla de la humanidad. La fe de Nazarín es esencial. Lo liga —religión es re-ligar—, lo liga a la humanidad al nivel espiritual de la caridad, el sufrimiento, el perdón, la misericordia y la voluntad de resistir, si no los puede cambiar, los males del mundo.

Pero en *Viridiana*, el destino de la fervorosa monja es menos glorioso pero acaso más humano. Viridiana, simplemente, se une a la raza humana a su nivel más cotidiano, carnal y modesto. Derrotada como fílántropa, se junta con los dos sensualistas de la tradición hispánica, Don Juan, el amante que sobre todas las cosas se ama a sí mismo, y la Celestina, la mediadora sexual, la conseguidora; reunidos los tres, Viridiana la quijotita (Silvia Pinal), su primo el seductor Don Juan (Francisco Rabal) y la criada Celestina (una Margarita Lozano soberbiamente concentrada).

Todos se sientan a cenar y jugar al tute.

La santa mujer, el seductor masculino y la trotaconventos. La posibilidad de un *ménage à trois* es muy fuerte.

DISOLVENCIA A PATIO EN TOLEDO. EXTERIOR. DÍA.
MEDIUM SHOT.

Una sublime Catherine Deneuve, en el papel de Tristana, debe escoger entre dos chícharos idénticos en una cazuela.

¿Qué es la libertad?

¿Es más libre Tristana si escoge el chícharo uno sobre el chícharo dos?

¿O le basta el acto de escoger como prueba de la libertad?

Pero al escoger el chícharo uno sobre el chícharo dos, ¿sacrifica Tristana su libertad, por extensión, de escoger el millón de chícharos que, al escoger uno solo, deja detrás y fuera de su albedrío?

¡Ah! Luis Buñuel es un gran cineasta porque propone estas preguntas de manera visual.

Su más famosa ilustración de los poderes de la mirada es, paradójicamente pero desde luego, el ojo rebanado al principio de *Un perro andaluz*. La paradoja de la escena es que gracias a la pérdida de la vista somos capaces de ver lo que sigue, o sea, la película titulada *Un perro andaluz*.

¿Es ésta, entonces, una película imaginada por una ciega, la actriz Simone Mareuil?

Claro que no. Lo que Buñuel nos indica —y lo dijo explícitamente en una conferencia en la UNAM— es que el ojo de la cámara debe sacudirnos fuera de nuestra complaciente siesta. El ojo de la cámara es un instrumento de la libertad poética y cuando la cámara es libre, el mundo estalla en llamas.

Un perro andaluz es como el violento nacimiento de semejante visión. Buñuel regresará una y otra vez a este parto visual, refinándolo, haciéndolo, si no menos violento, más fluido y elegante. Él no era un director obsesionado con la técnica. Detestaba los alardes de la cámara. Sus películas, al cabo, alcanzaron una forma clásica, una pura fluidez. A veces, la cámara parecería renunciar a toda pretensión artística, contentándose con planos enteros, *full shots* distantes o notoriamente neutros.

Pero entonces, súbitamente, como un disparo o un relámpago, la cámara se acerca al objeto o al gesto significativos. Vemos lo que siempre estuvo allí pero sin habernos dado cuenta: el crucifijo que también es navaja; la carne cruda bajo la cama de la madre; una bolsa de señora repleta de plumas de pollo; el corsé de una mujer muerta tentando al marido viudo; una bicicleta en una recámara; un gallo con la mirada fija en un ciego; el vello púbico de una mujer desplazado a los labios de un hombre; una cáscara pelada de manzana pasando entre los labios de una pareja como cordón umbilical del Paraíso…

Yo creo que no hay escenificación más estética y sostenida de la mirada que en *Belle de jour*. Nos da un indicio el gordo cliente coreano que llega al burdel y le enseña a Belle de jour (de nuevo, una maravillosa Catherine Deneuve) una caja cuyo contenido jamás veremos. De vuelta al *Perro andaluz* y la caja escolar de Pierre Batcheff, arrojada a la calle junto con todas sus memorias de la infancia.

La cajita del coreano en *Belle de jour* me parece aún más memorable porque ilustra a la perfección la manera buñuelesca de mirar con, a través de y más allá de la cámara, así como su relación profunda con las más grandes tradiciones artísticas.

Notarán ustedes que a lo largo del filme, Deneuve nunca mira directamente a la cámara. Su mirada se dirige siempre a algo *fuera* de cuadro. Está mirando siempre —o siempre buscando— algo que no está allí. Buñuel se adhiere de esta manera a la gran revolución de la mirada operada por Piero della Francesca en el Renacimiento. En vez de la mirada frontal, eterna y sin límites del icono religioso bizantino, Piero no sólo rodea a sus figuras de paisaje y arquitectura contemporáneas a él. Hace algo más: sus figuras miran fuera del límite de la pintura.

¿A dónde miran? Quizás al descubrimiento de nuevas tierras, nuevos cielos, nuevas razas. La mirada humana no tiene frontera. Buñuel lo recoge y afirma: El cine nos convierte a todos en creadores y descubridores.

No olvidemos que Buñuel el cruel, Buñuel el burlador, el crítico Buñuel, trasciende las etiquetas que todos le hemos ido colgando y, en la más hiriente de sus sátiras sociales, *El ángel exterminador*, hay un momento maravilloso en el que los personajes prisioneros de la Calle de la Providencia, ridículos, mezquinos, pretenciosos, abandonan su angustia, su vocabulario, su insidia, y se convierten, como Robinson en su isla, en hermanos de la noche, liberados por la incomparable belleza de los sueños…

CORTE A CORTIJO SEVILLANO. NOCHE. *TRAVELLING*.

El deseo es uno de los temas constantes de Buñuel. Quien desea y no actúa engendra la peste, escribió William Blake. Pero el problema es que no hay deseos inocentes. Deseamos algo o alguien pero cuando obtenemos el objeto de nuestro deseo, no sólo lo queremos poseer. Lo queremos cambiar.

La tercera adaptación de la novela de Pierre Loüys *La femme et le pantin* por Luis Buñuel (las dos anteriores fueron de Von Sternberg con Marlene Dietrich y de Duvivier con Brigitte Bardot), tenía que titularse *Ese oscuro objeto del deseo*.

Sería su última película. Lo sabía y lo quería. En una carta del 7 de mayo de 1979, Luis me escribía: "Regresé a México en febrero. Tuve ataques biliares. Me quisieron operar. Me opuse. Permanezco en la más completa ociosidad. No quiero volver a trabajar en nada".

Si esta película es, de cierta manera, su testamento, en él Buñuel nos habla directamente del dilema del amor y el sexo: ¿Cómo ser nosotros siendo otros? La razón por la cual Buñuel utilizó a dos actrices (Ángela Molina y Carole Bouquet) para el mismo papel no es ni gratuita ni accidental. Marlene y Brigitte eran ángel y demonio en un mismo cuerpo. Buñuel da el paso de más. La misma mujer es ángel y demonio. Pero es el hombre (una vez más, Fernando Rey) quien las divide y percibe como dos personalidades distintas. La mujer no se contradice a sí misma cuando aparece como Ángela o como Carole. Sólo es contradictoria a los ojos del hombre.

La mujer, el oscuro objeto del deseo masculino, se ofrece como una u otra, pero el hombre, prisionero de la lógica formal de la personalidad unificada, no puede entender el desafío femenino. Jamás puede poseer a la mujer porque ella puede transformarse en dos y él es incapaz de la transfiguración, sólo puede desear lo que él mismo es: un digno señor decente, rico y cachondo.

No puede entender que la mujer le exija ser, él también, otro. La mujer rehúsa ser patrimonio del macho, junto con el cortijo andaluz, los apartamentos en París y las cuentas en Zúrich. Y es que ella no es *dos* personas. Es *otra* persona.

Esto es lo que don Fernando no entiende. Cree que la pasión puede comprarse. De suerte que no es ella quien le niega su amor al hombre. Es él quien se lo rehúsa a la mujer, pues el objeto del deseo masculino es poseer a la mujer, en tanto que el objeto del deseo de la mujer es ser otra para ser ella.

Yo soy yo, dice el viejo.
Yo soy otra, dice la joven.
Y tú debes cambiar si quieres ser yo.

CORTE A INTERIOR. NOCHE. RESTORÁN LE TRAIN
BLEU, GARE DE LYON, PARÍS, 1977. DE *MEDIUM SHOT*
A *CLOSE UPS*.

Un grupo de amigos nos hemos reunido esta noche para celebrar los 77 años de Buñuel en uno de sus restoranes favoritos, Le Train Bleu, un observatorio sobre la llegada y salida de trenes en medio de luces y bramas dignas de Monet. Estamos presentes Julio Cortázar, Milan Kundera, Gabriel García Márquez, Régis Debray y yo.

Una suerte de tensión amistosa se establece de inmediato entre el joven Debray y el viejo Buñuel, como si Régis viese en Luis al joven y temiese que Buñuel viese en Debray al viejo. De manera que Debray se acerca al rostro de Buñuel y le dice con una especie de cordial violencia: "Usted tiene la culpa. Usted y sus obsesiones. Sin usted, Buñuel, nadie se ocuparía de la Santísima Trinidad, la Inmaculada Concepción o las herejías gnósticas. Sólo gracias a sus películas la religión sigue siendo arte…"

Buñuel sonríe como el gato de Alicia a punto de desaparecer. Sabe que él y Debray están formulando la misma pregunta. ¿Cómo se llega a la edad de 77 años sin caer en la tentación de ser lo que el mundo nos ofrece como regalo envenenado, la falsa gloria que la leyenda ha decidido otorgarte sin consultarte, Padre de la Iglesia, Buñuel, o Rebelde Eterno, Debray?

Y la segunda pregunta: ¿Perdemos la juventud? ¿O sólo la ganamos después de un largo y duro aprendizaje?

CORTE A INTERIOR. TARDE. CERRADA DE FÉLIX CUEVAS. CIUDAD DE MÉXICO.

La casa de Buñuel es desnuda como un monasterio. Duerme en un cuarto monacal, con cama dura y ningún decorado. Aprecia su soberbia colección de armas de los siglos XVII y XVIII. Las apunta, confía en las arañas del jardín. Después de recibir el "León de Oro" del Festival de Venecia en 1967 por *Belle de jour,* nos confió a Juan Goytisolo y a mí, ambos miembros del jurado: "Ahora derretiré este maldito león para convertirlo en balas".

Su biblioteca es un disfraz. La *Enciclopedia Espasa* y los directorios telefónicos ocupan el primer rango, escondiendo sus lecturas intelectuales y sus pasiones literarias. *La historia de las herejías* por el abad Migne, que le sirvió de base para una de sus más divertidas películas, *La Vía Láctea.* Freud y Fabre. Las ediciones dedicadas de los libros de los surrealistas. Los novelistas ingleses que había filmado —Emily Brontë—, que quisiera haber filmado —Thomas Hardy— o que le inspiraban subliminalmente. En una ocasión me dijo que las fórmulas sociales de *El ángel exterminador* provenían de la novela *El egoísta* de George Meredith.

Los proyectos frustrados. *El monje* de Lewis. *Las ménades* de Cortázar. *Gradiva* de Jensen. *El señor de las moscas. La casa de Bernarda Alba. Bajo el volcán* de Lowry, un guion en el que colaboré con él para un

116

reparto ideal: Jeanne Moreau, Richard Burton y Peter O'Toole. Y, acaso la mayor frustración de todas, una adaptación de *Los seres queridos* de Evelyn Waugh con Alec Guinness y Marilyn Monroe.

Pocas fotografías. Un retrato de grupo en la casa de George Cukor en Hollywood con el anfitrión y Buñuel rodeados de Billy Wilder, Rouben Mamoulian, George Stevens, Fritz Lang (cuya película *Las tres luces* decidió la vocación cinematográfica de Buñuel) y Alfred Hitchcock, quien le reveló a Buñuel su fascinación por la pierna perdida de Tristana, apropiada por Hitchcock para reaparecer, colgando fuera de un camión de carga, en la penúltima película del "mago del *suspense*", *Frenzy*, de 1972.

Y el retrato de Buñuel por Dalí en el vestíbulo.

"Por razones sentimentales", dice con sequedad Buñuel.

No, está allí para recordar dos cosas: juventud perdida y vida vivida.

Joder. Jeanne ha preparado una maravillosa cena provenzal y Buñuel me invita a compartir su bebida particular, el buñueloni. Receta: mitad ginebra, un cuarto de Carpano y un cuarto de Martini dulce.

Salud.

Feria Internacional del Libro de Guadalajara,
Guadalajara, Jalisco, México
25 de noviembre de 2000

Experiencia, amor y amistad: reflexiones en honor de Alfonso Reyes y Julio Cortázar

Señoras y señores:

Empezaré por contarles mi experiencia personal con los dos grandes autores latinoamericanos —el argentino Julio Cortázar, el mexicano Alfonso Reyes— cuyos nombres honran las cátedras que hoy celebramos e impulsamos en Buenos Aires.

Con Alfonso Reyes, mi relación fue más antigua. Reyes era embajador de México en Brasil en 1930, precisamente cuando el gobierno de Washington Luís cayó y entraron a Río de Janeiro los gauchos encabezados por Getúlio Vargas. Mi padre fue designado primer secretario de la Embajada y llegó para encontrarse a Reyes archivando oficios, descifrando telegramas y poniendo cartas en el buzón.

—Don Alfonso —le dijo mi padre—. Yo me encargo de la oficina. Usted enciérrese a escribir.

Reyes nunca olvidó esta actitud y, como en *Casablanca,* éste fue el principio de una bella amistad. Siempre he dicho que aprendí la literatura sentado en las rodillas de Alfonso Reyes cuando yo tenía 2 años de edad. Más tarde, a finales de los cuarenta, hacia mis 18 años, me convertí en asiduo visitante a la casita de don Alfonso en la tropical ciudad mexicana de Cuernavaca. Nos sentábamos en el café del hotel Marik mirando a la plaza, donde Reyes piropeaba a las muchachas y miraba de reojo a un vasto bebedor barbado sentado a nuestro lado, que recitaba estanzas de Marlowe en inglés y entre copa y copa de mezcal, parecía mirar debajo del volcán.

Más tarde, Reyes me invitaba al Cine Ocampo a ver un triple programa de películas del oeste con John Wayne. Mi pedantería intelectual y adolescente oponía reparos a tan singular ocurrencia. ¿Por qué íbamos a perder la tarde viendo a John Wayne? La respuesta de Reyes fue contundente: —Porque el *western* es la épica moderna. Es como ir a ver *La Ilíada*.

Imposible alegar nada contra ese argumento, avalado como lo estaba por la experiencia literaria de Reyes, una práctica cotidiana, alegre y rigurosa a la vez, que se iniciaba al alba, sin pretextos, hasta transformar mi concepto corriente de la experiencia —enseñanza que se adquiere con la práctica o sólo con la vida, dice enigmáticamente el Diccionario de la Real Academia— a la experiencia literaria —título de un precioso libro de Reyes— que el humanista mexicano, anticipándose desde 1933 a la teoría contemporánea, considera, no reflejo de lo que ya es, sino creación imaginativa que pasa a ser parte de la experiencia de la realidad, fundando otra, nueva, literaria realidad. Es decir: Hamlet y Don Quijote no son reflejo de la realidad, añaden algo nuevo a la realidad, que de allí en adelante no será comprensible sin Hamlet o Don Quijote.

Pero si la experiencia literaria enriquece la experiencia humana, no le otorga poderes omnímodos o mucho menos divinos, sino complementarios, a la relación Vida-Literatura.

Y la pregunta compartida de vida y literatura es ésta: Humana es la experiencia, y necesaria. Pero ¿es libre, o es fatal? ¿Cómo es libre y cómo es fatal? Estas preguntas desvelan nuestras existencias porque reúnen, en un haz, cuanto constituye nuestra manera de vivir la vida.

La experiencia es deseo, afán o proyecto de realizarse en sí misma, en el mundo, en mi yo y en los demás. Abarca mucho. ¿Aprieta poco? ¿Quién no le da a la experiencia un valor inmenso, casi sinónimo de la vida misma: experiencia del amor, de la amistad, del trabajo, de la creación, del poder, de la felicidad? Pero experiencia significa también orgullo, vergüenza, ambición, temor, voluntad o sufrimiento del mal.

Porque hay experiencias dañinas, nos preguntamos si las heridas sólo se cierran si nos hacemos cargo de lo que las causó. Porque hay experiencias benéficas, construimos la esperanza de que lo bueno se repetirá, de que siempre habrá algo más.

Sin embargo, la propia experiencia —buena o mala— se encarga de recordarnos que, una y otra vez, defraudaremos la oportunidad del día, les daremos la espalda a quienes requieren nuestra atención; ni siquiera nos escucharemos a nosotros mismos. Una y otra vez, lo que creíamos permanente demostrará que es sólo fugitivo. Una y otra vez, lo que imaginamos repetible, no tuvo lugar nunca más… Es decir: la experiencia tiende a convertirse en destino.

Se dice con facilidad pero se opera, más que con dificultad —sin eximirla— con complejidad. Transformar la experiencia en destino implica, para empezar, el deseo. Pero el deseo, a su vez, se abre como un abanico de posibilidades. Es deseo de ser feliz. Un deseo que la Ilustración consagró como derecho, sobre todo en las leyes fundadoras de los Estados Unidos:

The pursuit of happiness. Pero aunque hay filosofías que sólo entienden la felicidad como hermana de la pasividad, la cultura fáustica del occidente, imperante e imperiosa, nos propone que *actuemos* para ser felices. La experiencia de la acción es la condición para llegar a la felicidad. Pero esa acción va a encontrar una multitud de escollos. Comparable al viaje de Ulises que Reyes repetía viendo películas del Far West, la Odisea de la búsqueda de la felicidad navegará peligrosamente entre Escila y Caribdis, oirá los cantos de las sirenas, se entretendrá en los brazos de Calipso, correrá el riesgo de convertir lo que busca en su opuesto: el ángel en cerdo. Verá y será vista por el ojo temible del gigante Polifemo. Y regresará al hogar para enfrentarse a los pretendientes, a los usurpadores de lo que consideramos nuestro.

La experiencia activa va a encontrarse con el mal. Y lo malo del mal es que conoce al bien. El bien, por serlo, goza de la inocencia de sólo saberse a sí mismo. El mal lleva las de ganar porque se conoce a sí mismo y al bien. La experiencia del bien es cogida de sorpresa por el mal como los vaqueros por los indios en los desfiladeros del lejano oeste. Nuestro dilema es que para vencer al mal, el bien debe conocerlo. Conocerlo sin practicarlo. ¿Exigencia para santos? ¿O tenemos maneras de conocer el mal sin experimentarlo?

La historia maligna de mi tiempo me lleva a oponerme activamente a los atentados contra la libertad y la vida. Pero no soy inconsciente de que la energía para ganar el bien es comparable a la energía para alcanzar el mal. Tanta energía, tanta experiencia dispensa el creador disciplinado —artista, político, empresario, obrero, profesionista— para obtener el bien como la que requiere para perderlo. La drogadicción, lo sabemos quienes la hemos visto de cerca, requiere tanta energía, tanta voluntad, tanta astucia, como pintar un mural, organizar una empresa o llevar a cabo un quíntuple *bypass* cardiaco.

Se levantará el templo de la ética para que la experiencia humana sea, difícil, excepcionalmente, constructiva. Ello requiere, a mi entender, un alto grado de *atención* que rebasa nuestro propio yo, nuestro propio interés, para prestarle cuidado a la necesidad del Otro, ligando nuestra subjetividad interna a la objetividad del mundo a través de lo que mi yo y el mundo compartimos: la comunidad, el nos-otros. Sin embargo, a partir de Nietzsche sabemos que la historia rara vez coincide con el bien o con la felicidad.

Semejante escepticismo nos ha hecho valorar, puesto que aún somos decrépitos, arruinados, prisioneros de la última gran revolución cultural, que fue el romanticismo, la experiencia de la pasión, al grado de no poder concebir experiencia sin pasión. "Corazón apasionado", dice la vieja canción mexicana. Pues pasión significa reconocer y respetar y procurar la grandeza de las emociones humanas, al grado de creer que son las pasiones mismas las que constituyen el alma humana. La experiencia de la pasión trata de concebirse como libre obediencia a impulsos válidos, existenciales.

Tener deseos y saber mantenerlos, corregirlos, desecharlos... ¿Cuál es el camino de este ideal de la experiencia? Precisamente el equilibrio difícil entre el momento activo y el momento paciente. Basta ver (no imaginar: constatar diariamente en imágenes y noticias) la manera como la pasión degenera en violencia, para reaccionar a favor de un equilibrio que no condene a la pasión, que tantas satisfacciones nos da, gracias a una paciencia que no es la de Job, sino la de la resistencia: el coraje moral de Sócrates, de Bruno, de Galileo, de Ajmátova y de Mandelstam, de Edith Stein y de Simone Weil, de todos los humillados y ofendidos de la ciudad del hombre, de todos los pacientes peregrinos a la ciudad de Dios.

El compás de espera es inseparable de la atención. No es resignación.

El corazón de la experiencia, más bien, es la conciencia misma de que toda experiencia es limitada. Y no sólo porque nos embargue, como a Pascal, el vértigo de los espacios infinitos, sino porque la muerte, si no la vida, y la mirada de la noche, si no la ceguera del día, nos dicen que la experiencia es limitada y el universo, infinito. Nos lo comprueba el hecho de que no hay experiencia, por buena o valiosa que sea, que se cumpla plenamente. Lo sabe el artista, que no necesita dar el cincelazo de Miguel Ángel para asegurar la imperfección de la obra. Si la obra fuese perfecta, sería divina: sería impenetrable, sería sagrada.

Se necesita un valor temerario para vivir una experiencia sin techo, expuesta a todos los riesgos. Goethe, típicamente, pedía que buscáramos el infinito en nosotros mismos. "Y si no lo encuentras en tu ser y en tu pensamiento, no habrá piedad para ti". Pero sí habrá la conciencia de los límites que el joven y romántico autor de *Werther* supo equilibrar con moral y estética en el *Wilhelm Meister*, obras espléndidamente estudiadas por Alfonso Reyes en su *Trayectoria de Goethe*. Todo tiene un límite y el desafío a nuestra libertad es una pregunta: ¿rebasaría o no? La respuesta es otro desafío.

Si queremos aumentar el área de la experiencia, debemos conocer los límites de la experiencia. No los límites políticos, sicológicos o éticos, sino los límites inherentes a cualquier experiencia por el hecho de serlo. Cada cual tendrá su cuadrante personal para medir esos límites.

¿A cuántas personas no conocemos que realizan un extraordinario esfuerzo para mostrarse fuertes ante el mundo porque conocen demasiado bien sus debilidades internas? Ganarle la partida a la debilidad haciéndonos fuertes por dentro para que el mundo no nos engañe con una fuerza falsa, una limosna de poder, o el insulto de la lástima. La resistencia estoica debe tomarse en serio, pues nada le sucede a nadie para lo que él o ella no estén preparados por la naturaleza para soportar, nos dice Marco Aurelio. Y añade: "El tiempo es como un río de eventos que suceden; la corriente es fuerte; apenas aparece una cosa, la corriente se la lleva y otra cosa ocupa su lugar y ella misma también será arrastrada por la corriente…"

No se necesita gran coraje moral para entender esto, pero sí para vivirlo. "¿Para qué…?", pregunta Wordsworth al iniciar uno de los grandes poemas de todos los tiempos, "El preludio". Y contesta con otra pregunta: "¿Para esto?" Detrás de ambas preguntas se teje la capa de la experiencia, nuestra segunda piel. Son los poderes que vamos adquiriendo como personas. Poderes de estar con otros, pero también experiencia de la soledad. Formas que se van desprendiendo de nuestra experiencia personal para adquirir vida propia y dejar testimonio, más o menos pasajero, más o menos permanente, de nuestro paso —de nuestra pasión—. Luces que van iluminando nuestro camino, Y la pregunta insistente: ¿Cómo se llaman los portadores de las teas que nos iluminan la ruta? La piel de la experiencia tiene heridas que a veces cicatrizan; a veces no. Voz de la experiencia. A veces la escuchamos, a veces no. Experiencia: peligro y anhelo. Experiencia y deseo: anticipación ardiente o serena de lo que aún no es, sin perder el conocimiento de lo que ya pasó.

La pregunta definitiva de la experiencia la hace Calderón de la Barca en la obra maestra del teatro español, *La vida es sueño* —ese compendio del pesimismo trágico, como la llamó Reyes—. El mayor delito del hombre es haber nacido. Segismundo, el protagonista de la obra, se compara a la naturaleza, que teniendo menos alma que él, tiene más libertad. Segismundo siente esta ausencia de libertad como una disminución, un no haber totalmente nacido, una conciencia de "que antes de nacer moriste". Pero, ¿no es un delito mayor no haber nacido en absoluto? Calderón nos libra al ritmo íntimo del sueño. Soñar es compensar lo que la experiencia nos negó. Soñamos hacia adelante, pero también hacia atrás. Deseamos en ambos sentidos. No, lo mejor es haber nacido. Y a cada cual nos incumbe examinar las razones por las cuales valió la pena haber nacido, y preguntarnos sin tregua y sin esperanza de respuesta, las interrogantes de la experiencia:

¿Cómo se relacionan la libertad y el destino?

¿En qué medida puede cada uno de nosotros dar forma personal a nuestra propia experiencia?

¿Qué parte de nuestra experiencia es cambio y qué parte, permanencia?

¿Cuánto le debe la experiencia a la necesidad, al azar, a la libertad?

¿Y por qué nos identificamos por la ignorancia de lo que somos: unión de cuerpo y alma y sin embargo seguimos siendo exactamente lo que no comprendemos?

No sabríamos contestar sin las experiencias de la amistad, en primer lugar, y esto me lleva a hablar de Julio Cortázar, mi entrañable amigo Julio Cortázar.

Como sucede, lo conocí antes de conocerlo. En 1955, editaba yo la *Revista Mexicana de Literatura* con el escritor tapatío Emmanuel Carballo. Allí se publicó por primera vez en México una ficción de Gabriel García Márquez, "Monólogo de Isabel viendo llover en Macondo". Gracias, también, a nuestras amigas Emma Susana Speratti y Ana María Barrenechea, pudimos obtener la colaboración de Julio Cortázar.

"Los buenos servicios" y "El perseguidor" aparecieron por primera vez en nuestra revista renovadora, alerta, insistente, hasta un poco insolente.

Después, sin conocernos aún, Cortázar me mandó la carta más estimulante que recibí al publicar, en 1958, mi primera novela, *La región más transparente*. Mi carrera literaria le debe a Julio ese impulso inicial, en el que la inteligencia y la exigencia, el rigor y la simpatía, se volvían inseparables y configuraban, ya, al ser humano que me escribía de *usted* y con el que yo ansiaba cortar el turrón.

Su correspondencia era el hombre entero más ese misterio, esa adivinanza, ese deseo de confirmar que, en efecto, el hombre era tan excelente como sus libros y éstos, tan excelentes como el hombre que los escribía.

Por fin, en 1960, llegué a una placita parisina sombreada, llena de artesanos y cafés, no lejos del Metro Aéreo. Entré por una cochera a un patio añoso. Al fondo, una antigua caballeriza se había convertido en un estudio alto y estrecho, de tres pisos y escaleras que nos obligaban a bajar subiendo, según una fórmula secreta de Cortázar.

Verlo por primera vez era una sorpresa. En mi memoria, entonces, sólo había una foto antigua, publicada en un número de aniversario de la revista *Sur,* un señor viejo, con gruesos lentes, cara delgada, el pelo sumamente aplacado por la gomina, vestido de negro y con un aspecto prohibitivo, similar al del personaje de los dibujos llamado Fúlmine.

El muchacho que salió a recibirme era seguramente el hijo de aquel sombrío colaborador de *Sur,* un joven desmelenado, pecoso, lampiño, desgarbado, con pantalones de dril y camisa de manga corta, abierta en el cuello; un rostro, entonces, de no más de 20 años, animado por una carcajada honda, una mirada verde, inocente, de ojos infinitamente largos, separados y dos cejas sagaces, tejidas entre sí, dispuestas a lanzarle una maldición cervantina a todo el que se atreviese a violar la pureza de su mirada.

—Pibe, quiero ver a tu papá.

—Soy yo.

Estaba con él una mujer brillante, menuda, solícita, hechicera y hechizante, atenta a todo lo que sucedía en la casa, Aurora Bernárdez. Entre los dos, formaban una pareja de alquimistas verbales, magos, carpinteros y escribas, de esos que durante la noche construyen cosas invisibles cuyo trabajo sólo se percibe al amanecer.

Así se inició nuestra amistad más cercana, nuestra camaradería.

Lo que no tenemos, lo encontramos en el amigo. Creo en este obsequio y lo cultivo desde la infancia. No soy en ello diferente de la mayor parte de los seres humanos. La amistad es la gran liga inicial entre el hogar y el mundo. El hogar, feliz o infeliz, es el aula de nuestra sabiduría original pero la amistad es su prueba. Recibimos de la familia, confirmamos en la amistad. Las variaciones, discrepancias o similitudes entre la familia y los amigos determinan las rutas contradictorias de nuestras vidas. Aunque amemos nuestro hogar, todos pasamos por el momento inquieto o inestable del abandono (aunque lo amemos, aunque en él permanezcamos). El abandono del hogar sólo tiene la recompensa de la amistad. Es más: sin la amistad externa, la morada interna se derrumbaría. La amistad no le disputa a la familia los inicios de la vida. Los confirma, los asegura, los prolonga. La amistad le abre el camino a los sentimientos que sólo pueden crecer fuera del hogar. Encerrados en la casa familiar, se secarían como plantas sin agua. Abiertas las puertas de la casa, descubrimos formas del amor que hermanan al hogar y al mundo. Estas formas se llaman amistades.

Porque creo en este valor iniciático de la amistad me llama la atención el cinismo filosófico que la acompaña con una nube negra. Oscar Wilde emplea su temible don de la paradoja para decir de Bernard Shaw que no tiene un solo enemigo en el mundo, pero ninguno de sus amigos lo quiere. Para Byron, la amistad es, tristemente, el amor sin alas. Y si la amistad puede convertirse en amor, lo cierto es que el amor rara vez se convierte en amistad.

Yo creo que hay más dolor que cinismo en las amistades perdidas. Los sentimientos descubiertos y compartidos. La ilusión de sabiduría confirmada que nos proporciona un amigo. La constitución de la esperanza que sólo nos otorga la juventud compartida en la amistad. La alegría de la banda, la cuatiza, *the gang, l'équipe*, la chorcha, la patota. Los lazos de unión. La complicidad de las amistades juveniles, el orgullo de ser joven y, si se es ya joven sabio, la voz admonitoria de la propia juventud cuando es vieja amistad. Aprendamos a gobernar el orgullo de ser jóvenes. Un día no lo seremos y necesitaremos, más que nunca, a los amigos.

Dos edades abren y cierran la experiencia de la amistad. Una es la edad juvenil y mi "disco duro" recuerda nombres, rostros, palabras, actos de compañeros de escuela. Pero lo que recuerdo no rebasa todo lo que he olvidado. ¿Cómo no celebrar que 60 años más tarde, mantenga un vínculo con mis primeros amigos de la infancia —una infancia errante, de familia diplomática, una peregrinación atentatoria contra la continuidad de los efectos? Aún me escribo con Hans Berliner, un niño judío alemán que llegó a mi escuela primaria en Washington huyendo del terror nazi y fue objeto de esa crueldad infantil ante lo diferente. Era moreno, alto para su edad, pero usaba, como los niños europeos de esa época, pantalón corto. Para el niño norteamericano, no era "regular", es decir, indistinguible de ellos mismos. Yo perdí mi popularidad inicial cuando el Presidente Cárdenas nacionalizó el petróleo en 1938 y me convertí —por primera pero no única vez en mi vida— en sospechoso comunista. La exclusión nos unió, a Hans y a mí, hasta el día de hoy. La geografía nos separó pero en Santiago de Chile, adolescente ya, encontré pronto equipo, banda, chorcha, patota, en los muchachos que preferíamos la lectura y el diálogo a los rudos deportes enlodados de nuestra escuela inglesa, The Grange, al pie de los Andes,

130

regida por capitanes británicos convencidos de que la batalla de Waterloo se ganó en los campos deportivos de Eton. Recuerdo los nombres de todos, las caras de todos —Page, Saavedra, Quesnay, Marín— pero sobre todo Torretti, Roberto, mi compañero intelectual, literario, con el cual escribí, al alimón, nuestra primera novela. Ésta se perdió —por fortuna— en los baúles testamentarios de la madre de Roberto, pero Torretti y yo nos seguimos escribiendo y mantenemos, hasta el día de hoy, diálogos vivos en Oaxaca o Puerto Rico, y diálogo escrito entre México y Santiago. Él es un extraordinario filósofo y su amistad me retrotrae siempre a esos años juveniles en una escuela inglesa, a fingidas aventuras de mosqueteros en el palacete de la Embajada de México y a otras memorias más lejanas o más dolorosas. Conocí allí a José Donoso, mayor que yo, futura gloria de las letras chilenas. No sé si él me conoció a mí. Y conocí el dolor de un amigo íntimo desaparecido a los 12 años de edad, dejándome desolado ante la primera muerte de un hombrecito de mi edad. Aunque tan desolado como me dejó el destino de otro niño, físicamente deforme, objeto de burlas y golpes, a quien me atreví a defender, descubriendo así otra dimensión de la amistad: la solidaridad. Que después del cuartelazo atroz del atroz Pinochet ese muchacho, ya hombre, haya sido torturado en los campos de la muerte del sur de Chile, sólo aumenta mi horror ante la crueldad humana pero también mi ternura y compasión hacia la realidad misma de eso que llamamos y debatimos "amistad".

Porque todos, en grado menor o mayor, hemos traicionado o sido traicionados por la amistad. Las bandas se desbandan y los íntimos amigos de la juventud pueden convertirse en los más alejados e indiferentes fantasmas de la edad adulta. Y es que no hay nada más traicionable que la amistad. Si hiciésemos la lista de los amigos perdidos, las apostillas dirían indiferencia, odio, rivalidad, pero también épocas distintas y distancias épicas. Dirían muertes. ¿Por qué los abandonamos? ¿Por qué nos abandonan ellos? Viéndolo bien, hay poca amistad en el mundo. Sobre todo entre iguales. William Blake lo decía de manera incomparable: Tu amistad me hiere demasiado. Por favor, sé mi enemigo. Porque si la amistad, en su origen, es disposición, generosidad, apertura a reunirnos con otros, no deja de ser, al mismo tiempo, un rechazo secreto e insinuante de esa misma intimidad cuando es resentida como dependencia. Wordsworth habla de las "horas primitivas" de la vida, durante las cuales, vivimos una paradoja que nos arroja al camino de la suerte a la vez que nos protege de sus accidentes. Accidentes, a veces, del humor. Sargent pudo decir que cada vez que pintaba un retrato, perdía un amigo. Y el famoso canciller británico, Canning, le daba a la amistad un giro diplomático vigente. Sálvame del amigo sincero, rogaba. Es cierto: en la diplomacia y en la política, confiar en la amistad es exponerse al error. En el poder se concentran las leyes que destruyen con más seguridad la amistad. La traición. El arrepentimiento. La deserción. El campo de cadáveres que va dejando el uso del abuso. Las trincheras abandonadas que va dejando la indiferencia de la fuerza. Y siempre, la tentación del humor cruel. Malraux a Genet: *Que pensez-vous vraiment de moi?* Genet: *Je ne vous aime assez pour vous le dire.*

No son estas lecciones inútiles. Los terrenos más yermos florecen para indicarnos que, en cuestiones de amistad, hay que darle cabida, en ocasiones, a la sabiduría del Eclesiastés y admitir que aun las heridas de un amigo pueden ser heridas fieles. Y que con el amigo podemos exponernos a decirle por qué no lo queremos. Al enemigo, en cambio, nunca se le debe dar esa satisfacción. Pero lo terrible de la pérdida de la amistad es el abandono de los días a los que ese amigo les dio sentido. Perder a un amigo se vuelve, entonces, literalmente, una pérdida de tiempo. Hay esperanzas excesivas, puede haber celos de los triunfos ajenos. Hay que estar precavidos. Es tiempo de regresar a la amistad sabiendo que exige un cultivo cotidiano a fin de rendir sus frutos maravillosos. Establecer simpatías y gozar afinidades. Obsequiarnos serenidad unos a otros. Obligarnos a una disciplina jocunda para mantener la amistad. Descubrimiento con los amigos de las potencias del mundo y del deleite de compartir las horas. Reír con los amigos. Vivir la amistad como invitación permanente a aceptar y ser aceptados. Y reclamar internamente una posible perfección de la amistad al abrigo de todo atentado. Vivir la compañía de los amigos sin permitir ninguna ocasión de vergüenza al día siguiente, ni que se hable mal de los ausentes. Defender la amistad contra celos, envidias, temores. Y estar de acuerdo en no estar de acuerdo —*agree to disagree*.

Cortázar era un surrealista en su intento tenaz de mantener unidas lo que él llamaba "la revolución de afuera y la revolución de adentro". Si a veces se equivocó en la búsqueda de esta fraternidad incansable, peor hubiera sido que la abandonara. Como un nuevo Tomás Moro en la ola de otro renacimiento, Cortázar vivió un conflicto al que pocos escaparon en nuestro tiempo: el conflicto entre el afuera y el adentro de todas las realidades, incluyendo la política.

Coincidimos políticamente en mucho, pero no en todo.

Nuestras diferencias, sin embargo, aumentaron nuestra amistad y nuestro mutuo respeto, como debe ser en el trato inteligente entre amigos, que no admite ambición, intolerancia o mezquindad. No puede, realmente, haber amistad cuando estos defectos arrebatan al que se dice nuestro amigo. Todo lo contrario sucedía con Cortázar: sus sinónimos de la amistad se llamaban modestia, imaginación y generosidad.

Digo que amistad es modestia digna, es imaginación y es generosidad. Y a veces, por qué no, es todo lo contrario. Orgullo. Naturalidad pasiva. Avaricia del afecto.

Digo "naturalidad pasiva" y se me ocurre que siendo el diálogo una de las fiestas de la amistad, el silencio lo puede ser también. Es una enseñanza de mi amistad con Julio Cortázar.

Lo recuerdo en nuestras caminatas por el Barrio Latino a caza de la película que no habíamos visto, es decir, la película nueva o la película antigua y vista diez veces que Cortázar iba a ver siempre por primera vez. Adoraba lo que enseñaba a mirar, lo que le auxiliara a llenar los pozos claros de esa mirada de gato sagrado, desesperado por ver, simplemente porque su mirada era muy grande.

Antonioni o Buñuel, Cuevas o Alechinsky, Matta o Silva: Cortázar como ciego a veces, apoyado en sus amigos videntes, sus lazarillos artísticos. Lo recuerdo: la mirada inocente en espera del regalo visual incomparable.

Íbamos juntos al cine y salíamos a caminar sin decir palabra. Al principio, pensé que sus lagunas en el curso de una conversación generalmente muy animada era una falla mía, un reproche de él. Llegué a saber que saber estar juntos sin decir nada era una forma superior de la amistad. Era respeto. Era reverencia. Era reflexión opuesta al mero parloteo.

Esta experiencia de la amistad como silencio reflexivo y respetuoso me conduce a un filo inevitable en el que la frontera entre estar con mis amigos y estar solo separa nuestras vidas. Si la amistad es el nexo entre la vida en común y la vida del yo, éste tiene que reclamarle soledad a la amistad. Es natural: exigimos para nuestro ser la pasión, la inteligencia o el amor que reconocemos en la mirada del amigo. Las simpatías, los movimientos de acercamiento, tienen un límite: yo mismo. Regreso a mí, a mi desconsuelo pero también a mi propio poder. Recuerdo con nostalgia el amanecer de la infancia compartido con los amigos. ¡Qué difícil es mantenerlo de adultos! Repaso los momentos de las rupturas con dolor inevitable. Las horas no son las mismas. Los caminos se han desviado. Pero no puedo evitar la limosna que el propio yo le exige, al cabo, a la fortuna de la amistad. Pues, ¿no sabíamos ya, secretamente, desde el principio, que un día sentiríamos ante el amigo la necesidad de renovar la vida? ¿No sabíamos desde siempre que con íntimo desasosiego, casi con vergüenza, portamos una imperfección que no podemos revelar ni compartir con el amigo más entrañable?

Le entregamos entonces, paradójicamente, nuestra imperfección al mundo y nuestra vergüenza a la sociedad con la esperanza de que otra forma de amistad, la de pertenecer a la vida en común, nos redima. El artista, por definición, aprende muy pronto a soportar la soledad en nombre de la creación de la obra. Pero más ampliamente, es la propia amistad lo que nos obliga no sólo a reconocer nuestros límites, sino a entender que los compartimos. Somos amigos en comunidad: nos necesitamos. Con razón decía Thoreau que tenía tres sillas en su casa, una, para la soledad. Otra, para la amistad. Y la tercera, para la sociedad. Saber estar solo es la contrapartida indispensable y enriquecedora de saber estar con amigos. Ésta es la amistad respetuosa que demandaba Julio Cortázar.

La soledad no es la única contrapartida de la amistad. Lo es también la muerte. Así como recuerdo fielmente a mis más remotos amigos de la niñez, otorgo una memoria constante a esos viejos amigos ya partidos que fueron, además, mis maestros. Mi generación recuerda con *verecundia* latina a don Alfonso Reyes como gran maestro de nuestra juventud. Un sabio que además era amigo. Su enseñanza intelectual era inseparable de su enseñanza cordial. No esperaba, como los falsos maestros, idolatría sin contradicción. Reyes esperaba y solicitaba la reconquista de la propia juventud a cambio de nuestra propia conquista del saber y experiencia cordiales, de su vejez. Volvíamos al descubrir, con Reyes, que la amistad significa perdurar en la vejez —o en el tiempo. Que siempre falta descubrir más de lo que existe. Que la amistad se cosecha porque se cultiva. Que nadie hace amigos sin hacer enemigos, pero que ningún enemigo alcanzará jamás la altura de un amigo. Que la amistad es una forma de la discreción: no admite la maledicencia que maldice al que la dice, ni el chisme que todo lo convierte en basura. Amistad

136

es confianza (es más vergonzoso desconfiar de los amigos que engañarlos, escribió La Rochefoucauld). Que la amistad, para ser cercana, nos enseña el camino del respeto y de la distancia. Aunque la amistad autoriza a amar y detestar las mismas cosas.

Así, las épocas de la vida se van midiendo por los grados de afinidad íntima que mantenemos a lo largo de nuestras edades. Se olvidan amigos remotos en el tiempo. Se abandonan amigos de la juventud que no crecieron al mismo ritmo que nosotros. Se buscan amigos más jóvenes para adquirir el paso de una vitalidad que biológicamente se aleja. Buscamos a amigos de toda la vida y ya no tenemos nada que decirnos. Vemos la decadencia de viejos y queridos amigos a los que ya no reconocemos o que ya no nos reconocen. Pero cuando la edad aleja, es sólo porque nos está esperando. Vuelven a brillar en el ocaso las luces de la primera juventud. En medio, quizás, de una bruma distante, recordamos las afinidades, descubrimos juntos cuanto existe, reconquistamos la juventud, volvemos a ser banda, cuatiza, chorcha, patota, barra, *gang*. Volvemos a cosechar las pasiones y a subyugar las rebeliones. Y miramos con nostalgia las antiguas horas de la amistad, como si nunca hubieran sido…

¿Qué compartían Reyes y Cortázar, además de una cierta —y certera— idea de la amistad?

Yo respondería: compartían el amor a la literatura como forma vital, manifiesta del querer mismo.

El amor.

En Yucatán, el agua nunca se ve. Corre subterráneamente, bajo una frágil capa de tierra y piedra caliza. A veces, esa delicada piel yucateca aflora en ojos de agua, en líquidos estanques —los cenotes— que dan fe de la existencia del misterioso flujo subterráneo. Creo que el amor es como los ríos ocultos y los surtidores sorpresivos de Yucatán. Nuestras vidas se asemejan a veces a infinitos abismos que no tendrían fin si en el lecho mismo del vacío no corriese un río, plácido y navegable a veces, ancho o estrecho, precipitado otras, pero, siempre, abrazo de agua que nos impide desaparecer para siempre en la vastedad de la nada. Oportunidad y riesgo de nadar en vez de riesgo sin oportunidad de nada.

Si el amor es ese río que fluye y mantiene la vida, ello no significa que al amor y sus atributos más preciados —el bien, la belleza, el afecto, la solidaridad, el recuerdo, la compañía, el deseo, la pasión, la intimidad, la generosidad, la voluntad misma de amar y ser amados— excluyan lo que parecería negarlo: el mal.

El elogio del amor como realidad o aspiración suprema del ser humano no puede ni debe olvidar la fraternidad del mal aunque, en esencia, la supera en la mayoría de los casos. Aplázala, pero nunca la vencerá del todo. El amor —como toda experiencia— requiere una nube de duda contra el mal que lo acecha. Pero no sólo esa nube, sino la rabia misma del cielo, se disipan en el placer, la ternura, la ciega pasión a veces, la felicidad así sea pasajera, del amor tal y como lo vivimos los hombres y las mujeres. La más viva pasión amorosa puede degenerar en costumbre, en irritación a lo largo del tiempo. Una pareja empieza a conocerse porque ante todo se desconoce. Todo es sorpresa. Cuando ya no hay sorpresas, el amor puede morir. A veces, aspira a recobrar el asombro primerizo pero acaba dándose cuenta de que, la segunda vez, el asombro es sólo la nostalgia. Acomodarse a la costumbre puede ser visto por algunos como una pesada carga —un desierto final, repetitivo y tedioso cuyo único oasis es la muerte, la televisión o la recámara aparte. Pero ¿cuántas parejas no han descubierto en la costumbre el amor más cierto y duradero, el que mejor acoge y cobija la compañía y el apoyo que también son nombres del amor? ¿Y no es otro desierto, ardiente de día pero helado de noche, el de la pasión sin tregua, mortificante al grado de que los grandes protagonistas del amor romántico prefirieron la muerte joven y apasionada en su clímax, que la pérdida de la pasión en la grisura de la vida cotidiana? ¿Pueden envejecer juntos Romeo y Julieta? Quizás. Pero no pueden terminar sus días viendo el Hermano Mayor en televisión como única forma de participación vicaria en pasiones menos dormilonas que la suya.

El amor quiere ser, por el mayor tiempo posible, plenitud de placer. Es cuando el deseo florece por dentro y se prolonga en las manos, los dedos, los muslos, las cinturas, la carne erguida y la carne abierta, las caricias y el pulso ansioso, el universo de la piel amorosa, reducidos los amantes al encuentro del mundo, a las voces que se nombran en silencio, al bautizo interno de todas las cosas. Es cuando no pensamos en nada para que esto no termine nunca. O cuando pensamos en todo para no pensar en esto y darle su libertad y su más larga brevedad al placer carnal.

¿Cuándo es mayor la felicidad del amor? ¿En el acto de amor o en el salto adelante, en la imaginación de lo que sería la siguiente unión amorosa? ¿La alegría fatigada del recuerdo y nuevamente el deseo pleno, aumentado por el amor, de un nuevo acto de amor: felicidad? Este placer del amor nos deja asombrados. ¿Cómo es posible que el ser entero, sin desperdicio o abandono alguno, se pierda en la carne y la mirada del ser amado y pierda, al mismo tiempo, todo sentido del mundo exterior al amor? ¿Cómo es posible? ¿Cómo se paga este amor, este placer, esta ilusión?

Los precios que el mundo le cobra al amor son múltiples. Pero, como en los teatros y los estadios, hay precios de entrada diferentes y butacas de preferencia. La mirada es boleto imprescindible del amor. Por los ojos entra el amor, dice el dicho. Y en verdad, cuando amamos, todo el mundo huye de nuestra mirada. Sólo tenemos ojos para el ser amado. Una noche en Buenos Aires, descubrí, no sin pudor, emoción y vergüenza, otra dimensión de la mirada amorosa: su ausencia. Nuestra amiga Luisa Valenzuela nos llevó a mi mujer y a mí a un sitio de tango en la larguísima Avenida Rivadavia. Un salón de baile auténtico, sin turistas ni juegos de luces, las cegadoras *strobelights*. Un salón popular, de barrio, con su orquesta de piano, violín y bandoneón. La gente sentada, como en las fiestas familiares, en sillas arrimadas contra la pared. Parejas de todas las edades y tamaños. Y una reina de la pista. Una muchacha ciega, con anteojos oscuros y vestido floreado. Una Delia Garcés renacida. Era la bailarina más solicitada. Dejaba sobre la silla su bastón blanco y salía a bailar sin ver pero siendo vista. Bailaba maravillosamente. Le devolvía al tango la definición de Santos Discépolo: "Es un pensamiento triste que se baila". Era una forma bella y extraña de amor bailable, simultáneamente, en la luz y en la oscuridad. La media luz, sí.

El "crepúsculo interior" nos enseña también, con el tiempo, que se puede amar la imperfección del ser amado. No a pesar de ser imperfecto, sino por ser imperfecto. Porque una cierta falla, un defecto conmensurable, nos hace más entrañable a la persona querida, no porque nos haga creer en nuestra propia superioridad, sino, por el contrario, porque nos permite admitir nuestras propias carencias y, estrictamente, emparejarnos. Esto difiere de otra forma del amor, que es la voluntad de amar. Acontecimiento ambiguo que puede ondear con las banderas de la solidaridad, pero también lucir los harapos del provecho propio, la astucia o esa forma de amistad por conveniencia que describe Aristóteles. Hay que distinguir muy claramente estas dos formas de amor, pues la primera abarca la generosidad y la segunda concierne al egoísmo.

"Un perfecto egoísmo entre dos" es la fórmula, bien francesa, como Sacha Guitry definía al amor, dándole un cierto aire de ironía a la intimidad misma. El egoísmo compartido supone, por una parte, aceptar, tolerar o guardar discreción frente a las múltiples miserias que, en palabras de Hamlet, "la carne hereda". Pero el egoísmo sin más —la soledad radical y avara— no sólo es separación del otro, sino de uno mismo. No falta quien diga que, a pesar de todo, el mejor momento del amor es la separación, la soledad, la melancolía del recuerdo, el momento solitario… Situación preferible a la melancolía del amor que nunca tuvo lugar por premura, por indiferencia, por falta de tiempo. "No hubo tiempo. No hubo tiempo para la última palabra. No hubo tiempo para decirse tantas cosas del amor."

Voluntad o costumbre, generosidad o imperfección, belleza y plenitud, intimidad y separación, el amor, acto humano, paga, como todo lo humano, el precio de la finitud. Si del amor hacemos la meta más cierta y el más cierto placer de nuestras vidas, ello se

141

debe a que, por serlo o para serlo, debe soñarse ilimitado sólo porque es, fatalmente, limitado. El amor sólo se concibe a sí mismo sin límite. Al mismo tiempo, los amantes saben (aunque apasionadamente se cieguen, negándolo) que su amor tendrá límites —si no en la vida, entonces seguramente en esa muerte que es, según Bataille, el imperio del erotismo real: "La continuidad del amor más intenso en ausencia mortal del ser arriado". Cathy y Heathcliff en *Cumbres borrascosas*. Pedro Páramo y Susana San Juan en la novela de Rulfo. Julio Cortázar y Carol Dunlop en *Los autonautas de la cosmopista*. Pues en la vida misma, ¿nos satisface plenamente el más absoluto y pleno de los amores? ¿No es verdad que queremos siempre más? Si fuésemos infinitos, seríamos Dios, dice el poeta. Pero queremos por lo menos amar infinitamente. Es nuestro acercamiento posible a la divinidad. Es nuestra mirada de adiós y nuestra mirada de Dios.

Es la calidad de la atención. El amor como atención. Prestarle atención a otro. Abrirse a la atención. Porque la atención extrema es la facultad creadora y su condición es el amor.

Agnes Heller, la filósofa de origen húngaro, escribe que la ética es asunto de responsabilidad personal, la responsabilidad que tomamos en nombre de otra persona; nuestra respuesta al llamado del otro. Toda ética culmina en una moral de la responsabilidad: somos moralmente responsables de nosotros y de los demás. Sin embargo, ¿cómo puede una sola persona hacerse responsable de todas? Ésta es la pregunta central de las novelas de Dostoyevski.

¿Cómo abarcar la experiencia total de una humanidad sufriente, humillada, anhelante?, le pregunta, con juvenil desperación, Dostoyevski al más grande crítico ruso de su tiempo, Vissarion Grigorievich Bielinsky. La respuesta del crítico fue abrumadoramente precisa: Empieza con un solo ser humano. El más cercano a ti. Toma con amor la mano del último hombre, de la última mujer que has visto, y en sus ojos verás reflejados todas las necesidades, todas las esperanzas y todo el amor de la humanidad entera.

Reyes y Cortázar fueron seres humanos identificados con la experiencia, con la amistad y con el amor, porque pusieron atención.

Reyes, atacado en algún momento como cosmopolita o extranjerizante por esa ciega carencia latinoamericana de no creernos auténticos sino en el aislamiento más estrecho, respondió con una perfecta certeza: Somos provechosamente nacionales cuando somos generosamente universales.

Se hacía eco, Reyes, de nuestra cultura de encuentros, de nuestra cultura de fundación, abierta, indígena, europea, africana, mestiza, mulata, enunciada por Inca Garcilaso de la Vega cuando dijo desde el siglo XVII: "Mundo, sólo hay uno". Tardamos en darnos cuenta de que Alfonso Reyes nos hizo el favor de traducir la totalidad de la cultura de Occidente a términos latinoamericanos, de hacerla nuestra, comprensible, la multicultura de la lira de Apolo y de Nezahualcóyotl, de Virgilio y de Sor Juana y de Ibn Jaldún, de la comunicación de Hermes y de Cicerón y de Guamán Poma y de Maimónides, de la crítica de Aristarco el bibliotecario de Alejandría y de Bernardino de Sahagún el recopilador de las culturas invictas de Anáhuac y de Sarmiento el magistral modelo, en el *Facundo*, de una literatura de impurezas genéricas, crónica, novela, historia, pedagogía y poesía de la tierra, que establecen esa magnífica tradición latinoamericana que puede unir, sin fraccionamiento, el Moreira de Eduardo Gutiérrez al Moreira de César Aira…

Quiero decir: no hay en nuestra literatura un mantenedor de la flama, un artífice de la tradición, un continuador de la vida, comparable a Alfonso Reyes.

Pero si Reyes miraba a lo lejos y a lo hondo, Cortázar miraba a los lados. Por eso eran tan largos sus ojos: miraban la realidad paralela, a la vuelta de la esquina; el vasto universo latente y sus pacientes tesoros, la contigüidad de los seres, la inminencia de formas que esperan ser convocadas por una palabra, un trazo de pincel, una melodía tarareada, un sueño. ¿Encontraría a la Maga?

Cortázar le dio sentido a nuestra modernidad porque la hizo crítica e inclusiva, jamás satisfecha o exclusiva, permitiéndonos pervivir en la aventura de lo nuevo cuando todo parecía indicarnos que, fuera del arte e, incluso, quizás, para el arte, ya no había novedad posible porque el progreso había dejado de progresar.

Cortázar nos habló de algo más: del carácter insustituible del momento vivido, del goce pleno del cuerpo unido a otro cuerpo, de la memoria indispensable para tener futuro y de la imaginación necesaria para tener pasado.

Cuando Julio murió, una parte de nuestro espejo se quebró y todos vimos la noche boca arriba. Ahora, de vuelta en Buenos Aires, yo quisiera que el Gran Cronopio compruebe, como lo dijo entonces Gabriel García Márquez, que su muerte fue sólo una invención increíble de los periódicos y que el escritor que nos enseñó a ver nuestra civilización, a decirla y a vivirla, está aquí hoy, invisible sólo para los que no tienen fe en los Cronopios. Sí, encontró a la Maga.

Reyes y Cortázar: Experiencia, Amistad y Amor.

Buenos Aires, Argentina
7 de noviembre de 2001

Cien años con Fernando Benítez

Señoras y señores:

A las mujeres las llamaba "princesas", a los hombres, "hermanitos". Hace 100 años nació mi gran amigo Fernando Benítez. Periodista, novelista, cronista, autor teatral, el mayor orgullo de Fernando era ser periodista. Su personalidad, sin embargo, rebasaba (aunque informaba) cualquier profesión. Pequeño y bravo, contaba que su madre le había dicho: "Eres feo, hijo, pero tienes cara de gente decente". Elegante y seductor, Fernando enamoró a bellas mujeres y fue amado por ellas. Celoso, era agresivo con sus rivales, quienes corrían el peligro de ser tomados de las solapas y aplastados contra la pared o, de plano, recibir un botellazo en la cabeza. En un bar portuario de Veracruz, sacó a bailar a una muchacha muy guapa. Al rato, se apareció el galán de la misma, un marinero argentino, que le espetó a Benítez:

—Déjala. Podrías ser mi padre.

—Pude. Pero no quise —contestó Benítez antes de que se armara, como antes se decía, "la de San Quintín".

Cuando esta ciudad era más pequeña, Benítez encabezaba una caminata diaria del Sanborns de Madero a las oficinas de *Novedades* en Balderas. Se iba deteniendo a platicar en las librerías y cafés del rumbo, sobre todo en la librería Obregón de la Avenida Juárez, donde dictaminaba sobre los libros y autores nuevos. Yo acababa de publicar, a los 25 años, mi primer libro, *Los días enmascarados,* y Benítez, con displicencia, me dijo:

—Con un librito de cuentos no se salva nadie.

Y se fue, paseando su elegancia y recomendando a los políticos:

—¿Por qué no se hace usted sus trajes en Macazaga, como yo?

Luego nos hicimos amigos muy cercanos y ser amigo de Benítez era una aventura, a veces procurada por él mismo. La revista *Siempre!* nos pagaba cada sábado 200 pesos por colaboración, 200 pesos en billetes de un peso. Esto provocaba indignación y risa en Benítez. Los 200 pesos de a peso demandaban ser gastados cuanto antes. Benítez, conduciendo su BMW, arrancaba a 200 kilómetros por hora. Lo perseguía la policía motorizada. Lo detenían. Fernando tomaba un puñado de billetes y los arrojaba a la calle. Los "mordelones", a su vez, se arrojaban sobre la billetiza olvidando a Benítez. Éste arrancaba, exclamando: —¡miserables!— y repetía la provocación hasta que se acababan los billetes.

Manejaba a altas velocidades ese BMW que hacía apenas una hora para llegar a Tonantzintla, donde Fernando se encerraba a escribir sus libros en un ambiente conventual donde la única distracción era mirar de noche las estrellas en el observatorio dirigido por Guillermo Haro. Allí escribí buena parte de *La muerte de Artemio Cruz.* De vez en cuando, caían visitas —Agustín Yáñez, Pablo González Casanova, Víctor Flores Olea— pero Tonantzintla era centro de trabajo, disciplina y silencio.

Allí regresaba Fernando después de sus excursiones a los sitios más apartados del país. A caballo, en burro, a pie, cruzaba desiertos y escalaba montañas para documentar al México olvidado. Huicholes y tepehuanes, coras y tzotziles, mixtecos y mazatecos. El autor los miraba con objetividad pero era partícipe de una subjetividad conflictiva. Los indios eran suyos —son nuestros— y serán ajenos. Benítez sentía que no podía ser un mexicano completo sin ellos, aunque ellos viviesen totalmente indiferentes a él.

Fernando escribió sobre los indios a sabiendas de que muchos de ellos se estaban muriendo poco a poco, víctimas del abuso, la injusticia, la soledad, la miseria y el alcohol. La pregunta de Benítez nos concierne a todos: ¿Cómo salvar los valores de estas culturas, salvándolas de la injusticia? ¿Pueden mantenerse los valores del mundo indígena, lado a lado con los avances del progreso moderno y la norma nacional del mestizaje? Hay un mixteco que le dice a Benítez: "me quieren matar porque hablo español". Porque "la costumbre, esa corteza dura de vida y supersticiones que los mantiene atados de pies y manos es al mismo tiempo la unidad del grupo, la preservación de su carácter y de su vida".

La lectura de *Los indios de México* crea en nosotros la conciencia de que nuestros primeros habitantes son parte de nuestra comunidad policultural. La justicia que ellos reciban será inseparable de la que nos rija a nosotros mismos.

La devoción de Benítez al mundo indígena de México, sus aventuradas excursiones a los sitios más apartados del país, minaron una salud que parecía inquebrantable y que lo ayudó en su otra gran tarea, que fue la de crear el periodismo cultural moderno en México. Secretario de Héctor Pérez Martínez, Primer Ministro de Gobernación del Presidente Miguel Alemán,

Benítez parecía destinado a una carrera política. Pérez Martínez, el autor de las biografías de Cuauhtémoc y Juárez, era considerado el heredero natural de Alemán, y Gobernación era el trampolín a la presidencia. La temprana muerte de Pérez Martínez, en 1948, a los 42 años de edad, alejó a Benítez de la política. Dirigió el periódico *El Nacional*, órgano oficial del gobierno, pero desde allí atacó la conducta del canciller Torres Bodet en la Conferencia Interamericana de Quitandinha. Benítez dejó *El Nacional* pero a cambio fundó el *Novedades*, el modelo mismo de un gran suplemento de cultura, asistido por Miguel Prieto, Vicente Rojo, Henrique González Casanova, Elvira Gascón y otros colaboradores. Benítez dio formato y contenido a una vida cultural que emergía del conocimiento de sí misma (la hazaña cultural de la revolución) y se dirigía al conocimiento del mundo y abrazando de manera muy especial la migración republicana española.

El equilibrio de Benítez lo demuestra la presentación de mi primera novela, *La región más transparente*. De un lado, la criticaba acerbamente Elena Garro. Del otro lado, la elogiaba críticamente Luis Cardoza y Aragón.

La larga vida del suplemento de *Novedades* terminó cuando Benítez insistió en publicar un largo reportaje sobre la recién nacida Revolución cubana. El periódico se lo reprochó y Benítez, junto con sus huestes (acrecentadas por los jóvenes escritores Carlos Monsiváis y José Emilio Pacheco) renunció y buscó nuevo techo. Nos lo dio el gran jefe José Pagés Llergo, en la fortaleza sitiada de la revista *Siempre!* Desde allí, Benítez prosiguió una doble tarea. Por una parte, escribió sus libros *La ruta de Hernán Cortés* y *Ki: el drama de un pueblo y una planta.* Cercanos todos al general Lázaro Cárdenas, Benítez escribió también una biografía en tres tomos, *Lázaro Cárdenas y la Revolución mexicana* y se propuso viajar a Cuba con el expresidente en el momento de la invasión de Bahía de Cochinos, viaje impedido por el gobierno de Adolfo López Mateos.

Visitamos a López Mateos en Los Pinos para respaldar la política mexicana de no-intervención en Cuba. Una semana después, marchamos del Hemiciclo al Zócalo en defensa de Cuba. En Madero, las fuerzas policiales nos cerraron el paso entre San Juan de Letrán y el Zócalo, atacándonos a bastonazos y con gases lacrimógenos. El secretario de Gobernación era Gustavo Díaz Ordaz. Benítez terminó con las costillas rotas pero no cejó en su determinación de periodista. Poco más tarde, junto con Víctor Flores Olea, documentamos el asesinato del líder agrario Rubén Jaramillo y su familia al pie de la pirámide de Xochicalco. Nuevamente, la presión oficial contra Benítez y el equipo de *La cultura en México* fue resistido por Pagés Llergo, como lo fue durante las jornadas de octubre de 1968, cuando Benítez y su equipo, nuevamente, denunciaron el crimen de Tlatelolco, atacaron al gobierno de Díaz Ordaz y defendieron a Octavio Paz cuando renunció a la embajada de México en la India.

Durante sus últimos años, Benítez, junto con su mujer Georgina, reunió una colección asombrosa de arte precortesiano e indagó en la vida colonial de México con una serie de volúmenes sobre la sociedad novohispana: *Los primeros mexicanos*; *Los demonios en el convento: sexo y religión en la Nueva España,* así como un par de novelas que abordaban —*El agua envenenada*— el perdurable tema de la tiranía caciquil y —*El rey viejo*— la fuga y muerte de Venustiano Carranza en Tlaxcalantongo.

—Hermanito —me dijo un día—, ya no escribiré más novelas. No puedo competir con García Márquez, Vargas Llosa y Cortázar.

Se equivocaba. La obra de Benítez es tan vasta y multitemática como aquí he querido consignar y, a los 100 años de su nacimiento, el mejor homenaje es volverlo a leer. Es como leer el siglo xx mexicano.

Palacio de Bellas Artes
Ciudad de México, México
18 de diciembre de 2011

Vocación

La literatura moderna y las figuras hispánicas

Señoras y señores:

Hace 10 años ingresé a este Colegio Nacional. Tuve la fortuna de ser presentado por el mejor padrino, que también es, como dijera T. S. Eliot de Ezra Pound, *il miglior fabbro*, Octavio Paz.

Muchos de ustedes me han acompañado desde entonces. No sabría abrir la boca en esta sala sin la presencia de ciertos rostros amigos frente a mí.

Hablé en mi conferencia de presentación de Cervantes y Joyce: de la crítica de la lectura y de la crítica de la escritura, de los dos roles de la narración moderna, el hombre de España y el hombre de Irlanda: las excentricidades que se han vuelto, en un mundo sin centro, centrales.

He rumiado mis obsesiones aquí, con ustedes, durante una década, quiero hoy regresar a algunos de esos temas obsesivos, mirarlos de nuevo, renovarlos y transformarlos. El sentido del Colegio Nacional es ése: otorgar un sentimiento de continuidad a la cultura que se da siempre en una tensión entre la tradición y la creación.

Hoy que tantos hechos, tantas instituciones y, sobre todo, tantos ánimos que han dado su fisonomía y su continuidad a nuestro país, están a punto de perderse porque todos confundimos la verdadera grandeza, que puede ser modesta e invisible, con la grandilocuencia, que suele ser chiquita e inexistente, aunque ruidosa, es bueno recordar esta misión de la cultura y de lugares como El Colegio Nacional.

Gabriel García Márquez comentaba hace poco que, después de Dostoyevski, le resulta muy difícil, si no imposible, intentar el análisis sicológico en la novela. Esta convicción llevó al gran novelista colombiano a buscar una novela *potencial* mediante el arte de la pura estructura narrativa en tensión con el encanto de la narración.

Yo estoy de acuerdo con García Márquez, pero pienso más a menudo en Flaubert que en Dostoyevski. El novelista ruso posee un borde deshebrado, una orilla desmañada. Pero la perfección del novelista francés me llena de admiración y de rabia. Lo adoro. Lo detesto. Nadie puede escribir inocentemente después de Flaubert. La palabra perfecta —*le mot juste*— no puede ser ya la palabra espontánea, desgarbada y carenante de Dickens o de Balzac.

Claro que tanto las palabras de Flaubert como las de Dickens anhelan la encarnación: las palabras son voces, las voces son personajes y Flaubert conjuga palabra, voz y personaje en su famosa frase: *Madame Bovary soy yo.*

Podemos envidiar, sin malicia alguna, la frescura de la caracterización en Balzac o en Dickens. Hay una alegría y un vigor persistentes en la plenitud de las apariciones y las maneras individuales que encontramos en *La Comedia humana*. Podemos admirar infinitamente la vertiginosa diferenciación externa —ropa, habla, manías, estatus social— que distinguen infinitamente a los personajes de *David Copperfield* o *Bleak House*.

Pero Flaubert —nuestro salvador, nuestro verdugo— no devora a toda una sociedad como lo hizo

Balzac: Flaubert la vomita. Flaubert no se reposa en un parador del camino con Mr. Pickwick mientras ambos beben un jarro de cerveza tibia. Flaubert bebe arsénico, lo impotable, lo indigerible. Y no se detiene en las diferencias externas: penetra la cabeza, el corazón, las entrañas de su personaje mientras esta mujer terrible, frágil, inolvidable, este carácter pleno que es Emma Bovary re-lee la carta de despedida de su amante, se recarga contra el marco de la ventana, resopla de rabia, se siente confusa, oye el latir acelerado de su corazón, espera que el mundo se derrumbe, se pregunta por qué no pone fin a su vida, es libre de hacerlo, se inclina hacia afuera, mira la banqueta y dice "Ahora, ahora".

El piso se mecía como un barco en una tormenta. Emma estaba en el filo del abismo, casi colgada, rodeada de un enorme vacío. El azul del cielo la ahogó; el aire corrió a través de su cerebro vacío. Todo lo que tenía que hacer era dejarse ir…

Entonces la interrumpe su sirvienta, Félicité, quien le dice:

—El Señor la está esperando, señora. La sopa está servida.

Nosotros sabemos que no es la sopa, sino el veneno, lo que está servido. Pero no podemos culpar a la sirvienta, Félicité, por ofrecerle a Emma Bovary el alimento de la vida. En su maravilloso contrapunto a *Madame Bovary*, el cuento titulado "Un corazón sencillo", otra sirvienta, también llamada Félicité, vive su vida simple pero completamente, digiriendo cada momento del presente, saboreando cada memoria del pasado y esperando su reunión con un loro disecado que se parece al Espíritu Santo como dos gotas de la misma pila bautismal.

Me parece muy difícil conocer a un personaje mejor o penetrar en su sicología más de lo que Flaubert logra. Su arte nos llena de alegría: aquí está la culminación de ese proceso de diferenciación personal iniciado por la novela moderna, novela por la novedad de sus personajes, liberados de destinos predeterminados y de conclusiones mitológicas. Aquí está la prueba de que la novela se propone como un instrumento de duda y de cuestionamiento constantes, de ironía y de intención democrática, contraria a las jerarquizaciones dogmáticas de la vida.

Admitimos esto: permanecemos en la playa desierta de la modernidad con nuestra alegría; la marea se retira; empezamos a diseñar figuras en la arena con un dedo, una astilla, un caracol: lo que esté a la mano. Yo digo Flaubert; García Márquez dice Dostoyevski; ustedes podrían decir Proust.

El más refinado de los escritores españoles modernos, José Bergamín, lo dice de esta manera peculiarmente suya: una mañana Balzac abre enérgicamente las ventanas de la casa de la ficción europea. Proust es el mayordomo que las cierra lentamente, al atardecer, una tras otra, y luego se retira, dándonos la espalda, por un largo y sombrío corredor. Proust se guarda la llave de la casa en la bolsa trasera del pantalón. Pero esa llave es de oro.

¿Quién vive hoy en esa casa abandonada? Un hombre que se despierta una mañana y descubre que se ha convertido en insecto. Un hombre que se ve en el espejo y descubre que ha perdido su cara. Un hombre que no es recordado por nadie. Pero un hombre que puede ser ejecutado porque es desconocido: porque es otro.

Es el hombre de Kafka: la víctima de la dialéctica de la felicidad que fue la razón de ser de la modernidad.

La novela moderna nunca fue escrita por Pollyanna la niña feliz. Pero la sociedad moderna, en gran medida, sí lo fue: la secularización de la promesa cristiana por las sociedades industriales ofreció a todos, en vez de la redención y el paraíso, un progreso ineludible, tan seguro como la infinita perfectibilidad del ser humano.

Pero la modernidad es moderna, sus verdades no pueden convertirse en dogmas, ni sus relativos en absolutos. La dicción moderna debe ser seguida por su contradicción. Por ello, si la felicidad —su identificación, su búsqueda, su posesión— fue el sentido de las libertades revolucionarias ganadas en el siglo XVIII, era inevitable que una libertad contradictoria —la libertad para la desgracia— reclamara una presencia en el seno de la cultura crítica de la modernidad.

Condorcet afirma que la historia es un progreso constante hacia la perfección final. Blake le recuerda que la crueldad posee un corazón humano.

Adam Smith asegura que el hombre, dejado a sí mismo, buscará su propio bien y en consecuencia el bien de todos. Dostoyevski, desde el subterráneo, dice que el hombre puede buscar, ferozmente, su propio mal y el mal de todos.

Hay una gran presencia en el universo moderno: la del espíritu crítico.

También hay una gran ausencia: la del sentimiento trágico.

Mediante la aptitud crítica, la modernidad legitima sus propios orígenes rebeldes y abre lo que Whitman llamaría las "vistas democráticas".

Pero por causa de la ausencia trágica, olvida que parte de la verdadera gloria y del verdadero progreso humanos es conocer los límites del hombre, de su historia, de sus instituciones políticas, de sus teorías económicas y de sus almacenes bélicos. No somos más fuertes que la naturaleza, pero sí somos capaces de luchar contra una libertad tan valiosa como la nuestra. Somos capaces de derrota, pero podemos convertir la derrota en libertad y en condición para la continuidad de la vida: para que la ciudad sobreviva.

Algunos poetas —Blake, Baudelaire, Rimbaud—, algunos narradores novelistas —Kleist, Dostoyevski—, algunos dramaturgos —Büchner—, un filósofo —Nietzsche— comprendieron que la promesa religioso-política de la felicidad requería no sólo la crítica democrática, sino la conciencia trágica, para limitarse a sus justas proporciones. A medida que el progreso progresó sin asegurar felicidad sino abundancia o servidumbre, la exigencia de la felicidad como razón de ser de la sociedad se impuso, por medios comerciales o totalitarios, con intolerancia creciente. ¿Quién se atreve a ser infeliz si goza de una televisión a colores y posee una tarjeta de crédito en los Estados Unidos —si comparte un apartamento con seis desconocidos y puede pasar una semana de vacaciones anuales en el mar Negro— si es respaldado por una reserva petrolera de 250 mil millones de barriles? ¿Quién?

Los sueños de riqueza y ascenso de Kastigmac y Rubempré, de Becky Sharp y de Emma Bovary, se han cumplido. No sólo son sueños infelices o vulgares

—son sueños enfermos. Su plenitud como personajes ya no es tal: carecen de la "conciencia desgraciada", no conocen su yo enemigo. El sueño está enfermo, nos dicen las novelas de Mann. El enfermo ya no puede soñar, dice Kafka.

Kafka concluye brutalmente las ilusiones del siglo XVIII: tenemos que ser felices porque la ley lo ordena, y si somos infelices entonces deberemos ser culpables.

¿Por qué somos felices?

Porque hemos olvidado y hemos sido olvidados.

Porque ya no tenemos pasado.

En la obra maestra de la comedia decimonónica, *El inspector general* de Gogol, Jlestajov, que es Nadie, es aceptado por Todos como Alguien: el inspector ansiosamente aguardado. En *El castillo* de Kafka, K, que se supone es Alguien —el esperado agrimensor— resulta ser Nadie.

Todos recuerdan al inspector general. Nadie recuerda al agrimensor. Jlestajov tenía un rostro —demasiados rostros, quizás, puesto que todos en la capital provinciana ven en él al hombre que él no es. Donald Fanger, en su admirable libro sobre Gogol, ha señalado que el genio del autor ruso consiste en no presentar a su protagonista como un pícaro sino como un ingenuo que se convierte en el socio perfecto del alcalde y de sus asociados: la felicidad es una *folie à deux*: una locura compartida.

El agrimensor K no tiene esta suerte: no encontrará socios para su identificación: para su ser. Sin embargo, debe considerarse afortunado en *no ser*. K no tiene rostro: no puede ser visto. Ha sido olvidado.

¿Qué vamos a hacer con este doloroso hermano nuestro, el hombre de Kafka, el héroe final de la novela, que un día pudo imaginarse a sí mismo como un paladín de la caballería andante y ahora ni siquiera puede concebirse como un insecto?

¿Qué vamos a hacer con él? ¿Cortarle la cabeza porque ha perdido su cara? ¿Ejecutarlo porque, nacido en Praga, carece de pasaporte, de figura, de mito? ¿Defenestrarlo?

El primitivo mundo moderno siente la tentación de exterminar lo extraño. Kafka nos pide algo más difícil. No nos invita a una ejecución. Nos invita a una escritura.

Pero, ¡qué escritura! Va a tener lugar en una colonia penitenciaria. Va a ocurrir en la espalda desnuda de un prisionero.

No tenemos rostro, no tenemos memoria, pero al fin somos dueños del escenario de la historia, y bajo sus luces descoloridas hemos de repetir las palabras de los ideólogos y escuchar el ruido de los magnavoces que nos aseguran: Todos somos felices.

Kafka contesta: Sólo significaremos algo si logramos escribir algo en la carne de las víctimas de la historia de la felicidad.

Yo quiero contestar al dilema del personaje sin rostro en el escenario vacío desde la tradición hispánica que es la nuestra. No tengo otra manera cierta de responder a este desafío que exige todo menos resignación —¿cómo, si no desde el lugar donde nuestra tradición encuentra nuestras posibilidades de creación y éstas, acaso, afectan la tradición que las nutre?

Escucho unos nudillos que tocan a las puertas de mi tradición. Miro a través de las ventanas abiertas por nuestros tres grandes arquetipos —Don Quijote, Don

Juan y la Celestina— y sólo miro la oscuridad. No reconozco a las figuras que tocan, pidiendo ser admitidas. Me parecen oscuras e informes. No son yo; no son Madame Bovary que es Flaubert.

¿No hay un elemento de consolación en esta frase, Madame Bovary soy yo? Si el autor es el personaje y el personaje soy yo, el lector está siendo invitado a reconocerse en el personaje y en el autor. Una familia feliz se reúne: la literatura posee un gran poder de identificación y nadie ama una novela o una pieza de teatro más que cuando, lector o espectador se reconocen en ellas.

Las palabras radicales son del mismo siglo que el de Flaubert, son de Rimbaud: *Yo es Otro*

Estas palabras no ofrecen consuelo, sino exigencia. Somos otro. Y el Otro puede ser extraño. El Otro puede alarmarnos, repugnarnos. Rehusaremos reconocernos en el Otro porque él o ella no son como tú y yo —quizás él o ella son negro, o rojo, o están sepultados hasta el pescuezo en basura, o se han convertido en cucarachas, o creen que son caballeros andantes que deben desfacer tuertos y proteger a las viudas y a los huérfanos, o creen que el amor debe gozarse esta noche porque la muerte está a gran jornada, o son una vieja alcahueta que sabe algo que nosotros desconocemos.

Yo es Otro: las etapas de la identificación se vuelven más difíciles que en *Madame Bovary* o *Northanger Abbey*, donde la simpatía hacia el personaje se convierte fácilmente en simpatía hacia nosotros mismos. Sin embargo, ¿no son los personajes de estas novelas de Flaubert y Austen el desarrollo de otra cosa, no son *otro* que es un *yo*? ¿No son Emma Bovary y

Catherine Morland las nietas distraídas de Don Quijote de la Mancha, dos muchachas del siglo XIX que también creen en lo que leen? ¿No son retoños de un arquetipo?

Y además, ¿fue un arquetipo siempre un arquetipo, nacido a la literatura como Minerva en la frente de Júpiter: totalmente armada? ¿No es un arquetipo, primero, una figura, difícil de nombrar, ver, comprender?

Una figura no es un personaje —un carácter— plenamente representado, ni externa ni internamente; pero tampoco es un arquetipo: el modelo y el vehículo de la memoria y la imaginación tribales; el contenido del inconsciente colectivo, como diría Jung.

Vemos a los hombres y mujeres de Kafka o de Beckett y nos negamos a cortar sus cabezas vacías o desagradables, debemos ver en ellos a los aún irreconocibles, a los innombrables, como llama Beckett en uno de sus textos y llamarlos, junto con Novalis, "figuras":

Los hombres viajan por senderos distintos —dice el poeta alemán—. Quienquiera que los siga y compare esta diversidad de caminos verá la aparición de maravillosas imágenes: son las figuras que parecen pertenecer al gran manuscrito del diseño...

Estamos presentes entre el personaje, el arquetipo y la figura. Entre lo que sentimos haber agotado —el carácter sicológico o descriptivo— y lo que hemos olvidado o todavía no sabríamos nombrar —las figuras de ese "gran manuscrito del diseño" que nadie ha leído por completo. ¿Pueden auxiliarnos los grandes arquetipos de la imaginación literaria a trascender al personaje y a rescatar a la figura?

Debido a su naturaleza no-individualista, el arquetipo parecería extender su mano por encima del personaje, ofreciéndosela a la figura dormida en la playa, sin memoria, sin nombre, apenas distinguible de la arena —pero capaz, en cuanto despierte y hable, de ver el mundo como algo nuevo e inacabado.

Este sentimiento de la figura misteriosa, inacabada, nacida de la ruptura del personaje tradicional y sus signos, esta figura en estado de génesis o metamorfosis, es una de las realidades de la literatura contemporánea. Voy a limitarme, sin embargo, a mirarla en la obra de un escritor latinoamericano, el que de manera más explícita une su obra al problema del personaje exhausto y de la figura evasiva. Me refiero a Julio Cortázar, en cuyas ficciones observamos constantemente la manera en que los arquetipos traducen a las figuras en nuevas formas de la memoria y de la imaginación.

Entre todas las maravillosas historias de Julio Cortázar —donde las casas son tomadas, paulatina aunque inexorablemente, por figuras olvidadas o inimaginadas; donde la gente olvida su destino apenas se presenta a comprar sus boletos en las estaciones de ferrocarril; donde una galería comercial en Buenos Aires conduce a una galería comercial en París, con circulación en doble sentido; donde una figura sufre un accidente automovilístico en una ciudad europea y se encuentra en seguida sobre una mesa de operaciones que en realidad es una piedra de sacrificios en México; y donde una víctima de los aztecas se descubre a sí misma como una figura nueva en un inimaginable espacio blanco rodeada de hombres enmascarados con brillantes navajas blancas en las manos—: entre todas estas historias, quiero escoger la llamada "Instrucciones para John Howell".

En ella, un inocente espectador en Londres descubre que no existen espectadores inocentes. Howell es compelido a entrar en la obra de teatro que está mirando porque la heroína de la pieza le murmura secretamente: "Ayúdame; van a matarme". Howell entiende estas palabras como una súplica para entrar a la vida de la mujer. Pero esto sólo es posible si entra al escenario de la mujer.

La súplica de la mujer se convierte de esta manera en una instrucción —en una dirección de escena que decide la vida y la muerte de John Howell.

Escojo esta historia porque me estoy preguntando cuál es la conexión real entre estas figuras que no podemos recordar o imaginar y los arquetipos eternos que creemos conocer demasiado bien. ¿Cómo se conectan unos y otros, figuras y arquetipos? Quiero investigar con ustedes si los arquetipos del mundo hispánico nos ofrecen avenidas para la creación, más allá de la convención del personaje exhausto, es decir, del personaje en sentido sicológico o sociológico.

Uno de los más grandes críticos contemporáneos, Harry Levin, de la Universidad de Harvard, escribió algo que leí hace muchos años, que nunca he olvidado y que antes he citado. Levin compara *Don Quijote* y *Hamlet* a través de la circulación, en ambas obras, del teatro dentro del teatro.

El teatro dentro del teatro en *Hamlet*, nos explica Levin, es interrumpido por el rey Claudio porque la representación empieza a parecerse demasiado a la realidad. *Don Quijote*, en cambio, interrumpe el teatro dentro de la novela —el retablo de maese Pedro— porque la representación empieza a parecerse demasiado a la imaginación.

Claudio quisiera que la realidad fuese una mentira: la muerte del rey, el padre de Hamlet. Don Quijote quisiera que la fantasía fuese verdad: una princesa prisionera de los moros, a la cual él puede salvar.

Claudio debe matar la representación para matar la realidad. Don Quijote debe matar la representación para darle vida a la imaginación.

Algo une, sin embargo, a estos dos grandes arquetipos de las tradiciones hispánica y anglosajona, Don Quijote y Hamlet, y es que ambos son, primero, figuras incipientes, difíciles de imaginar antes de ser vistas o leídas por primera vez, imposible de recordar antes de que realmente tomen posesión de un libro, de una escena.

Don Quijote emerge de una oscura aldea en una oscura provincia española —tan oscuras ambas que, en verdad, el aún más oscuro autor de la novela —¿quién es?— ni siquiera recuerda o quiere recordar el lugar de la Mancha: como una novela de Kafka o de Kundera, como una pieza de Pirandello, como una carta de Colón, Don Quijote parte de una memoria falleciente, de un acto de amnesia.

Pero lo mismo le ocurre a Hamlet: el fantasma regresa a denunciar un crimen, pero también a exigir una memoria:

Adiós, adiós: recuérdame.

Y Hamlet, justamente, entiende que la orden del padre muerto es que el hijo asegure la memoria del mundo: el verdor del recuerdo. El olvido está en la raíz de la tragedia de Hamlet:

> Pensar que a esto hemos llegado:
> Dos meses muerto, no ni siquiera dos, no tanto…
> Y sin embargo dentro del primer mes… ella se casó.
> Ay, culpable prisa, culpable,
> que con tal celeridad
> corrió al incestuoso lecho…

A fin de que el mundo recuerde, Hamlet, el héroe del norte, impone la muerte —para sí y para los demás: tal es la medida de su energía histórica.

A fin de que el mundo imagine, Don Quijote, el héroe del sur, impone el arte —un arte absoluto que ocupa el lugar de una historia muerta.

Hamlet es el héroe de la duda: cuánta energía desencadena su locura escéptica: Hamlet, al cabo, se sacrifica por la razón, que es la hija natural de la enfermedad del príncipe de Dinamarca.

Don Quijote es el héroe de la fe: cree en lo que lee y su sacrificio consiste en no recuperar la razón. Entonces debe morir: cuando Quijote razona, es que ya no puede imaginar.

El paso de Don Quijote de figura impensable a arquetipo eterno ocurre a través de la circulación de los géneros.

El teatro dentro del teatro es sólo un ejemplo —el más brillante— de este género de circulación. Con brillo semejante, Claudio Guillén nos ha indicado que *Don Quijote* se construye sobre "un intenso diálogo de géneros": todos los géneros existentes se dan cita en *Don Quijote*, conversan entre sí, se burlan entre sí, y desesperadamente exigen algo más allá de ellos mismos, más allá de la realidad exhausta de sus propios géneros.

La épica de caballería y el poema bucólico; la novela picaresca y la narración interpolada a la manera bizantina; la balada y el cuento morisco, el teatro alegórico y la novela de amor cortesano: todos los géneros contemporáneos al *Quijote* poseen un representante, una voz, en el *Quijote*.

¿Pero no ocurre lo mismo en *Hamlet*? La libertad de género en Shakespeare, que tanto horrorizó a Voltaire y al Siglo de las Luces, la mezcla magnífica de estilos, sublimes y vulgares al mismo tiempo, tan simultáneos como la retórica del rey Enrique v y el regüeldo del soldado Pistola en la víspera de Agincourt, coinciden con la confrontación de estilos cervantina.

Acaso Sancho Panza le dé su giro más delirante a esta operación literaria cuando es convertido en el gobernador ilusorio de Barataria a fin de representar, como su amo Don Quijote, otra ficción dentro de la ficción, participando así, a pesar de ser el representante del realismo, en la multiplicación de los géneros.

Quizás ese anti-Sancho, el pomposo consejero Polonio en *Hamlet*, sea quien más satisfactoriamente dé cuenta de la falta de respeto hacia los géneros (aunque obviamente Polonio los respeta escrupulosamente) cuando anuncia la excelencia de los actores llegados a Elsinore:

Los mejores actores del mundo, trátese de la
tragedia, la comedia, la historia, la pastorela,
la pastorela cómica, la historia pastoral, la

tragedia histórica o la pastorela histórica tragi-
cómica:
escena indivisible, poema ilimitado.

Los mundos divisibles y limitados de Shakespeare
y Cervantes rechazan la unidad de'lo indivisible o la
poesía ilimitada de la eternidad: esos mundos suceden
aquí y *ahora*, Cervantes y Shakespeare son hombres
del Renacimiento, uno más triste que el otro porque
su historia española está cansada, el otro más triste
aún porque no tiene ilusiones sobre los actores que se
pavonean durante una sola hora gloriosa sobre los escenarios de Roma o Egipto, de Inglaterra o Escocia:
Shakespeare y Cervantes, los primeros escritores totalmente modernos porque no creen en Dios pero no
pueden decirlo —y creyendo uno en la tragedia de la
voluntad, el otro en la comedia de la imaginación, los
dos conocen la dificultad de mantener viva cualquier
realidad como no sea en "palabras, palabras, palabras".
Hamlet y Don Quijote son figuras inimaginables
antes de convertirse en arquetipos perdurables porque
ambos saben que sus derechos sobre una parcela de la
realidad son tan dudosos como la realidad de las palabras. Hamlet lo dice explícitamente: la literatura no es
sino palabras. Su conciencia ilumina la de Don Quijote, quien acaba por comprender que él sólo existe en
las palabras.
Primero, Don Quijote es lo que lee: no tiene existencia fuera de los libros que, como dice Michel Foucault, tiene que probar.
Pero finalmente, Don Quijote es el primer personaje literario que sabe que está siendo leído mientras
vive sus aventuras.

Un actor consciente de serlo dentro de su propia novela, y de no ser por esta novela, publicada mientras él vive sus aventuras, el mundo no le crearía sus aventuras a Don Quijote, como lo hacen los duques en su castillo —ese castillo español que anuncia ya el de Kafka y donde Don Quijote es reconocido por todos a fin de ser negado por todos.

¿Qué lees, monseñor?, le preguntamos a Don Quijote.

Y Don Quijote, porque conoce íntimamente a su hermano Hamlet, contesta: palabras, palabras, palabras. Palabras plurales, porque manifiestan la diversidad de puntos de vista ganados por Hamlet y Don Quijote mediante la hostilidad, la disolución y el compendio de géneros; mediante la afirmación más generosa y enloquecida del derecho a la inclusión y el rechazo de la exclusión y de la esterilidad de la pureza; mediante la constante duda de la verdad; mediante la disolución de las fronteras teatrales o narrativas; mediante la conciencia deliberada de que las figuras viven dentro de sus propias creaciones: "El teatro es la cosa", dice Hamlet. "Nos están leyendo", dice Sancho.

Pero sus propias creaciones —el teatro dentro del teatro llamado *Hamlet*: la novela dentro de la novela llamada *Don Quijote*— sólo existen en la medida en que incluyen dos nuevas entidades: el Lector y el Espectador, portadoras de los puntos de vista múltiples. Un Lector y un Espectador, además, tan inacabados, tan impensables, tan inimaginables como las propias figuras de la literatura y, como ellas, sorprendidas en pleno proceso de gestación.

Nada está terminado. Nada está fijado. Todo está naciendo.

171

Ningún mito moderno ha sido capaz de tantas transformaciones o sometido a tantos puntos de vista, como el segundo arquetipo hispánico, Don Juan.

Piensen en las figuras de Cortázar: el espectador convirtiéndose en actor, la actriz convirtiéndose en espectadora, ambos cruzando sus destinos como se cruzan sus presencias. Encuentro aquí una luminosa memoria de la versión de Don Giovanni escrita por el romántico alemán Hoffmann: el narrador ve y escucha la ópera de Mozart desde un palco, extrañamente conmovido por la cantante que interpreta el papel de Doña Ana, misma que visita al narrador durante el intermedio, le habla de su amor por la música y luego regresa al escenario donde canta el resto de su papel con una emoción situada, simultáneamente, adentro y más allá del arte.

Enfantasmado, el narrador abandona el teatro pero regresa a las dos de la mañana. El perfume de Doña Ana flota hacia el palco y allí se demora. Al día siguiente, le cuentan al narrador que la mujer que cantó el papel de Doña Ana murió a las dos de la mañana.

En su cuento, Cortázar diseña la figura que al fin se atreve a asumir su verdadera naturaleza mediante un salto en el tiempo y hacia el espacio de otra figura. Hoffmann quiere extender el arquetipo donjuanesco hacia una región inexplorada: su Don Juan es un idealista que busca a la mujer perfecta, un rebelde romántico que acusa a Dios por haberle dado el hambre de un placer que no puede ser satisfecho.

Pocos arquetipos literarios, sin embargo, han probado, como Don Juan, ser tan seductivos y placenteros. Sus características se fortalecen con cada metamorfosis. El joven burlador de Tirso de Molina, en guerra contra la muerte y contra Dios, no es el noble malvado de Molière, en guerra con la razón, y ninguno de los dos es el Don Juan extrañamente doméstico de Byron, un Don Juan que no se enamora del amor, sino que cae "en esa trampa no menos imperiosa, el amor de sí mismo", para terminar atendido por tres damas londinenses entre las que Don Juan duda en escoger una esposa porque Byron duda en enviar a su protagonista al infierno.

Y el Don Juan byroniano que se ama tanto a sí mismo que no tiene interés en seducir a nadie más, no es el Don Juan de Théophile Gautier —"Adán expulsado del paraíso que recuerda a Eva antes de la caída"—; y este Don Juan como un Adán sin la amnesia de Eva no es el disoluto personaje del poema de De Musset que busca en las tabernas de Europa a "la mujer desconocida: todas se parecían a él... pero ninguna era ella".

El infierno se ha convertido en una cantina y el paraíso es la promiscuidad en el poema dramático de Lenau, donde Don Juan ya no tiene que seducir o engañar a nadie: todas las mujeres son suyas, pero él nunca es él mismo. El moderno Don Juan de Lenau quisiera poseer a todas las mujeres simultáneamente: éste sería su placer final, su verdadero triunfo.

No le faltaba más que ser perdonado, y esto se lo concede Zorrilla en el *Don Juan Tenorio*, donde el burlador finalmente asciende al cielo, rodeado de angelitos en alas del amor puro de Doña Inés:

La voluntad de Dios es;
de mi alma con la amargura
purifiqué un alma impura
y Dios concedió en mi afán
la salvación de Don Juan
al pie de la sepultura.

¡Qué insatisfactorio! ¡Don Juan perdonado! La popularidad misma del drama de Zorrilla exige constantemente que le demos a Don Juan un final mejor, un final sin fin, una apertura hacia sus subsecuentes transformaciones.

Porque Don Juan es un mito que no puede mantenerse quieto, que depende de la velocidad del placer; y el placer exige la velocidad del cambio. Don Juan siempre es otro sin dejar de ser fiel a su genio y figura originales, las del inimaginable Don Juan de Tirso, joven, con apenas tantito pasado, con sólo cuatro amantes en una lista muy corta, no la cascada de nombres cantados por Leporello en Mozart desde una lista desenrollada como papel de baño: el joven Don Juan que cree que en la variedad está el gusto, que la juventud significa sexo indiferenciado y que por ello mismo sabe que debe morir joven o ser un viejo idiota, pintado por Picasso o filmado por Buñuel: el joven Don Juan que debe esconder su belleza porque es siempre un hombre enmascarado, que engaña, que es otro pero que es siempre el arquetipo biológico.

"¿Quién eres?", le pregunta el rey en la primera jornada de la obra de Tirso, y Don Juan contesta, arquetípicamente:

¿Quién ha de ser?
Un hombre y una mujer.

No Don Juan e Isabela, sino un hombre y una mujer: viajero sin hijos, errando de un lugar a otro a fin de escapar a la venganza y a la repetición: como la estrella de rock, Don Juan *can't get no satisfaction,* nada, nunca, puede satisfacerlo: ¿cómo va a obtener la dicha en el

174

cielo a donde la pluma de Zorrilla y el amor de Inés lo mandaron?

Yo creo que la pista para asegurar la vida saludable de Don Juan —vida de movimiento, cambio, circulación— se encuentra en la ópera de Mozart, donde el secreto de los géneros en conflicto trasciende el siempre asombroso final, cuando Don Giovanni se hunde en el fuego del infierno a donde lo han mandado las mujeres y su agonizante aullido es seguido por el más extraordinario cambio de manera: el drama del condenado es sucedido por la celebración color pastel, a cargo de los sobrevivientes de lo que, después de todo, es un *dramma giocoso*.

Esta espléndida incongruencia de estilo debería remontarnos a una instancia paródica de la ópera, que ocurre en el acto final, cuando Don Giovanni espera la visita de la estatua que ha invitado a cenar, pide escuchar un poco de música y lo que oye es la melodía del aria de Fígaro en el acto II de *Las bodas de Fígaro*, que el barbero le canta al joven y bello paje Cherubino:

Non più andrai, farfallone amoroso,
Notte e giorno d'intorno girando,
Delle belle turbando il riposo,
Narcisetto, Adoncino d'amor.

Mientras escucha este refrán y pone la mesa, el sirviente Leporello comenta con ironía,

Questa poi la conosco purtroppo.

o sea, *I've heard that song before*, esa tonada ya la oí antes.

De manera que por la puerta de la auto-parodia, Mozart ha abierto la puerta de la circulación: su Don Giovanni fue enviado al infierno por el trío vengativo de Doña Ana, Doña Elvira y Don Octavio, pero Mozart ha enviado a su libertino a la eterna juventud.

Ahora sabemos que en el siglo xviii, Don Giovanni nacerá de nuevo como el joven paje Cherubino, el Narcisillo, el dulce Adonis del amor, quien crecerá para convertirse en Don Giovanni, el burlador, *le grand seigneur méchant homme*, el Maquiavelo del sexo, enviado al infierno y resucitado una y otra y otra vez por su Fenix el Hispenis que Mozart le ha regalado, el eterno querubín, el héroe virginal.

Don Juan el libertino —naturaleza y tierra, energía y placer— es inseparable de la estatua del comendador, tan inseparable como Hamlet del espectro de su padre, o Don Quijote de su escudero Sancho. Cada una de estas parejas nos recuerda constantemente que hay más cosas en el cielo y en la tierra que lo leído en la Mancha, lo dudado en Elsinore o lo gozado en Sevilla.

El significado renovable de estas figuras transformadas en arquetipos y que nos auxilian en la tarea de reconocer a las nuevas figuras entre nosotros, las figuras que aún no sabemos designar o imaginar siquiera, es asegurado por la dinámica del género contaminado y por el azar de la circulación. Esta interpenetración puede conducirnos al teatro dentro del teatro, a la novela dentro de la novela, a la conciencia del rey pero también a la conciencia del lector y del espectador que comparten una historia interminable.

Si el arquetipo nos parece a veces rígido o abocado a la eternidad —cuidado entonces, una figura invisible ya está ladrando a los talones de la estatua, husmeándole la cola, a punto de penetrarla, de cambiarla interminablemente.

Entonces el arquetipo viaja a fin de distanciarse de la figura a la que, sin embargo, desea, a fin de mantenerse fresco.

La obra literaria penetrable por su opuesto es una cosa viva. La obra literaria cerrada casi seguramente perecerá y la razón será la asfixia de la perfección. "La eternidad", dijo Blake, "está enamorada de las obras del tiempo".

Quizás nadie entendió esto mejor que Fernando de Rojas. *La tragicomedia de Calisto y Melibea*, la novela en diálogo *La Celestina*, ostenta en su título y en su materia la contaminación genérica que he señalado en Don Juan, Don Quijote y Hamlet.

Pero en el caso de *La Celestina*, figura y arquetipo están todavía más cerca la una del otro. Rojas recrea los géneros (el teatro en la novela, la comedia en la tragedia, el diálogo en movimiento, la voz clara del Yo y el Tú en el escenario colectivo de la ciudad) con un significado que sólo hoy podemos entender cabalmente, gracias a los trabajos del más grande crítico contemporáneo de *La Celestina*, Stephen Gilman, de la Universidad de Harvard.

Hay poco que añadir a lo que Gilman ya ha dicho sobre la obra de Rojas. Lo que yo siempre he recibido de la tragicomedia es la inquietante paradoja del movimiento como fuente de la quietud. Pues *La Celestina* ocurre en el amanecer de la ciudad moderna; los ires y venires de la trotaconventos, los movimientos de la pasión, el dinero, la circunstancia, la clase social, no sólo corroen las certidumbres medievales acerca de los valores permanentes; también destruyen el espacio mismo de la *civitas* medieval, su carácter encerrado y defensivo, sitiado.

En *La Celestina* conocemos por primera vez la circulación de la ciudad moderna, pero esta intensidad de movimiento termina en la fijeza de la muerte. El cambio es la imagen de la vida —pero al cabo sólo asegura la semejanza de la muerte.

Celestina, la Circe de la ciudad moderna, en realidad no propone otro conocimiento que el de su poema, este teatro y esta novela potenciales, como los llama Gilman, donde tienen cabida todos los opuestos. Desde la escena de este acto primero de la modernidad, desde la España que descubrió el nuevo mundo, derrotó al islam y desterró a Israel, la Celestina le habla a Winnie, la sonriente víctima de la basura industrial y el polvo radioactivo, en el último acto de la modernidad, y le dice:

Mundo es, pase, ande su rueda, rodee sus alcaduces, unos llenos, otros vacíos. La ley es de fortuna que ninguna cosa en un ser mucho tiempo permanece: su orden es mudanzas.

Y la figura innombrable de Beckett contesta desde el escenario vacío cuyo único personaje es una grabadora:

No se preocupen por mí. Yo no existo.
El hecho es notorio.

¿Pueden las leyes del cambio y de la fijeza, vivas en la tensión arquetípica de Hamlet, Don Quijote, Don

Juan y la Celestina, conducirnos al cabo a esto: a la muerte sin continuidad —es decir, a la muerte sin naturaleza?

Don Juan va al infierno pero Cherubino vendrá en su lugar a reclamar el lugar de Don Juan en la naturaleza.

Don Quijote recobra la razón pero su descendencia plural —Tristram Shandy y Jacques el fatalista, Catherine Morland y Emma Bovary, el príncipe Myshkin y Pierre Menard, los hijos de la Mancha, darán un paso adelante para decir que la imaginación es la razón y el conocimiento del arte.

La Celestina se mueve hacia la destrucción, pero el paso de sus días crea una presencia y un presente que en su poema son simultáneos: el poema permanece, inaccesible a la muerte o el movimiento concebidos separadamente, pero supremamente accesible: a su propia naturaleza arquetípica: el movimiento y la muerte en conflicto constante.

Hemos matado la vida trágica que se encuentra en el centro de la libertad civilizada. No podemos ser libres si no somos conscientes de las realidades del poder, la violencia y la naturaleza inmortal que niega nuestro destino individual en la muerte.

El mundo moderno prohibió la tragedia —incompatible con sus promesas religiosas y políticas. Dejamos de entender que la tragedia es un conflicto de valores porque la razón puede luchar contra la razón, la justicia contra la justicia, y la libertad contra la libertad. Nos quedamos con el mundo de la enfermedad maniquea: buenos y malos, sombreros blancos y sombreros negros: el mundo del melodrama.

El primer héroe moderno, Prometeo, dijo en la tragedia esquiliana: "Cuanto existe es justo e injusto a la vez, e igualmente justificado en ambos".

Quisiéramos repetir estas palabras. No podemos, por la sencilla razón de que hoy sabemos algo que nadie, nunca, ha sabido antes.

Todos podemos desaparecer instantáneamente. Esto no es noticia. Estamos acostumbrados a la muerte. Sólo que esta vez la naturaleza puede morir con nosotros.

Podemos leer parte de la literatura moderna como un llamado a la camaradería de la desgracia que Dios debe compartir con nosotros. Me pregunto si esta camaradería de la desgracia con Dios que adivino en algunas páginas de Dostoyevski, Conrad, Joyce, Mauriac, Bernanos, Greene y Beckett, no es más que una hermandad en la muerte con la naturaleza: nosotros, que caímos por el orgullo de creer que la violencia nos daría la inmortalidad y la gloria, y sólo la naturaleza era inmortal, y ahora ni siquiera ella lo es.

Vivimos la desesperanza y el azoro tratando de comprender por qué, en todas las sociedades y bajo todos los sistemas, estamos siendo esclavizados en nombre de la libertad, asesinados en nombre de la vida y oprimidos en nombre de la justicia. Se nos ofrece una oscura utopía: la de ser espectros de una muerte sin tragedia y de un exterminio sin conciencia: una eternidad sin un mundo que nos sobreviva.

Nuestro azoro es aumentado por la prueba de que hemos alcanzado la desgracia con los instrumentos destinados a la felicidad.

Un poeta, dice René Char de Rimbaud, revela que los seres humanos no tienen el poder (o ya no lo tienen, o aún no lo tienen) para vivir sus verdaderas vidas. El poeta comienza por hablar en nombre de una naturaleza muda y violada, que no posee otra voz para su insurgencia. Char aproxima esta idea a la afirmación de Hölderlin: "Los poetas casi siempre se revelan al principio o al final de una era".

Si esto es cierto, entonces la voz del poeta es hoy más importante que nunca, ya que vivimos un tiempo que puede ser no sólo el fin de una época, sino el fin de la vida humana, del mundo, del tiempo y el amor y el humor y la cólera.

Nunca ha sido menos escuchada la voz de la literatura. Nunca ha sido más urgente oírla.

No tengo ninguna fórmula para superar esta indiferencia a lo que juzgo algo de primera necesidad —necesario, en todo caso, porque hablamos, nos comunicamos con palabras, con lenguajes simbólicos, y con ellos formulamos políticas tan ciertas o falsas como las palabras y pensamientos que las informan. Las palabras son decisiones. Las decisiones son acciones. Las palabras son acciones.

La justicia, dijo el filósofo Alain, no sólo existe en palabras. Pero, primero, debe existir en palabras.

De tal suerte que, quizás, la fatiga de ciertas modas sicológicas o de la caracterización crea una oportunidad para otros modos, acaso, más plenos. Dudo mucho que hoy se pueda crear un personaje sobre la premisa de "Madame Bovary soy Yo". En cambio, decir "Yo es Otro" me parece un modo potencial, apenas explorado.

Sin embargo, parece que hoy sólo podemos ser en la medida en que nos damos cuenta de los demás y de que nuestra individualidad es valiosa porque se refleja en los espejos múltiples del Otro.

"He querido decir lo que aquí está dicho, literalmente y en todos los demás sentidos". Esta sentencia de Rimbaud podría servir de norma a la escritura actual, y el vigor presente de la literatura hispánica no es ajeno a esta manera de concebir la literatura: di lo que quieres decir, literalmente y en todos los demás sentidos.

No hay razón para caer victimizados por esas formas del silencio contemporáneo que son el dogmatismo de unos o el comercialismo de otros. Para ello, debemos preguntarnos: ¿Podemos renovar y mantener la conciencia crítica que ha sido la vida de la literatura moderna? ¿Podemos restaurar el sentimiento trágico que tan mortalmente ha sido exiliado de la sociedad moderna?

Sé que formulo preguntas para las cuales no tengo respuestas. Acaso las respuestas sólo se encuentran en ciertos libros, escritos en todas las direcciones de la geografía de la novela: por Günter Grass y William Styron, por Italo Calvino y Milan Kundera, por Juan Goytisolo y Nadine Gordimer, por György Konrád y Salman Rushdie, por Chinua Achebe y Kobo Abe. Ellos han escrito libros donde el género sucumbe, la realidad es lo que es literalmente y en todos los demás sentidos, y la contaminación habla con la variedad de lo múltiple.

Yo sólo puedo invitarlos hoy a viajar conmigo, a circular con nuestros arquetipos hispánicos, Don Quijote, Don Juan, la Celestina, por el circuito de posadas que pueden ser palacios y palacios que no son dignos de lo que tú imaginaste, Alonso Quijano, a viajar de España a Turquía a Italia disfrazados contigo, Don

Juan, en busca del placer pero sin poder escapar del asimiento del convidado de piedra que nos urge escoger entre el placer y la muerte y contigo contestamos, Don Juan: encontraremos el placer hasta en la muerte; y recorremos las calles peripatéticas de la ciudad abierta a donde tú entras, Celestina, contoneándote sobre las ruinas de los absolutos dogmáticos, de las alegorías exhaustas y de los holocaustos celebrados en nombre de la felicidad por venir.

Viajamos con ellos, con estos arquetipos concretos y permanentes de nuestra cultura, recordando que una vez ellos también fueron figuras que no pudimos tocar, nombrar, o imaginar.

Hoy, en el nombre de la vida, no le cerremos las puertas a las nuevas figuras.

Están tocando a las puertas de nuestra imaginación.

Nos hablan en nombre de los seres inacabados que somos.

Nos anuncian el rostro plural de la humanidad.

Son las figuras de las civilizaciones ricas y variadas del planeta, portadoras de otros signos, otros mitos, otros sueños, otros tiempos, más allá de las estrechas circunscripciones de la civilización definida por pocas naciones y pocos intereses.

El arte no progresa; sólo cambia infinitamente.

Hoy, la circulación de la imaginación propuesta por las figuras hispánicas es inseparable de una necesidad urgente: la tradición y la novela ya no pueden separarse porque, solas, la una o la otra sucumbirían a la estrecha quietud de la muerte que nos rodea.

He hablado de las figuras tradicionales de nuestra cultura para saludar a las figuras venideras de nuestra imaginación.

Don Quijote no pertenece al pasado.

Y la novela que está escribiendo el novelista argentino en el exilio, el poema que va a escribir el joven poeta chicano en El Paso, el ensayo por venir del filósofo español en Madrid, la pieza de teatro a punto de ser montada por una compañía ambulante en las calles de un pueblo colombiano, todos ellos no pertenecen al futuro.

La literatura sólo tiene un tiempo, el tiempo verdadero del corazón humano. Ese tiempo es el presente, donde recordamos y donde deseamos.

Desde el corazón de este presente oigo a nuestra literatura en potencia decir: Yo es otro. Nosotros somos otros.

Tocan a la puerta.

Regresan a casa.

Dejémoslas entrar.

Traen la gran rueda de fuego de la imaginación humana.

El Colegio Nacional
Ciudad de México, México
2 de septiembre de 1982

¡Obra en la vida!

Señoras y señores:

Hemingway decía que, para el autor, libro publicado era como león muerto.

Yo, menos violento que el gran turista sanguinario de la literatura norteamericana, siempre he preferido ver un libro terminado como un hijo —Artemio Cruz— o una hija —Aura— que ha cortado el cordón umbilical con el autor. Deben caminar solos y sin más apoyo que el de la lectura.

Añado: a todos mis libros, de *Los días enmascarados* a *La frontera de cristal*, los quiero por igual aunque algunos sean rengos, bizcos o albinos (como decimos en México), o todos hijos o todos entenados.

Quiero, en esta conferencia, aproximarme, retrospectivamente, al taller de mis propios libros, aceptando la lección de Borges: los libros no están detrás de nosotros, sino que nos encaran desde el porvenir.

Pero para llevar a buen puerto este relato de cómo escribí algunos de mis libros, voy a valerme de la invitación contenida en el título de uno de los más bellos volúmenes de Alfonso Reyes: *Ancorajes*: puertos, refugios, anclas que nos sujetan sin esclavizarnos, y que le dan un mínimo de seguridad y nobleza al pecado desconocido que, decía Alexander Pope, obliga al escritor a ahogarse en tinta todos los días.

Mis ancorajes, mis anclas, en esta ocasión, van a ser las fechas en que publiqué algunos de mis libros, esa ancla en la arena del mundo que es un año cualquiera de nuestras vidas, 1954, cuando publiqué mi primer libro, o 1995 cuando apareció el último hasta hoy.

Pago así un óbolo a la verdad predicada por George Orwell: Todos los escritores somos vanidosos, egoístas y regalones. En la raíz de nuestros motivos para escribir existe, sin embargo, un misterio. Escribir un libro es una lucha larga y exhaustiva, comparable a una prolongada enfermedad. Nadie escribiría un libro si no se lo exigiese un demonio al cual el escritor no puede ni resistir, ni comprender.

Que las fechas den, entonces, buen puerto a las embarcaciones, y libertad a los demonios, de la escritura...

En 1954, el chachachá estaba de moda en México y tocaba tierra con un misterioso aire de modernidad extraterrestre:

> los marcianos llegaron ya,
> y llegaron bailando el chachachá,

pero por muy lindas y buenas bailarinas que fuesen nuestras novias, y por muy marciano que fuese el chachachá, no alcanzaba a desplazar nuestra terrible envidia del gran bateador Joe DiMaggio, que ese año se casó, por segunda vez, con Marilyn Monroe.

La vacuna Salk contra la polio se volvió disponible en 1954, y en México se le otorgó por primera vez el voto a las mujeres. Don Adolfo Ruiz Cortines era Presidente de la República y todos lo considerábamos un anciano: tenía 62 años, usaba corbata de moño, se parecía a Boris Karloff y su idea de la felicidad era jugar dominó en el Café de la Parroquia de Veracruz. Al término de este siglo, Adolfo Ruiz Cortines pasa por ser, legendariamente, el más hábil político que ha ocupado la presidencia de México, y a él se deben dos frases inmortales de la *polaca* mexicana: primera, "la política es el arte de tragar sapos sin hacer gestos", y segunda, "en México, hasta los tullidos son alambristas".

México estaba en paz. El PRI había consolidado su sistema: una república hereditaria, renovable sexenalmente, sí sufragio efectivo no reelección; golpes militares no, milagro económico sí.

Pero en nuestras fronteras no había paz. La política de buena vecindad de Roosevelt murió ese año 54 en Guatemala, donde un régimen de izquierda, democráticamente electo, fue derrocado por la CIA. En vez de la buena vecindad, íbamos a vivir la Guerra Fría, la paranoia anticomunista, la doctrina de la seguridad continental.

Diego Rivera y Frida Kahlo marcharon con miles de mexicanos para protestar contra la invasión de Guatemala. Rivera empujaba la silla de ruedas de Frida, que había sido amputada de una pierna. Kahlo murió ese mismo año.

Cayó Dien Bien Phu y Francia le pasó a los Estados Unidos. los trastos colonialistas en Indochina. Aparecieron dos grandes novelas: *El señor de las moscas*, de William Golding y la versión final de *Las confesiones de Felix Krull*, de Thomas Mann. Y Françoise Sagan, a los 19 años, publicó *Bonjour tristesse*, haciéndome sentir como un viejo al publicar, ese mismo año, a los 24, mi primer libro, *Los días enmascarados*.

Pero ni Françoise Sagan ni nadie podían quitarme la fiebre alegre con la que escribí ese primer libro, dando de manotazos a un foco eléctrico que pendía, desnudo, del techo de mi recámara: quería acompañar mi escritura de un espacio expresionista como el de las películas alemanas que entonces veía en el cine club del Instituto Francés a la vuelta de mi casa en la colonia Cuauhtémoc presentadas por el joven poeta escritor Jomi García Ascot.

El librito, aparecido en *Los Presentes* gracias a la generosidad de Juan José Arreola, tuvo éxito y causó polémica. Fue acusado por la crítica marxista de todos los pecados imaginables: formalista, cosmopolita, artepurista, afrancesado. No bastaba marchar por Guatemala para ser considerado un buen progre: además, había que escribir, a la manera realista socialista, el eterno triángulo entre dos estajanovistas y un tractor.

Yo creía desde entonces que la literatura era una aproximación a la otra cara de la realidad, no menos real aunque no se muestre. Quería que la imaginación innovase el mundo mítico, el mundo perdido, el mundo olvidado del cual descendemos.

Vi desde entonces la capital de México como una ciudad de muchos pisos geológicos: el Chac Mool, deidad de la lluvia, habita los sótanos de la vieja laguna indígena, pero es también el extraño hombre polveado que nos abre la puerta de un presente urbano más misterioso que el pasado azteca.

Todo está vivo en México —proclamaron los cuentos de mi primer libro—, el pasado es presente, pero igual que el futuro, contiene un enigma. Nunca agotaremos la novedad del pasado.

Me resultó natural pasar de este primer libro de cuentos a la primera novela, *La región más transparente* (1958).

En ella, me propuse descubrir y aun inventar la historia, crear espacios alternativos, dejar atrás la falsa disyuntiva fondo-forma: la novela, género de géneros, los desborda todos; no sólo debe dar un testimonio creíble, también debe crear formas flexibles. Escribí *La región más transparente* diciéndome a mí mismo qué gran oportunidad nos da la ciudad-novela de entregar en vivo la sensación de una identidad mexicana fluida, indeterminada, poderosa porque se está haciendo, porque no ha dicho su última palabra; ¡qué gran oportunidad para afirmar que la novela ocurre en dos plazas, el espacio público-político y el espacio privado-narrativo, y qué trabajo conducir los dos caballos, el de la literatura y el de la política, dar cuenta así del estado del arte como del estado de la ciudad!

Desde que leí *La Celestina*, de Fernando de Rojas, me fascinó la idea de la ciudad como lugar de libertad y de artificio, lugar de tiempos y espacios dominados por el dinero, la pasión, la crueldad y la fantasía. El Diablo Cojuelo vuelve a planear sobre el pastelón podrido de México D. F., aunque no se trataba simplemente de decir: Miren ustedes, la ciudad de México es, y es una ciudad enorme, burguesa, proletaria, moderna, pero con sótanos prehispánicos.

Me interesaba el lenguaje, la ciudad como el lugar donde las cosas pueden decirse *de más de una manera*, donde la poesía es un revulsivo que hace fluir los lenguajes estratificados de clases e individuos…

Necesitaba un gran maestro de ceremonias para este juego. Todas las ciudades de papel lo tienen. Los dos jóvenes del *Satyricon*, de Petronio, las falanges urbanas de la picaresca española, el Buscón de Quevedo, el Lazarillo de Tormes, el Fagin de Dickens en Londres, el Vautrin de Balzac en París…

El mío se llamó Ixca Cienfuegos.

Su canto es el de una ciudad que fue y ya no es, que fue y nunca volverá a ser... salvo en el eterno presente de la imaginación:

Mi nombre es Ixca Cienfuegos. Nací y vivo en México, D. F. Esto no es grave. En México no hay tragedia: todo se vuelve afrenta. Afrenta, esta sangre que me punza como filo de maguey. Afrenta, mi parálisis desenfrenada que todas auroras tiñe de coágulos. Y mi eterno salto mortal hacia mañana. Juego, acción, fe —día a día, no sólo el día del premio o del castigo: veo mis poros oscuros y sé que me lo vendaron abajo, abajo, en el fondo del lecho del valle. Duende de Anáhuac que no machaca uvas —corazones; que no bebe licor, bálsamos de tierra— su vino gelatina de osamentas...

En 1958, cuando publiqué mi primera novela, De Gaulle fue elegido Presidente de Francia, los primeros aviones jet cruzaron el Atlántico, la American Express expidió su primera tarjeta de crédito, un cuadro de Cézanne se vendió en 220 mil libras —el precio más alto alcanzado hasta ese momento por una pintura—, y el Papa Pío XII murió de hipo, seguido a los pocos días por la eminencia gris del Vaticano, sor Pascualina, que *también* murió de hipo. Murió el Papa, guía espiritual, pero nació ese mismo año Madonna —la muchacha material. Y al prohibir el *Doctor Zhivago* de Pasternak, la Unión Soviética dio una prueba más de su propia paranoia, su totalitarismo intolerante, su perversión del socialismo democrático.

Iba a renovarse la esperanza socialista en Cuba, a donde viajé el 2 de enero del año 59, entrando a La Habana antes de Fidel Castro, que hacía un lento y triunfal recorrido en Jeep desde Santiago de Cuba, con una paloma entrenada para posarse sobre su hombro cada vez que él se paraba a hablar y un hombre en el cual confiar, Camilo Cienfuegos. ¿Voy bien, Camilo?

Las revoluciones envejecen mal. En México los héroes, escribí en mi libro, son héroes porque murieron jóvenes.

Porque si en Cuba nacía una esperanza, en México el gobierno de Adolfo López Mateos, autodefinido como "de izquierda dentro de la Constitución", intentaba equilibrar un acto doble: progresista hacia afuera, negándose a apoyar la campaña norteamericana contra Cuba, y represivo hacia adentro, persiguiendo al sindicato ferrocarrilero y a su líder, Demetrio Vallejo, a fin de mantener la unidad monolítica del partido y el Estado. En realidad, el sistema comenzaba a mostrar sus fisuras.

Publiqué en 1959 un libro, *Las buenas conciencias*, que ahora he juntado con otro publicado en 1967, *Zona sagrada*, bajo el título común de *Dos educaciones*.

Se trata de dos *bildungsroman* contrastados. Dos niveles y espacios sociales mexicanos, la provincia católica y burguesa y la metrópoli agnóstica y creso hedonista. *Las buenas conciencias* fue para mí un baño de serenidad y de paciencia después del tumulto de *La región*. Iba a ser parte de una tetralogía nunca terminada que eché al *boiler* de agua caliente cuando esos artefactos todavía eran necesarios en México. Me di una lujosa ducha con mis propias cuartillas incineradas y el culpable fue Günter Grass que ese año publicó *El tambor de hojalata* y me curó una vez más, ésta para siempre, de la tentación del realismo convencional. La estética hispánica, nos dijo un día Valle Inclán, sólo puede verse en un espejo deformado. De todas maneras, el *bildungsroman* de Jaime Ceballos —la novela mía que más se lee hasta hoy en México, sobre todo por adolescentes— me gusta porque me permitió acercarme a las contradicciones de la cultura católica en la que todos los españoles y latinoamericanos estamos inmersos, seamos creyentes o no. Le dediqué la novela a Luis Buñuel.

Pasaron muchas cosas trascendentales en 1959: Ingemar Johansson le dio una paliza a Floyd Patterson, arrebatándole el Campeonato Mundial de Box; Walt Disney le negó la entrada a Nikita Jruschov a su reino infantil, y la aparición de las pantimedias cambió para siempre la vida de las mujeres y la de los hombres que las deseamos.

La solidaridad con Cuba provocó la expulsión del diario *Novedades* de Fernando Benítez y quienes colaborábamos con él. José Pagés Llergo nos acogió en la revista *Siempre!* El silencio de la prensa nos llevó a un grupo de amigos —Luis Villoro, Enrique González Pedrero, Víctor Flores Olea, Jaime García Terrés y Francisco López Cámara— a fundar la revista *El Espectador*.

Sobre estas plataformas, bajo estas acechanzas, viví uno de los años más ricos de mi vida, 1962, año de intensidad política, amorosa, literaria. Viajé a Chile y Argentina, conocí en Concepción a Pablo Neruda y reconocí a José Donoso, con quien había asistido a la escuela en Santiago, y en París traté por primera vez a Juan Goytisolo, Jorge Semprún, Julio Cortázar y Mario Vargas Llosa.

Ese año, Andy Warhol exhibió sus retratos de los tarros de sopa Campbell, Christo envolvió el retrato de Brigitte Bardot, y Bob Dylan nos regaló "Blowin' in the Wind", verdadero himno de los sesenta. Se proyectó la primera película de James Bond, Brasil ganó en Chile la Copa Mundial, ahora Sonny Liston le dio hasta debajo de la lengua a Floyd Patterson, el mundo vivió la crisis de los misiles y, al borde de la guerra que nadie contaría, vimos una película extraordinaria, *El ángel exterminador* de Luis Buñuel, fábula de una humanidad atrapada por sus propios prejuicios, sus propios fantasmas, su propia realidad.

Murió Marilyn Monroe a los 36 años y todos nos quedamos íntimamente viudos.

También murió William Faulkner a los 64, y los latinoamericanos lo reclamamos para nosotros: nadie en este siglo nos enseñó a narrar mejor que este norteamericano del sur americano, hermanado con nosotros por el lenguaje gongorino y la excepción al mundo del éxito gringo: Faulkner le regaló a los Estados Unidos el mundo universal de la derrota admitida para poder compartir alguna victoria, que es el nuestro.

Quién sabe cómo —sentado en cafés parisinos, acogido a la hospitalidad de Fernando Benítez y Guillermo Haro en el Observatorio de Tonantzintla— publiqué ese año dos libros: *Aura* y *La muerte de Artemio Cruz*. No planté un árbol, pero tuve una hija, Cecilia. Fue uno de esos años en que si me han de matar mañana que me maten de una vez.

Un árbol. Un hijo. Un libro.

Todos mis libros son mis hijos, dije, pero entre ellos, *Artemio Cruz* es el más rejego, rebelde, taimado, traidor a ratos, héroe en algún momento, que constantemente regresa a mí, reclamando su filiación. Es un reproche, es un recuerdo. Es como el fantasma de Marley en el cuento navideño de Dickens: una vida eternamente pendiente.

No se deja enterrar.

No vive en paz.

Regresa, como las ánimas mexicanas en el Día de Muertos, a buscar la puerta de regreso a la vida. No se da por vencido. Quiere, no revivir su vida, no repetir su historia, sino poner en duda su propia vida, decir que su historia es más que la historia.

¿Cuál historia?

La Revolución mexicana es el tiempo histórico de mi personaje.

México mismo, su territorio, es el espacio de la novela de Chihuahua y Sonora al Distrito Federal, Veracruz y Puebla.

Y si el tiempo de la narración —1889-1959— incluye muchos tiempos, el espacio de la obra es asimismo plural:

> Tú no podrás estar más cansado; más cansado, no: y es que habrás andado mucho, a pie, a caballo, en los viejos trenes, y el país no termina nunca. ¿Recordarás al país? Lo recordarás y no es uno; son mil países con un solo nombre.

Muchos países, con un solo nombre.
Muchos tiempos, jamás uno solo.
Tiempos mexicanos.
Tiempo del origen.
Tiempo ab-origen.

Tiempo hispánico.

Tiempo is pánico.

Tiempo mestizo.

Tiempos sagrados.

Tiempos profanos.

Tiempos heridos: herida prehispánica, herida colonial, herida independiente, herida gringa, herida gabacha, herida despótica, herida revolucionaria: la Revolución mexicana —el tiempo histórico de Artemio Cruz— es el parteaguas de la vida moderna de México.

El éxito de la revolución fue éste: demostrar que éramos todo lo que habíamos sido, sin exclusión posible. Artemio, la revolución, quieren abrazarlo todo, toda la tierra. Todos los tiempos.

Pero abrazar un espacio y todos sus tiempos no basta: hay que abrazar también a los hombres y a las mujeres que viven en estas tierras y que portan estos tiempos, es decir, estas culturas.

Ésta es la falla de Artemio. La revolución es incluyente. Pero la carga es excesiva, el tiempo y el espacio de México "son losas muy pesadas para un solo hombre". Artemio es el hijo *ex*cluyente de una revolución *in*cluyente. Quiere sólo para sí lo que debió ser para todos.

¿Es un traidor? No lo creo. Excluye porque la totalidad es demasiado exigente "para un solo hombre". Su insuficiencia se convierte en el proyecto, personal, político, económico, de la revolución en el poder.

La revolución de Artemio Cruz es una sola de las muchas revoluciones que fue la Revolución mexicana.

No la de Zapata, no la de Villa, no la de las pequeñas comunidades, no la de las culturas alternativas, no la del segundo México, sino la del primer México, el México que desde la Independencia quiere ser del primer mundo, desarrollado aunque el precio sea la ausencia de democracia, pero sub-desarrollado en la medida en que su prosperidad es sólo la de unos cuantos: Artemio es parte de la revolución de Carranza, Obregón y Calles, la revolución desde arriba, centralizadora, modernizadora, estatista, capitalista, incapaz al cabo de dar cuenta de la segunda nación, el país excluido, pobre, milenario.

Artemio Cruz le da la espalda a la segunda nación. La suya triunfa. La de los demás espera, latente. Una de ellas —la segunda nación—, se manifestó el 1 de enero de 1994 en Chiapas.

Pero gracias al proyecto de Artemio, México es lo que es hoy, aunque también es lo que no es, dejó de ser, o *aún* no es.

Esta latencia, esta alternativa, este porvenir, sólo *serán*, sin embargo, y aunque nos pese, a partir de lo que Artemio Cruz hizo y fue.

El desafío que su destino deja en manos del lector es el de entender que una nación no es su poder: es su cultura.

¿Cómo reiniciar la identificación de la nación y su cultura que es el desafío del México actual?

En mi novela, empiezo por darle al personaje Artemio Cruz la oportunidad de reconstruirse él mismo, no a partir de su biografía lineal, sino merced a su libertad de escoger 12 días de su vida, 12 momentos decisivos de su destino.

Pero a la estructura dodecafónica del relato añadí una estructura temporal y verbal tripartita: cada día es acompañado de un tiempo verbal portado por un pronombre: Él, Artemio Cruz, y su pasado; Yo, Artemio Cruz, y mi presente; Tú, Artemio Cruz, y tu futuro.

La novela le da a Artemio Cruz las dimensiones que él, acaso, le arrebató a los demás, a las terceras y segundas personas, singulares, plurales, de los tiempos que, al morir el personaje, están a punto de agotarse para todos nosotros.

La literatura se empeña en concederle a Artemio Cruz, a su persona, a su mundo, a su memoria, a su deseo, una segunda oportunidad. La revolución nos devolvió la totalidad de nuestros pasados. Ahora, a nosotros, nos toca hacer con esos pasados una cultura que trascienda las exclusiones con las que Artemio Cruz construyó su poder sobre la tierra.

Artemio Cruz es una novela sobre la muerte de la vida. *Aura*, publicada ese mismo año, es una novela sobre la vida de la muerte. Es mi novela emblemática del tiempo y del deseo; no sólo de la posibilidad de convocar de vuelta la juventud, sino sobre todo de convocar el deseo, obtener el objeto del deseo y descubrir que no hay deseo inocente, porque no sólo queremos poseer, sino transformar, al objeto de nuestro deseo. El deseo nos arrebata de nosotros mismos, nos saca de quicio: la imitación de otro deseo que queremos compartir, poseer sólo para nosotros, suprimiendo, así sea violentamente, la diferencia entre nosotros y lo que deseamos.

Aura, la de los ojos verdes, es el objeto del deseo de Felipe Montero; pero la intermediaria entre ambos —la señora Consuelo, la anciana, la bruja— es quien funde a los amantes en un solo abrazo que la incluye a ella. *Aura* no es triunfo del amante masculino sino de *las* amantes femeninas. Es la diferencia de mi historia con otras parecidas del siglo XIX —Pushkin, Dickens, James—, en las que el hombre seduce a la joven para violar el secreto de la vieja. En *Aura*, las dos mujeres se alían para someter al hombre deseado al secreto femenino.

En otras palabras, en *Aura* las dos mujeres se unen para suprimir la diferencia entre su deseo y el del macho. Lo vencen y en vez de revelarle secreto alguno lo incorporan a la violencia estadística del amor: una delicia breve y fugitiva, el hielo abrasador y fuego helado de Quevedo, herida que duele y no se siente, pero tan maravillosa que por ella se soportan siglos de tedio y frustración.

El sexo: 10% de gloria y 90% de miseria. O como dicen los frígidos, aunque perversos, ingleses, el placer es fugaz, el precio altísimo, y la posición ridícula.

Pero nadie, por alto que sea el precio, por transitorio que sea el goce, quiere que su cuerpo desaparezca o deje de gozar.

El cuerpo nuestro de cada día, nuestro templo y nuestra cloaca, se pasa una vida entera evitando los escollos de la muerte, es decir, de la desaparición. Éste es un fantasma —el espectro del cuerpo y la muerte— que recorre casi todos mis libros y que es el signo de la literatura fantástica.

Y si la literatura fantástica como ha escrito Roger Caillois es un duelo entre dos miedos, el miedo máximo es que para dejar de tener miedo, nos veamos obligados a desaparecer. La turbia ambigüedad del miedo fantástico —los mitos de Drácula y Frankenstein dan cuenta cabal de ello— es que nuestra desaparición pueda ser el precio de un deseo consumado (éste, es para mí, la imagen detrás de la obra del artista mexicano más contemporáneo a mi obra, José Luis Cuevas).

Dejamos de ser porque el vampiro, o el monstruo, nos hacen suyos. Pero haciéndonos suyos, nos otorgan, junto con el terror de sucumbir al deseo del otro, el placer de gozar.

Otros tres títulos míos —*Cumpleaños* de 1969, *Una familia lejana* de 1980 y *Constancia* de 1989—, se abisman ante este precipicio, hermanados por el tema, la intención y el estilo fantástico. *Cumpleaños* apareció en 1969 cuando regresé a México después de la tragedia de Tlatelolco a comprobar que mi país, dotado del genio de la supervivencia, seguía viviendo pero nunca volvería a ser el mismo. La masacre de la plaza de las Tres Culturas es la herida de nuestra vida política contemporánea. La pregunta de 1968 sigue siendo la de 1998: ¿a qué paso, con qué inteligencia, conduciremos todos, los ciudadanos y el Estado, a México a la democracia?

1969: año de Woodstock y su liberación juvenil que no logró aplazar ni la vejez ni la muerte de una generación entera, la generación del mayo parisino y la Guerra de Vietnam.

Año en que Judy Garland, a los 47 años, encontró lo que había del otro lado del arcoíris, y Jack Kerouac, muerto a la misma edad que Judy, lo que había al final del camino.

En *Cumpleaños* trato de vencer los 33 fantasmas que cada ser humano carga sobre la espalda, haciendo que dos de ellos se recuerden: George de Jorge Luis Borges, en Londres en 1967 y el hereje medieval Siger de Brabante en la costa dálmata en 1360. Ésta es su herejía.

Él sólo recuerda, incesantemente, los momentos simultáneos de su conciencia y de su asesinato. Vive encerrado para siempre en una recámara desnuda, de ventanas tapiadas, pensando al mundo, pensando a los hombres, esperando que un criado pase un plato de latón debajo de la puerta. Esperando su nueva encarnación. Pensándote a ti, que no existes, en un tiempo que aún no existe. Que quizás jamás llegue. Me ha olvidado. Por eso, no sabe que yo lo acompaño siempre; que yo reencarno, un poco antes o un poco después de él, en distintos cuerpos, como él lo quiso.

En el instante en que éste —el hereje Siger— recupera la memoria total puede imaginar simultáneamente todas sus vidas anteriores y todas sus reencarnaciones. Pero 600 años después, un hombre contemporáneo tiene la misma experiencia: te recuerdo y me recuerdas. Pero entre un "te recuerdo" en 1360 y otro "te recuerdo" en 1967, hay el amor que dice: *me* recuerdas, *nos* recordamos.

Nuncia es el nombre de la mujer que oficia entre dos tiempos y entre dos cuerpos, como Aura y Doña Consuelo en *Aura*, Constancia en *Constancia y otras novelas para vírgenes* y Elisia Rodríguez "la Privada" en *Viva mi fama*, mujer alada de los escenarios dieciochescos de Madrid, luciérnaga que se le escapa a Goya, hembra infinitamente deseable porque se priva en el orgasmo, mujer que todo lo relaciona, todo lo acopla y todo lo coge a través del hoyo común del sexo y la muerte, de Eros y Tánatos.

Sólo en *Una familia lejana*, de 1980, la mujer mediadora está ausente y son los hombres los que se relacionan entre sí mediante la mutua atracción y el desafío lúdico; la apuesta estética: dos hombres, unidos, ¿seremos bellos o feos, Ariel o Calibán? Unidos, dos

200

hombres, ¿seremos seres divididos, mitad bello y mitad bestia, Apolo de la cintura para arriba, Pan de la cintura para abajo? ¿O seremos, solamente, dos cuerpos que se disuelven en una cascada de hojas secas?

Las mujeres no quieren saber. Todas, en *Una familia lejana*, se tapan los ojos con las manos.

En 1980, cuando publiqué *Una familia lejana*, fue lanzado al mercado el Walkman de la marca Sony, se estableció el primer servicio internacional de faxes, y en Polonia surgió el movimiento que anunció el principio del fin del imperio soviético: Solidaridad.

Ese año, a los 88 años, murió Mae West ("Cuando soy buena soy buena, pero cuando soy mala soy mejor"). A los 40, fue asesinado John Lennon (*Will you still need me, will you still feed me, when I'm sixty four?*).

En 1989, cuando apareció *Constancia*, cayó el muro de Berlín y reinó la beatitud del fin de la historia: de ahora en adelante, la democracia y el capitalismo nos harían felices a todos. La represión de la plaza de Tiananmén nos recordó que se abría otra posibilidad, la del capitalismo autoritario. La justicia no reinó al desaparecer el comunismo, ni al este ni al oeste del río Elba, ni al norte ni al sur del río Grande.

El Presidente de los Estados Unidos, George Bush, dijo en 1980 que detestaba comer brócoli. Es lo único que tenemos en común.

Regreso al año 1967 cuando publiqué *Cambio de piel.*

La idea del mundo como representación, de la vida como espectáculo, fue uno de los impulsos originales de este libro.

Empecé por alternar, simplemente, dos tiempos históricos: Cholula ayer y hoy. Cortés y los españoles entran al gran centro ceremonial indígena en 1519 para exterminar a sus habitantes y reducir a escombros sus 365 adoratorios, uno por cada día del año.

Mis cuatro personajes entran en 1962, van rumbo a Veracruz, se les descompone el Volkswagen, deben pernoctar en Cholula. La pirámide ha sido abandonada a la maleza, pero se puede penetrar en su corazón mediante una red de laberintos que nos permiten apreciar los sucesivos cambios de piel de la estructura sagrada: son siete pirámides, una dentro de la otra, renovándose ritualmente para evitar la muerte del mundo.

La capilla de Ntra. Sra. de los Remedios corona la antigua pirámide. Los 365 adoratorios paganos fueron sustituidos por igual número de capillas cristianas. Y un manicomio de estilo victoriano construido al lado de la pirámide completa el paisaje de Cholula y de la novela.

En Cholula pasan la noche, con sus vidas, sus memorias, sus conflictos, sus destinos, Javier y Elizabeth, la pareja del escritor mexicano que un día fue promesa y su mujer, judía neoyorquina, así como el amante de Elizabeth, el arquitecto checo sudete Franz, que contribuyó a construir el campo de concentración de Theresienstadt, y la joven amante de Javier, Isabel, una chica liberada de los sesentas cuya frase más memorable es: "Yo, sin mis cocacolas, de plano no viajo…"

Pero ayer y hoy, en la matanza de Cholula y en los campos de la muerte nazis, en los pogromos medievales de Logroño y en las tundras del Gulag, en los coliseos romanos del César Nerón y los sangrientos campos de Pol Pot, en el sitio de la Numancia ibérica por Escipión y en el de la mártir Sarajevo por Karadzic, la cuestión es siempre la misma: ¿Qué hacer con el Otro? ¿Cómo hacer desaparecer a ese hombre, a esa mujer que no son como Tú y Yo?

Cambio de piel traza un periplo para decirnos que el problema de la intolerancia es *excluir* al Otro, expulsarlo del yo y de la historia: los indígenas y su cultura, los extranjeros, los inmigrantes, los judíos y los árabes, los negros, los homosexuales: la lista es infinita, es antiquísima, es, al cabo, universal.

Pero hay algo más terrible que la exclusión y es *la manera* de la inclusión, cuando la exclusión se muere de hambre y necesita devorar *lo mismo* que ha arrojado fuera de sí. Y el acto de devorar al ser odiado, supone convertirlo en espectáculo, y luego el espectáculo en castigo: Cortés necesita la ceremonia de Cholula para escenificar su matanza; los católicos necesitan la noche de san Bartolomé para exterminar protestantes; y los protestantes la plaza pública de Ginebra para quemar a Servet.

Los ejemplos son interminables, pero culminan, en nuestra época, con una verdadera universalización de la violencia. Y aunque el siglo xx ha demostrado que nadie está limpio de la culpa de la violencia, también es cierto que las dos amenazas más grandes contra la civilización fueron de origen europeo: fueron el precio oscuro de la pretensión eurocéntrica: el hitlerismo y el estalinismo.

Cambio de piel es una mirada mexicana, latinoamericana, sobre la ruina de Europa, la violencia de Europa y la muerte de la pretensión universalista de Europa.

No excluye la mirada sobre el cuerpo siempre herido, siempre manante, de México. Pero la mirada latinoamericana le arrebata a Europa el espectáculo del mal para relativizarlo, humanizarlo en cierto modo, y salvarlo, también, mediante la distancia narrativa: si Europa cree que el futuro ya está aquí, que la historia ya terminó, que no hay nada más que decir, que la meta narrativa de Occidente ha concluido, México y América Latina responden que la historia no ha concluido, que faltan muchas palabras por decir, muchas novelas por escribir, y que Latinoamérica quisiera contagiar a Europa de multiplicidades culturales, polinarrativas llegadas de ese Extremo Occidente como nos ha enseñado Alain Rouquié que somos los latinoamericanos.

No es *Cambio de piel*, sin embargo, una novela sólo de ideas, lenguaje y asociación. Es también una novela personal y su tema, a este nivel, es cómo se hace y deshace un amor, cómo se gana y se pierde una pareja. Ésta es otra manera de cambiar de piel y era, para Alejo Carpentier, el verdadero sentido de esta novela. Ver el mundo a través de la formación, disolución y renovación de la pareja.

Doble viaje, es de México a Cholula, de Europa a América, del pasado al presente pero también de la piel contigua, amada, perdida, deseada, de la pareja, a la piel del mundo, la historia, la política y regreso de la piel manoseada, externa, del universo, a la piel íntima, intocable hasta cuando copula, de un hombre y una mujer. Cada combinación de las parejas expía a la otra, la desconoce, la enjuicia, la exculpa.

En medio de este tránsito, el espectáculo de la vida, la vida como espectáculo, banalizado, carnavalizado por la cultura exhibicionista de los años en que ocurre la acción "presente" de la novela, los sesenta. Las modas, la música, las referencias, el culto del consumo, los Beatles, Mick Jagger, están allí para recordarnos que siempre ha habido un mundo referencial que le da su tono a una época. Cada personaje está apoyado por un subtexto cultural.

Pero encima de todo esto, una mirada, la mirada de América sobre Europa, Europa como el espectáculo de América, Europa *descubierta* por América, Europa como el Otro de América, Europa cuestionada por el Nos-Otros latinoamericano.

Cambio de piel fue escrita en la víspera de la matanza de Tlatelolco, que puso al día la violencia oficial de México pero también renovó el movimiento social liberado de nuestro país, la esperanza tantas veces frustrada de México. América y Europa: cuerpos que desde sus heridas devuelven la mirada del Otro y lo reconocen, al cabo, en la propia piel dañada.

¿Van a cicatrizar las heridas, vamos a cambiar de piel? La novela no lo sabe. Termina con un juicio y un sacrificio dentro del panal de piedra de la pirámide. Pide, históricamente, una conclusión ritual. Pero exige, narrativamente, una apertura, una renovación, una esperanza.

Dos anécdotas sobre este libro.

En 1967, *Cambio de piel* obtuvo el premio Biblioteca Breve otorgado, en Barcelona, por la editorial Seix Barral.

Como para confirmar cuanto llevo dicho, una pequeña violencia europea se desató tempranamente sobre esta novela mexicana. Prohibida por la censura franquista, nunca pudo ser publicada en España. Las razones dadas por el censor fueron que se trataba de una novela pornográfica, blasfema, anti-católica, anti-española, pro-judía y en consecuencia anti-alemana. La alianza de Franco con Hitler perduraba en el ánimo de sus censores.

Abundaban, en el documento oficial, ejemplos para justificar estas des-calificaciones, resumidas en una inapreciable consideración crítica: ésta era una obra que nunca debía caer en manos de las familias, sobre todo niños, adolescentes, señoritas y mujeres en general; gente decente, vamos.

Sentí, irónicamente, que lo ocurrido ilustraba, miserablemente, lo que la novela decía: el reino de la violencia, los dominios de la intolerancia, y la persistencia de la estupidez, son verdaderamente universales.

La otra anécdota; cuando la novela apareció en Italia en 1968, publicada por Feltrinelli y titulada *Cambio di pelle*, la edición de cinco mil ejemplares se agotó en un día. Mis editores y yo no salíamos de nuestro asombro, hasta que nos enteramos de que los cinco mil ejemplares habían sido adquiridos, de un solo golpe, por la Asociación Italiana de Dermatología. ¡Cambio de piel!

Sobra decir que poco tiempo después, Feltrinelli debió aceptar la devolución de los cinco mil volúmenes a fin de evitar un juicio por engaño.

Ojalá que ustedes no hagan lo mismo, si adquieren la edición de bolsillo o de Alfaguara.

Fin del comercial.

En 1967, para recibir el premio Biblioteca Breve, viajé por primera vez a España, con sentimientos mezclados. La violencia de la censura franquista fue el aspecto oscuro de este primer encuentro. La vida literaria de Barcelona, el genio subversivo de Juan Goytisolo, las lágrimas reparadoras de Carmen Balcells, por la bondad de Rosa Regàs, algunas de las buenas compensaciones. Todo, curiosamente, se sintetizó en mi primera visita a El Escorial, germen de la novela *Terra Nostra*, que publiqué en 1975 y que es no sólo el debate de un mexicano con esa mitad de nosotros mismos que es España, sino una afirmación del destino compartido, para bien y para mal, de España y la América española. El puente de nuestro conflictivo y fecundo encuentro, es el lenguaje, la materia misma de la literatura. Nunca, ni entonces bajo la dictadura, ni ahora en la democracia, he admitido un muro atlántico que separe nuestras letras: separados, perdemos; unidos, ganamos. La nuestra es ya la segunda lengua occidental, hablada por 400 millones. Será, en el año 2000, la segunda lengua dentro de los Estados Unidos de América. No la aislemos, no la perdamos, no la disminuyamos.

Terra Nostra es, en cierto modo, la historia *alternativa* de una civilización: la nuestra, la de los pueblos que hablamos español.

Pero decir que la historia pudo ser de otra manera es decir que no es, forzosamente, de la manera que la conocemos. La nuestra es historia vulnerada, hecha de promesas incumplidas, de culpas secretas, de repeticiones trágicas.

Pero lo cierto es que la felicidad y la historia rara vez coinciden.

En América Latina, hemos aprendido a escribir novelas para devolverle un mínimo de salud a la historia. La nuestra, por más que sea sometida a una forma lineal, se rebela y contorsiona porque sabe que la rodean tiempos múltiples, latentes, inacabados.

Construida sobre la terrible advertencia de Kafka —"Habrá mucha esperanza pero no para nosotros"—, *Terra Nostra* es la búsqueda de la figura que anuncie una nueva personalidad novelesca. La condición de este descubrimiento es hacerlo en el preciso momento del abandono y vulnerabilidad mayores de la figura.

Semejante génesis (en cuyo descubrimiento se han empeñado con mucho mayor acierto que yo John Hawkes y Julio Cortázar, Thomas Bernhard y Arno Schmidt, William Gay y Julián Ríos) *la representan* en *Terra Nostra* los tres muchachos arrojados a una playa del Cantábrico (cerca de Santillana del Mar) con sendas cruces en la espalda como todo signo de identidad.

De allí, de este *leitmotiv*, quiero arrancar para acceder a un mundo nuevo, literario y humano, cuyo impulso es reconocernos en los que no son como nosotros.

Como dijo Sartre, el infierno son los demás —y sin embargo, no hay otro paraíso que el que sepamos compartir con nuestros semejantes.

Pero el acceso al Otro siempre *es* difícil, pasa por el hoyo, y el hoyo es tumba, es culo, es boca, o letrina, o espejo. Y lo veda —veda la entrada— una fortaleza del poder, de la autoridad, de la Historia con mayúscula: El Escorial, los escoriales del mundo político, financiero, religioso.

La respuesta provisional de *Terra Nostra* a la dificultad de acceder plenamente a la historia y a la personalidad es ésta: una vida no basta. Se necesitan múltiples existencias para integrar una personalidad.

Es esta idea que Milan Kundera pensó en Praga a partir de Broch y que yo pensé en México también a partir de Broch, la que me hermana con mi amigo el escritor checo al que, en 1968, Cortázar, García Márquez y yo acompañamos en un intento, acaso no tan vano como pareció entonces, de celebrar, proteger, prolongar, la primavera de Praga.

"Bajo la luz de Broch", escribió Kundera, "leo *Terra Nostra*... donde la totalidad de la gran aventura hispánica (europea y americana) es capturada... mediante la deformación onírica. Es en el momento final (fin de un amor, de una vida, de una época) cuando el tiempo pasado se revela de súbitamente como un todo y presenta una forma luminosamente clara y terminada... Y toda la historia no es sino la historia de algunos personajes (un Fausto, un Don Juan, un Quijote) que juntos han recorrido los siglos de Europa..."

A Kundera, *desde aquí* le respondo con un homenaje a su propia obra: La metáfora, Milan, se desvanece; el encuentro directo de las identidades ocurre. Ocurre a veces la transparencia de las imaginaciones pues en su hermoso libro de ensayos, *Los testamentos traicionados*, Milan dice lo siguiente:

> La primera vez que tuve la sensación de estar ligado a otros fue al leer *Terra Nostra*. ¿Cómo es posible que alguien de otro continente, alejado de mí por su itinerario y por su cultura, se encuentre poseído por la misma obsesión estética de hacer cohabitar diferentes tiempos históricos en una novela, obsesión que hasta entonces, ingenuamente, consideré que sólo me pertenecía a mí?

Así habla un verdadero escritor de la verdadera relación entre los escritores y la literatura.

Ninguna novela, como *Terra Nostra*, me deparó mayor alegría al escribirla porque la hice muy cerca de Silvia —a quien el libro está dedicado— y a nuestros hijos Carlos y Natasha, mi mayor alegría al publicarla. Su extensión provocó una broma clásica: se necesita una beca para leerla. Pero el tiempo me ha dado, con ella, a mis mejores lectores, los lectores creados *por* la novela, no pre-fabricados por el mercado: la novela como la quería André Gide, no la que se dirige a lectores predeterminados, sino la que crea sus propios lectores, no los lectores de *bestsellers*, sino los de *lovesellers*, en todo caso, las mil páginas de extención de *Terra Nostra* constituyen el mejor regalo para alguien recluido en Almoloya.

La relación de *Terra Nostra* con la historia culmina con los relatos de *El naranjo*, de 1993, pero tiene su mejor explicación en *Una familia lejana* de 1980; cuya frase final es la siguiente: "Nadie recuerda toda la historia". Subrayo el *adjetivo*. No *la* historia sino *toda* la historia: es la diferencia entre la historia como disciplina que aspira a la objetividad documentada y la literatura que aspira a crear un tiempo nuevo, antes inexistente, aunque la novela "ocurra" en la Rusia de 1812 para Tolstói o en la España de Felipe III para Cervantes.

"Nadie recuerda toda la historia." Lo que hace falta recordar lo cuenta la novela, lo que la historia olvidó o nunca supo. Pero la novela deja de serlo si aspira, a su vez, a contar *toda* la historia. Ni siquiera puede contar toda *su* historia, sin sacrificar ese hoyo —erótico y mortal— por donde el arte se comunica con su destinatario.

A éste, *el lector* en el caso de *Una familia lejana*, le corresponde heredar la narración de los Heredia, cuya herencia es una novela inacabada.

Y a éste, el lector/elector, el que elige, le corresponde en *Cristóbal Nonato* de 1987 revelar que, como dice justamente Julio Ortega, nuestras ficciones se escriben sobre las fracturas de la modernidad latinoamericana.

No son archivo referencial sino palimpsesto de oraciones tachado. El divorcio entre las palabras y los hechos es el trauma de la historia latinoamericana, tan retórica como un discurso priista de Roque Villanueva, colombiano de Guillermo León Valencia, o tan desnudo y flagelado como un cuento (mexicano) de Juan Rulfo.

En *Cristóbal Nonato* admito todas las hablas posibles, verdaderas y mentirosas, dichas, no dichas y *des*dichas, áticas y cantinflescas, para procesar y reprocesar todos los niveles del lenguaje, todas las corrupciones de los idiomas que nos propone la modernidad, y todas las invenciones y neologismos que la critican, defendiéndose de ella con la burla del albur y del calambur, la mentada feroz y el tierno diminutivo: la coraza defensiva de *los* lenguajes mexicanos y su extensión panamericana: en el acto mismo en que una pareja —ángeles, ángelas— se hace el amor en una playa de Acapulco, tienen un hijo el Día de la Raza.

dame América, dale Ameriquita a tu Angelito; déjame acercarme a tu Guanahaní, acariciarte el Golfo de México, rascarte rico la delta del Mississippi, alborotarte la Fernandina, des-taparte el tapón del Darién:

Dame América, Ángel: véngase mi Martín Fierro, aquí está su pampa mía, dame tu Veragua, ponme tu Maracaibo, arrímame tu Tabasco, clávame el Cayo Hueso, piden pan y les dan queso, ri-quirrán, riquirrán, fondea en mi puerto, rico, déjame ahí el gran caimán, hazme sentir en la española, Vene, Vene, Venezuela! y una mordidita en el pescuezo: Draculea, ay Santiago, ay Jardines de la Reina, ayayay Nombre de Dios:

y así es concebido Cristobalito en las arenas de Acapulco nueve meses antes del Quinto Centenario: al ritmo de rockastec de la banda de los Four Jodiditos.

Mi propósito lingüístico en *Cristóbal Nonato* era doble. Por una parte, insistir, por la vía cómica, en la continuidad cultural de México y la América Latina y contrastarla con la fractura perpetua del discurso político y el aislamiento abstracto del discurso económico. Nos ha sido impuesta a los latinoamericanos una modernidad excluyente, *ni mother ni dad*, que deja fuera a más de la mitad de nuestros hombres y mujeres que viven culturas tradicionales, alternativas, dueñas de *su* propia modernidad, pero impedidos de manifestarla: es "la vasta red de comunidades rurales y barrios urbanos" donde habita la gran mayoría de los latinoamericanos, nos recuerda Julieta Campos en su grande y reciente libro *¿Qué hacemos con los pobres?*

Pero por otra parte el discurso barroco, carnavalesco, bastardo, *mestizo*, de *Cristóbal Nonato* quisiera, mediante los tachones del lenguaje, mediante las fracturas del discurso, darles voz a todos, para que todos hablen desde donde estén, desde las tumbas, desde el fondo de la laguna azteca, desde los lechos de amor, desde las cárceles inquisitoriales, desde los paredones de fusilamientos, desde los palacios del poder, desde las atarjeas de los niños abandonados, desde las ciudades perdidas y sus montañas de basura, desde el vientre de la madre que *es* el sitio mismo de la narración de *Cristóbal Nonato*:

¡Hablen. No se callen. No se mueran!
¡Por favor hablen!
Y hablar, ¿para qué?

Para decir la enormidad del deseo, el deseo famélico de la América Latina, su insatisfacción barroca, el deslumbrante salto imaginativo de nuestras culturas, de México y el Caribe hasta Chile y el Río de la Plata, para ir *más allá* de las heladas fórmulas tecnocráticas y políticas a las palabras ardientes de la humanidad propia.

Sí, ¿por qué han sido tan imaginativos nuestros escritores y artistas y *tan poco* imaginativos nuestros políticos?

Los latinoamericanos todos tenemos que crear una comunidad para el siglo XXI: la comunidad como compromiso, ya no como fatalidad.

Cuando se publicó *Cristóbal Nonato* en 1987, fue juzgada demasiado apocalíptica, pesimista y negativa por muchos de mis compatriotas.

Mi respuesta fue: No se trata de una profecía sino de un exorcismo.

Pero la tragedia o quizás la comedia de la literatura fantástica en América Latina es que se vuelve literatura realista en unos cuantos años —o para decirlo en términos mexicanos, en un par de sexenios.

Prácticamente todas las profecías de *Cristóbal Nonato* —deuda creciente, pobreza, desempleo, marginación, corrupción, criminalidad, pérdida de soberanía— se han cumplido ahora, salvo una: en la novela el Presidente de la República es miembro del partido opositor de derecha, el PAN o Partido de Acción Nacional.

Pero aunque esta previsión está a punto de cumplirse, si no es que ya se cumplió, el lema de *Cristóbal Nonato* sigue en vigor: LOS SEXENIOS PASAN, LAS DESGRACIAS QUEDAN

Lo que queda, también, es la convicción crítica que me ha guiado desde *La región más transparente*, cuando la ciudad de México tenía cinco millones de habitantes, hasta *La frontera de cristal*, cuando rebasa los 20 millones.

Y ésta es la certeza de que la novela es el espacio privilegiado para dar cuenta de los múltiples tiempos de la verdadera historia humana, la que se radica en el presente para, desde el presente, tener pasado *porque* recuerda y porvenir *porque* desea. Pero la novela es también la arena en que se dan cita los múltiples lenguajes capaces de relacionar y actualizar los diferentes tiempos.

Crítica de la creación: No hay creación que no se sostenga en las obras del pasado.

Crítica de la tradición: No hay pasado vivo sin una nueva creación que lo anime, pero no hay futuro vivo con pasado muerto.

Crítica de la originalidad y elogio del arte combinatoria, de la literatura que vive de intertextualidad, parodia y mestizaje de géneros y lenguajes.

Crítica de la modernidad: Que deje de ser excluyente, que se vuelva incluyente.

Crítica de la escritura: La pureza es imposible e indeseable. Todos somos hijos de la Mancha. La poesía puede aspirar a darle mayor pureza a las palabras de la tribu. La novela no tiene más remedio que embarrarse con el lodo de la tribu.

Crítica de la lectura: El lector inaugura siempre el libro, es siempre el primer lector.

Crítica del libro: Objeto en y del mercado, desde el mercado debe recordarnos que una economía democrática exige una cultura democrática y una cultura democrática requiere un Estado democrático. El arte y la literatura son el espacio espiritual de un país y mientras más libre se hace un país, más nos pertenece a todos y más se acerca a la vibrante utopía de la escritura: lo que se puede hacer con las palabras, ¿por qué no podría hacerse con las mujeres y con los hombres?, ¿podemos con la literatura desbordar los márgenes de la creación, ampliar la sonoridad de la voz humana y ennoblecer el gesto de la actividad personal? Sí, claro que sí, pero sólo a partir del reconocimiento de la fragilidad, el humor y la inquietud que preceden a la palabra y la arrancan de su silencio.

Señoras y señores:

Yo le agradezco al Colegio Nacional esta oportunidad de relacionar mis libros con un tiempo que todos compartimos y que quisiera resumir con esta simple lista, convencido, como lo estoy, de que la literatura es un evento continuo, inseparable del tiempo y de la comunidad, aunque a veces, con suerte, lo ilumine una que otra epifanía:

Los días enmascarados: en 1954, las mujeres mexicanas conquistaron el voto.

La región más transparente: en 1958, fue prohibido el *Doctor Zhivago*.

La muerte de Artemio Cruz: en 1962, murió William Faulkner.

Cambio de piel: en 1967, el primer paciente del Dr. Christian Barnard vivió dieciocho días.

Cumpleaños: en 1969, murió Boris Karloff.

Terra Nostra: en 1975, el pueblo de Vietnam derrotó a los Estados Unidos.

La cabeza de la hidra: en 1979, la Unión Soviética invadió Afganistán.

Una familia lejana: en 1980, fue asesinado el obispo salvadoreño Óscar Arnulfo Romero.

Agua quemada: en 1981, fue identificado el virus del SIDA.

Gringo viejo: en 1985, Boris Becker fue el más joven campeón de Wimbledon.

Cristóbal Nonato: en 1986, murió Jorge Luis Borges.

La campaña: en 1990, se cayó la Cortina de Hierro y se oxidó la dama de fierro.

El naranjo: en 1993, firmaron la paz Israel y la OLP.

Y *Diana*: en 1994, año en que fue asesinado Luis Donaldo Colosio.

Muchas gracias.

Círculo Madrid
Madrid, España,
6 de julio de 1995

Una nueva geografía de la novela

Señoras y señores:

Al terminar la Segunda Guerra Mundial, el escritor francés Roger Caillois, quien había pasado los años de la conflagración en Buenos Aires y muy cerca del grupo de la revista *Sur* (y de Victoria Ocampo), *regresó* a París y sentenció lo que sigue:

Durante la primera mitad del siglo XIX, la novela le perteneció a Europa.

En la segunda mitad, su epicentro se trasladó a Rusia.

Los Estados Unidos fueron la sede de la gran novela de la primera mitad del siglo XX.

Pero en la mitad que falta del siglo actual, veremos la supremacía de la novela latinoamericana.

Bueno, Caillois tuvo en cierto modo razón —pero se quedó corto.

Persuadió al gran editor y gran amigo que fue Claude Gallimard para crear una biblioteca especial dentro del marco editorial de la NRF titulado "La Cruz del Sur".

En esa colección de tapas amarillas y letras verdes, aparecieron por primera vez en lengua francesa Miguel Ángel Asturias, Jorge Luis Borges y Alejo Carpentier.

Pero fue Julio Cortázar quien se quejó, amistosamente, con Claude Gallimard, pidiéndole, Ché Claude, sácanos ya de ese *ghetto* amarillo y verde. La literatura latinoamericana no es una especie zoológica aparte. Es *parte*, por el contrario, de la literatura humana, es decir, de la novela mundial.

Gracias a la iniciativa de Julio, los escritores de la América Latina comenzamos a aparecer en la colección titulada "del Mundo Entero", y allí hemos permanecido desde entonces, sin necesidad de hacer explícita nuestra natural pertenencia tanto a nuestras literaturas nacionales, como a la literatura latinoamericana, y a la literatura mundial.

Pero Roger Caillois se quedó corto en otro sentido.

La segunda mitad del siglo xx no fue sólo el medio siglo de la literatura latinoamericana.

Lo fue también de la literatura en lengua árabe, turca y japonesa.

Lo fue de la literatura en francés de las antiguas colonias del Caribe, del Magreb y de la región subsahariana.

Lo fue, espectacularmente, de las novelas escritas en los antiguos dominios del Imperio Británico: Canadá y el Caribe, Australia y Nueva Zelanda, Nigeria y África del Sur, la India y Pakistán: *The Empire Writes Back*.

Esta extraordinaria expansión en el espacio puso de manifiesto dos cosas:

Primero, que la tantas veces proclamada muerte de la novela era, por lo menos, prematura.

Y segundo, que las novelas de Salman Rushdie y Margaret Atwood, de Chinua Achebe y Amos Oz, de Yasunari Kawabata y de Naguib Mafouz, de Orhan Pamuk y de Nadine Gordimer, de Anita Desai y de Peter Carey, de Ben Okri y Ricardo Piglia, habían creado nuevos y múltiples centros de creación novelística, sin supremacías nacionales o raciales, dándole voz a la pluralidad de las culturas del mundo, hechas por hombres y mujeres de muy diversas lenguas, tradiciones y etnias.

La "literatura universal" proclamada como un deseo abarcante, casi amoroso, y muchas veces frustrado, de la Ilustración, por Goethe, su *Welfliteratur*, se ha convertido en una realidad, dándole la razón —siempre la tuvo— a nuestro Alfonso Reyes y su famosa proclama: "Seamos generosamente universales para ser provechosamente nacionales".

La "literatura mundial" de Goethe ha ganado al fin su sentido recto: es la literatura de la diferencia, la narración de la nación, pero también la polinarrativa de las civilizaciones: mestizas, plurales, nómadas y migratorias a la vez que enraizadas; puente entre la aldea local y la aldea global, la novela de hoy no sólo se ha expandido llamativamente en el espacio:

Se ha transformado, también, en el tiempo, incorporando, notoriamente, toda una historia marginal al antiguo eurocentrismo.

Es más, cada historia de los antiguos márgenes, venga de Argelia, Argentina, o Australia, se convierte desde el momento en que es novelada, en historia central: la nueva geografía de la novela derriba muros antiguos en el espacio, pero libera, también, una narrativa de tiempos largamente soterrados.

Espacio de la novela, desde luego, pero también y quizás sobre todo, *tiempo de la novela.* Pues por más que se extienda en el espacio, cada novela que se escribe levanta, sobre su terreno, un tiempo. Al multiplicarse los espacios de la novela, se multiplican también los tiempos de la novela.

Tiempo de la novela, en contra de todos los augurios de su muerte al terminar, se nos ha venido diciendo, la Era de Gutenberg, e iniciarse la Era de Ted Turner y Bill Gates.

No ha sido así.

Y no lo ha sido, porque la relación de la novela con el tiempo es algo insustituible. Ha habido tiempos sin novela. Lo que nunca ha habido es novela sin tiempo.

El tiempo de la novela corresponde al bellísimo concepto de Platón: Cuando la eternidad se mueve, la llamamos tiempo.

Y nadie ha descrito mejor ese movimiento de la eternidad que llamamos tiempo que un novelista norteamericano, William Faulkner: El futuro ya está aquí, dice un personaje de *El ruido y la furia*, el futuro ya está aquí y el presente empezó hace diez mil años...

"Tratemos de sincronizar —nos pide Virginia Woolf en *Orlando*—, tratemos de sincronizar los sesenta o setenta tiempos que laten simultáneamente en todo sistema normal humano."

Todo lo dicho nos indica que la relación de la novela con el tiempo ocurre en múltiples e inagotables niveles. La geografía de la novela no hace sino multiplicar la complejísima red temporal de cada novela que se escribe.

Quizá nadie presentó la complejidad temporal de la novela de manera más ingeniosa pero también más desesperada, que Laurence Sterne en el *Tristram Shandy*, de 1760; una novela en la que la novela es, simultáneamente, la duración de su escritura, la duración de los personajes, la duración cronológica de los eventos narrados dentro de la novela y la duración cronológica de los calendarios históricos fuera de ella.

Sterne escribió una comedia crónica, una novela del tiempo en la que el narrador ficticio, Tristram Shandy, posee un tiempo propio, el del personaje, que no es el tiempo del autor que pierde o gana el tiempo describiendo al personaje de manera *tan* fiel y minuciosa, que al cabo se queda sin más tiempo que el dedicado a escribir *Tristram Shandy*:

La materia de la escritura y el tiempo de la misma se confunden angustiosa, imposiblemente, porque también Tristram Shandy, el personaje, no tiene tiempo más que para escribirse a sí mismo, escribiendo: deja de vivir a fin de escribir, pero escribir es su vida, *toda* su vida, *todo* su tiempo…

Como si ello no bastara, Laurence Sterne nos hace presente otro tiempo distinto del de la escritura, que es el tiempo *de la lectura*: El autor se dirige constantemente al lector, le pregunta qué debe hacer, lo abandona por un año, regresa al lector, le pide permiso para narrar, lo pone inclusive en el brete de decidir si la novela debe continuar o no, y le ofrece la oportunidad, mediante una página en blanco, de dibujar la imagen de una mujer tan bella, que el autor no se atreve a describirla: que el lector la imagine.

Tiempo de la escritura: tiempo doble, porque uno es el tiempo del personaje Tristram Shandy, dedicado a escribir su vida, y otro el tiempo del autor Laurence Sterne, escribiendo a Tristram Shandy escribiendo su vida, *y* otro es el tiempo del lector que un día se sentará, *o no*, a leer esta novela, y *otro* es el tiempo en el que ocurre la acción de la novela, la primera mitad del siglo XVIII, y *otro más* el tiempo de la vida del protagonista dentro de ese período histórico, que es el presente de la novela para el autor y sus personajes pero que ya es el pasado para él y los lectores siguientes del libro.

Así es: Una novela tan contemporánea para su autor y sus primeros lectores como *El gran Gatsby* de Scott Fitzgerald, es ya, para nosotros, una novela de un tiempo histórico pasado.

Pero una novela como *La guerra y la paz* de Tolstói ya *era* una novela sobre un tiempo pasado cuando Tolstói la escribió.

Y una novela futurista como el *1984* de George Orwell dejó de serlo cuando la fecha fatídica llegó y buena parte de lo previsto por Orwell no sólo era ya cierto cuando el autor escribió el libro en 1949, sino que se volvió cierto entre la fecha de publicación y 1984, en tanto que otras profecías no ocurrieron en 1984 —aunque bien pueden suceder en el futuro sin calendarios de esa gran novela política.

Pero por más interesantes que puedan ser las novelas que evocan un pasado histórico, retratan un presente histórico o prevén un futuro histórico, dos cosas son ciertas:

La primera es que todos esos tiempos históricos serán, en cuanto tales, pasado fatal en la medida lineal de los calendarios. Igualmente "pasado" son hoy, en este sentido, *La guerra y la paz* que ocurre en 1812, *1984* que ya ocurrió hace catorce años, o *La guerra de los mundos* de H.G. Wells que, aún, hasta donde sepamos, no ocurre.

La segunda certeza es que el *verdadero* tiempo de una novela es siempre interno a la novela y en este sentido, Tolstói, Orwell o Wells, son siempre *presente*, están siempre en el *presente* de su narración, así evoque ésta en pasado, un presente o un futuro históricos. Siempre en el presente.

Ésta, ya lo sabemos, es casi la definición del mito: el eterno presente. Pero si el mito, como las otras formas antiguas de la narración dramática —la épica y la tragedia—, cuentan, como lo observa Ortega y Gasset, una historia concluida, un hecho ya sabido de antemano —el mito de Prometeo, la épica de Odiseo, la tragedia de Edipo— la novela nos introduce en una historia por hacerse, una historia desconocida e inconclusa.

No caigo en la distracción de negarle a Homero o Sófocles infinitos poderes de recreación, reinterpretación y, en general, emocionada renovación en la lectura o representación de sus obras.

En este sentido, la épica y la tragedia antiguas siempre son novedosas, al contrario de lo que sucede con el melodrama, que sólo puede suceder una vez. Aunque viendo la película *Titanic* me convenzo de que lo único imprevisible es el hundimiento del barco, dado que lo demás —el "romance" de la película— pertenece al más previsible de los folletines. Y el melodrama, señoras y señores, es la comedia *sin* humor.

Pero sí coincido con Ortega en que la Antigüedad nos presenta mundos concluidos y la Modernidad, casi por definición, mundos por hacerse.

Si esto es así, ¿qué mundo se está haciendo en nuestro propio tiempo, cómo crean los novelistas de hoy un mundo narrativo dueño de un tiempo propio que sea, como *Tristram Shandy* o *Don Quijote* o *¡Absalón, Absalón!*, novela de un cierto tiempo histórico, pero novela, al mismo tiempo, capaz de crear su propio tiempo narrativo?

La respuesta es que hay muchas maneras de conocer, pero en literatura, el nombre del conocimiento es imaginación, incluyendo la imaginación del tiempo, presente, pasado o futuro.

Ningún ejemplo mejor —culminando la tradición de Cervantes y Sterne— que el cuento de Borges "Pierre Menard, autor del Quijote": el significado de los libros no está detrás de nosotros, nos indica Borges, al contrario: nos encara desde el porvenir y tú, lector, eres el autor de *Don Quijote* porque cada lector crea su libro, traduciendo el acto finito de escribir en el acto infinito de leer.

Esta es la verdad de Borges y sus lectores.

No lo es la del mundo y sus poderes. Me explico: *La convicción* del humanismo es que el hombre —y la mujer— son los actores y creadores de la historia y que este privilegio le impone a la humanidad el deber de imaginar la historia.

Nadie estuvo presente en el pasado.

Y en gran medida, por lo menos a partir de la Ilustración europea, sospechamos que nadie hubiese querido estar presente en un pasado visto por Voltaire como un solo e irredimible desastre hundido para siempre en el precipicio de la barbarie.

En cambio, la promesa constante del mundo moderno ha sido la promesa de la felicidad en el futuro.

Happiness. Bonheur. Felicidade. Das Glück.

El mundo moderno ha mantenido su poder político sobre esta afirmación: Les prometemos que serán felices.

¿Todos?

Bueno, no, primero los hombres y no las mujeres.

Primero los blancos y no los morenos.

Primero los propietarios y no los desposeídos.

Primero los dictadores del proletariado y no los proletarios mismos.

¿Felices?

¿Cuándo?

Bueno, mañana, quizás, apenas demos por terminado nuestro tremendo juicio contra Dios, contra el pesimismo trágico, contra la explotación del hombre por el hombre, o contra quienes aún no se globalizan por completo: La modernidad ha vivido durante dos siglos de sus promesas, de Condorcet a Milton Friedman y de los Hermanos Marx a los Chicos de Chicago.

Todos los estados industriales y tecnológicos avanzados se han sostenido sobre la religión de la futuridad y el desprecio hacia un pasado que sólo ha servido, cuando mucho, como fuente de legitimidad para ejercer el poder en nombre de un futuro feliz.

La sujeción de sociedades enteras a la futurización acrítica ha sido doblemente peligrosa, porque informa íntimamente tanto la visión que el mundo creso hedónico —el mundo del matrimonio, del dinero y el placer, creso hedonismo— es decir, la visión que el poder tiene del resto de la humanidad que aún no ingresa al círculo virtuoso de la información y el poder alimentándose mutuamente, como la ley de una necesidad espúrea que pretende mover, más allá de todo gobierno racional, el libre juego de las fuerzas económicas.

Ambos factores —la *exclusión*, disfrazada de *fatalidad*— pueden conducir a un darwinismo global en el que sólo habrán de sobrevivir los más fuertes, marginando, quizás para siempre, a los más débiles.

Ambos factores —exclusión y fatalidad— pueden conducir, también, a un insano divorcio que consagra el futuro feliz, condena al pasado infeliz y nutre lo que el historiador Michel de Certeau llamó "El discurso de la separación".

Certeau, que era francés, jesuita y freudiano —una peligrosa combinación— dijo que la historia moderna se manifiesta como una separación constante entre pasado y porvenir, a fin de asegurar que el pasado sea realmente eso, *pretérito*, a fin de que nosotros, de acuerdo con el proyecto ideológico, económico y político que nos rige —Certeau escribía esto en 1975—, a fin de que nosotros seamos siempre nuevos, diferentes del pasado, nuevos y por ello hambrientos de novedad en la moda, la diversión, el consumo, la información, la tecnología, el sexo.

La novedad sería el certificado feliz de una sociedad que, llamándose conservadora, no conserva nada, sino que todo lo transforma, a la menor brevedad posible, en basura: Sociedades kleenex, de uso instantáneo a fin de reponer el objeto desechable, —automóvil, estéreo, lavadora, peinado, falda, cereal— cuanto antes, con un irresistible y novedoso producto que a las 24 horas será arrojado, a su vez, a la basura.

Hablo de esa "parte maldita" de la energía excedente descrita por Georges Bataille en 1948 y que nos conduce, según el autor francés, al abandono, al desperdicio y a la agitación sin fin.

El precio de este proceso es la amnesia.

Doble amnesia.

En primer lugar, *amnesia externa* para olvidar la existencia de culturas diferentes a la imperante, negándole, en consecuencia, realidad al otro, al hombre o la mujer de culturas diferentes, convertidos así en fantasmas expulsados del mundo satisfecho.

Pero en segundo lugar, *amnesia interna*, no sólo olvido del que está afuera, sino del que está adentro, amnesia interna que nos permite olvidar que nuestro destino personal, dentro de este sistema, es convertirnos también en el otro, en el extranjero doméstico, cuando, al morir, el futuro nos certifique como absolutamente dispensables. Cuando somos parte del pasado, ya no somos. Muertos, todos seremos indios chiapanecos, mapuches, o patagones, los olvidados.

La historia moderna, escribe Certeau, sólo admite el pasado como texto cuando el pasado ya no puede hablar —es decir, cuando no puede *dañar*.

Los fantasmas de la historia se alojan en la casa de la historia a condición de callar para siempre.

La historiografía tranquiliza a los muertos que quisieran continuar espantándonos en el presente y les ofrece —nos ofrece— en cambio, un sepulcro escriturado.

Sí, es cierto: nadie estuvo presente en el pasado.

Y hoy, nos posee la temible sospecha de que quizás, superando las peores previsiones de Certeau, no haya nadie presente en el futuro.

Pues en la mirada de la futuridad feliz había siempre una nube secreta, un paisaje no mencionado pero infinitamente reconfortante: que es, precisamente, la relación tradicional entre el ser humano y la naturaleza.

La naturaleza siempre había establecido una superioridad tácita sobre el género humano:

Ustedes, hombres y mujeres, van a perecer.

Yo, naturaleza, voy a sobrevivir.

Actualmente, y quizás por primera vez, todos sabemos que podemos perecer juntos: La Naturaleza y la Humanidad.

Basta un hoyo en la tierra o un hoyo en el cielo para que todos dejemos de existir, instantánea, fatal y conjuntamente, tragados por el vacío.

Este sí que sería el fin de la historia, no el final de broma imaginado por Francis Fukuyama, e identificado con el fin de la dialéctica hegeliano-marxista y el triunfo universal de la democracia capitalista.

No voy a contradecir la teoría del final de la historia sino, primero, con una gran imagen de la novela de Juan Goytisolo, *La saga de los Marx*.

El viejo barbón sale hoy mismo del metro de París al bulevar de Saint-Germain y encuentra su efigie y sus libros en todas las librerías: la caída del llamado *"socialismo real"* revela la verdad de la crítica social de Marx, ocultada y deformada por el totalitarismo estalinista. Los problemas sociales no se han evaporado con la caída del comunismo. Al contrario, el fin de la guerra fría los ha revelado con mayor urgencia y nitidez que nunca.

Y segundo, evoco la advertencia del tiburón de las finanzas, George Soros, cuando nos previene que, concluida la Guerra Fría, el capitalismo bien puede desprenderse de su justificación política —la democracia— y asumir, en nombre del pragmatismo más expeditivo, una justificación autoritaria.

Difícil, por el momento, de concebir en Inglaterra o Francia, el capitalismo autoritario ya es una realidad en China, en muchas partes del continente Asiático y una tentación, ¿por qué no?, en nuestra propia América Latina si los recientes avances democráticos no se traducen pronto en visibles avances económicos y sociales.

Mi pregunta esta noche es la siguiente: ¿Contribuye la novela, en su estado y extensión actuales, a rescatar de la muerte la memoria de nuestro pasado y a darle valor a nuestra presencia en el mundo aunque no nos sumemos a valores uniformes de consumo, entretenimiento, docilidad política y resignación económica que nos prometen un futuro feliz? ¿Contribuye la novela, en su vigor y amplitud actuales, a rescatarnos del aislamiento entre las culturas y a comunicarnos con la humanidad que no cabe dentro de los parámetros de lo que hoy constituye la "felicidad" global?

Porque creo que este es el doble problema de la falsa felicidad de la indiferencia y el olvido: Nos aísla de nosotros mismos porque nos aísla de los demás. Y nos aísla de los demás porque nos aísla de nosotros mismos.

Nos engaña, por ejemplo, haciéndonos creer que la abundancia de información equivale a la calidad de información: Si gozamos de una supercarretera de mil canales de televisión, ¿para qué leer a Tomás Eloy Martínez o a César Aira?

Si ya lo sabemos todo, ¿qué más nos van a enseñar Nadine Gordimer o José Saramago?

O por el contrario, ¿nos dice una novela de Nélida Piñón todo lo no dicho sobre el pasado, presente y futuro de Brasil?; ¿reúne una novela de Juan Goytisolo todos los tiempos olvidados o excluidos de una cultura, en su caso la civilización árabe y judía de España?

La prueba de que la novela actual es consciente de estos problemas se encuentra en las novelas y los novelistas que celebramos hoy aquí en México.

La nueva geografía de la novela representada en esta serie de conferencias por algunos de los más eminentes autores de la hora actual —la relación de la ficción con el tiempo y con la historia— es inseparable de una representación de culturas largo tiempo separadas entre sí o ignorantes las unas de las otras en el espacio.

El colombiano García Márquez invita a la neoyorquina Susan Sontag a visitar Macondo y Susan Sontag, a su vez, visita la Centroamérica de Sergio Ramírez, la "delgada cintura del sufrimiento", como la llamó Pablo Neruda.

El portugués Saramago le ofrece a la irlandesa O'Brien una isla de cenizas quietas, Lanzarote, como refugio de la isla encendida de fuegos verdes, Erín.

En tanto que los infinitos caminos del *veldt* surafricano de Coetzee —los senderos del inolvidable Michael K.— conducen a la medina marroquí de Goytisolo donde se dan cita, en el espacio maravillado de la plaza de Djema Al'Fna, todas las juglarías, canciones, leyendas y sueños desparramados en las rutas brasileñas de la dulce canción de Nélida Piñón.

Es decir, que esta expansión de la geografía de la novela, esta introducción de una cultura en otra, no nos exime del trato con la tradición de la cual cada uno de nosotros proviene y es portador.

Compartida a veces, y por ello más ligera, pero a veces carga solitaria y por ello más pesada, la tradición nos impone a todos la presencia del pasado, la necesidad de escuchar el lenguaje que precedió al nuestro, y que Eliot resume en la obligación literaria de que "el pasado sea alterado por el presente tanto como el presente es alterado por el pasado". Hay una imagen que me gusta especialmente para ilustrar lo que digo.

En su novela inacabada, *Between the Acts*, Virginia Woolf evoca una recámara como "una concha de mar en la cual se escucha el canto de lo que fue antes de que existiese el tiempo".

Este tiempo antes del tiempo, el tiempo intemporal que fue la magnífica obsesión de Alejo Carpentier, se conjuga fatalmente con lo que Eliot llama el sentido histórico del escritor, nos dice el autor de *La tierra baldía*, y que consiste tanto de un sentido de lo intemporal como de lo temporal y de ambos —lo temporal y lo intemporal— reunidos.

Sólo significa, para mí, que una obra literaria nace siempre de una pérdida inicial: una novela representa cada vez, el inicio de una búsqueda:

Llámame Ismael.

Durante largo tiempo, me acosté tarde.

Era el mejor de los tiempos, era el peor de los tiempos.

Todas las familias felices son iguales, sólo las familias infelices son diferentes.

En un lugar de la Mancha, de cuyo nombre no quiero acordarme.

Vine a Comala porque me dijeron que aquí vivía mi padre, un tal Pedro Páramo.

Cada una de estas frases iniciales abre el camino de una búsqueda que es, radicalmente, un acto de amor, un abrazo.

Sólo este abrazo nos permite iniciar el noviazgo —el acto amoroso— con lo propiamente histórico que entonces sería, más allá de la anécdota, de la veracidad documental o de la progresión lineal de una supuesta ciencia histórica, parte de una *poética* que abarcaría la vida histórica, y no al revés: es decir, parte de una historia en que la poética fuese apenas un asterisco a pie de página, como ocurre general y desgraciadamente.

¿Qué quiero decir, estrictamente, cuando hablo de una poética?

Quiero decir lo contrario de una lógica.

La lógica es unívoca, exige un solo sentido: dos más dos son cuatro.

La poética es plurívoca, exige más de un sentido: dos más dos pueden ser uno cuando Alicia atraviesa el espejo, cinco cuando las mujeres de Pedro Páramo se hablan desde las tumbas contiguas de Comala, cien cuando el Capitán Ahab arrastra a la tripulación del *Pequod* al desastre en nombre del orgullo y la venganza, o tres cuando Anna Karenina lo sacrifica todo —marido, hijo, posición social— por una pasión amorosa que, quizás, no valía la pena.

Pero quisiera evocar un evento radical en el arte de narrar que resume, en cierto modo, cuanto aquí llevo dicho.

Ese evento ocurre cuando Gregorio Samsa, en la madrugada fundadora de la narrativa del siglo xx, despierta y descubre que se ha convertido —no, más bien, descubre que *es*— un insecto.

En ese instante asombroso, en ese amanecer brumoso de Praga, se disuelve junto con Gregorio Samsa la personalidad novelesca anterior y nace una nueva relación narrativa entre el sujeto y el objeto, entre el personaje y su mundo.

Los personajes de *La metamorfosis*, *El castillo* o *El proceso*: Son no sólo ellos mismos —Gregorio Samsa, el agrimensor o José K.

No son sólo probables modelos de la vida real en la Europa Central bajo la monarquía dual —austro-húngara.

No son sólo judíos como su autor o, como él, víctimas de un padre tirano.

No son sólo habitantes de una Praga que Kafka ve como una madrecita con garras.

Son, sobre todo, seres que se están constituyendo bajo nuestra mirada.

Todo lo contrario del personaje decimonónico entregado al lector en "redondo", como decía E. M. Forster: el personaje *bien hechecito*.

Todo lo contrario del personaje de Dickens definido por la acumulación de singularidades y excentricidades.

Todo lo contrario del personaje de Balzac cuya actividad, hábitat e ingresos conocemos al detalle.

Personajes en proceso de constituirse como "figuras", nos anuncia Cortázar, figuras que apenas larvadas ocupan invisiblemente una casa, se sueñan recíprocamente tendidas en un quirófano o en la cima de una pirámide azteca, o se descubren en la escena de un teatro representando un papel que nunca han ensayado...

Son esas figuras propuestas por Kundera a partir de su apasionada lectura de *Los sonámbulos* de Hermann Broch, como *confusiones*, es decir, seres que se funden y confunden unos en otros de acuerdo con un orden invisible, subterráneo, que acaba por constituir una *polinarrativa* capaz de dar cabida a la poli-historia de la humanidad concreta.

¿Qué puede decir una novela que no podría decirse de ninguna otra manera? Puede decirnos, gracias a la naturaleza inacabada del ser humano en la historia, en qué consiste el ser concreto del ser humano en la historia.

Ser inacabado que no ha dicho su última palabra.

Ser solitario que a través de la ficción se confunde con los otros.

Ser confundido que en la novela descubre un proceso de re-integración absolutamente privilegiado en que se pueden dar cita filosofía y poesía, sicología y política, economía y teatro: la novela es el género integrador por excelencia. Género que reúne todos los géneros, acto temporal que abraza todos los tiempos, hecho del presente que nos permite estar presentes en el pasado y el porvenir, la novela es el zócalo —la plaza pública— donde todos los personajes tienen derecho a la palabra.

Personajes que se constituyen bajo nuestra mirada de lector en vez de sernos entregados "en redondo", según la fórmula de E. M. Forster.

Y personajes que, constituyéndose, constituyen un nuevo universo dentro y fuera de sí mismos.

En Kafka, profeta del inmenso mal y el terrible dolor del siglo que agoniza, encontramos ya, gracias a la imaginación del novelista, una estrella que disipa las tinieblas del tiempo de Auschwitz y el Gulag, de Hiroshima y las trincheras del Marne, de la gigantesca y universal violencia que lo mismo se manifiesta en Sevilla contra un joven concejal y su mujer, en Acteal contra un grupo de indígenas asesinados por la espalda mientras oraban en una iglesia, en Argentina por los desaparecidos, en Chile por los asesinados políticos enterrados por Pinochet de a dos por cajón de muerto para ahorrarle dinero al Estado: —Sarajevo, Argelia, Guernica,

Coventry— la violencia colectiva contra la población civil y la renovada violencia contra el escritor individual, Salman Rushdie condenado a muerte por la *fatwa* de los ayatolas, Ken Sara Viva ejecutado en Nigeria por los generales, y en la Argentina, Rodolfo Walsh, Haroldo Conti y la descendencia de Juan Gelman.

Éste es el mundo que anunció Franz Kafka. El mundo no solo del siglo más breve —de Sarajevo 1914 a Sarajevo 1994, como nos indica Eric Hobsbawm— sino del siglo más cruel y engañoso, pues prometió y otorgó el mayor adelanto técnico y científico pero al precio de la mayor barbarie e inhumanidad, llegamos al siglo XXI con el más profundo divorcio entre desarrollo material y miseria moral.

Pero en *El castillo* y *El proceso*, en los cuentos y pequeñas fábulas, el autor checo nos propone una realidad de tres estrellas, una nueva realidad compuesta solidariamente, indisolublemente, por nuestra subjetividad individual, sagrada e inviolable y única —pero no basta, porque la subjetividad de mi *yo* se encuentra situada en la objetividad del mundo y ambas —el sujeto y el objeto— sólo se reconocen y reconcilian gracias a su pertenencia a una colectividad social.

La novela es ese espacio en el que debemos dar cuenta y acaso justificar nuestra presencia en el mundo como seres humanos subjetivos, objetivos y sociales inseparablemente.

Pero ni la colectividad, ni la individualidad, ni la objetividad, alcanzan rango de auténtica realidad si no las sostiene la imaginación, "La loca de la casa", como la llamó Pérez Galdós, la mediación entre sensación y percepción, según la fórmula de Coleridge, pero en todo caso, soberanamente, la capacidad para crear imágenes que José Lezama Lima atribuye a la verdadera historia, la historia de las eras imaginarias: "Si una cultura no logra crear un tipo de imaginación", dice el autor de *Paradiso*, "resultará históricamente indescifrable…"

Mi propia convicción es que el mundo es más diverso y más extraño que nuestro conocimiento del mundo. De allí la necesidad de la imaginación novelística que no es, sin embargo, sino —apenas— un acercamiento a la diversidad del mundo.

Ésta es la novedad de la *poética* de la novela que, de manera radical, nos ofrecen autores como Samuel Beckett, Thomas Berhard, Arno Schmidt, John Hawkes o Julio Cortázar cuando nos permiten asistir a la gestación innominada, sin profesión, cuenta de banco o acta de bautizo siquiera, de sus figuras. Pero ello no los exime, insisto, por más tácita que sea su adhesión al pasado, de pertenecer, así sea para dinamitarla, pero así sea, sobre todo, para revivirla, a una *tradición* concebida como realidad poética compartida.

"El sentido de la historia en literatura", escribe Virginia Woolf, "incita a los escritores a escribir no sólo con su propia generación en los huesos —*in their bones*, en la entraña— sino con el sentimiento de que toda la literatura de Europa desde Homero y dentro de ella, toda la literatura de su propio país, poseen una existencia simultánea y constituyen un orden simultáneo…"

Hoy, esa vigencia simultánea de los tiempos históricos, que es el gran privilegio de la novela, se extiende a la vasta geografía de lo que, hasta hace poco, era ignorado o excluido: el novelista de hoy, parafraseando a Virginia Woolf, tiene que escribir con el sentimiento de que toda la literatura del mundo, desde *La Ilíada* en Europa, el *Popol Vuh* en América, la poesía yoruba en África, en Asia, el *Mahabharata* en la India y el *Shih Chin, Libro de los Cantares* en China, son médula, entraña de sus huesos...

De allí la tentación de esta conferencia. El tiempo de la novela.

La novela es una re-introducción de los seres humanos en su historia.

Es una forma superior e indispensable de re-presentar al sujeto con su destino, de re-presentar al hombre y a la mujer en el conocimiento de sí mismos y de los demás.

Respondiendo al pesimismo de Michel de Certeau, acaso el nuevo tiempo de la novela nos confirma que no hay presente sin pasado porque es ahora, en el presente, donde recordamos: la memoria es el verdadero nombre del pasado.

Y es aquí y ahora que deseamos: el deseo es el verdadero nombre del futuro.

¿Cómo se apropia, entonces, la novela de ese presente que abarca nuestro pasado pero también anuncia nuestro futuro?

Robert Fagles, el gran traductor de los clásicos griegos en la Universidad de Princeton, ha escrito un poema en el que Van Gogh, pintando su autorretrato, afirma lo siguiente: "Loco no soy loco soy pintor", así, sin comas, sin hiatos.

La pintura, dijo Leonardo, es "cosa mental". La literatura lo es también pero el cerebro es un órgano, es algo físico.

¿Cómo se explica ese órgano a sí mismo, puesto que para entender el cerebro tenemos que usar el cerebro, puesto que *La Gioconda* es Cosa mental, y también *Crimen y Castigo* y *La pérdida del reino*?

¿Cómo puede un órgano físico explicarnos los celos, la pasión política, el loco amor, la esperanza, el orgullo, la ambición social, la compasión, la solidaridad humana?

Propongo aquí a la novela como intermediaria privilegiada entre el órgano mental y la comprensión de lo que la mente, como mero órgano, nunca podría comprender:

los celos en Proust y en Adolfo Bioy Casares

la soledad en Defoe y en João Guimarães Rosa

la pasión política en Malraux y en Tahar Ben Jellum

el loco amor en Emily Brontë y en Juan Rulfo

la esperanza en Cervantes y en Faulkner

el orgullo en Melville y en Kazuo Ishiguro

la ambición social en Balzac y en Rubem Fonseca

la compasión en Pérez Galdós y en Amos Oz

la solidaridad humana en Dickens y en Edouard Glissant

El cerebro retiene y organiza nuestra memoria.

La pregunta que jamás se ha contestado es ésta: ¿Cómo puede tener la memoria un fundamento físico?

Porque si el cerebro es la despensa de la memoria, la memoria tiene una base material.

Si se llegase a descubrir la clave de este misterio —la identificación física de la memoria— se abriría una posibilidad más asombrosa que la mera clonación que a tantos debates se presta en este momento.

Se abriría, sencillamente, la posibilidad de transferir toda una memoria de una persona a otra distinta.

La posibilidad de robarle su memoria a nuestro peor enemigo o de darle, a cambio, la nuestra: no sé qué sería peor…

Imagínense, para no ir muy lejos, que un Presidente de México, o de la Argentina, pudiese adquirir, íntegramente, la memoria de su antecesor.

O que el marido pudiese robarse la memoria de su mujer, o ésta la del marido para no hablar, señoras y señores, de la posibilidad totalitaria de secuestrar y aislar una memoria molesta para un régimen político: esto sí que ha sucedido y sigue sucediendo.

No, quiero decir que la novela es la memoria permisible —la memoria cordial— la memoria amorosa que nos permite vernos y querernos en el recuerdo de otro, de otros, comunicando amorosamente —pues aun la rabia crítica puede ser un acto de amor— el órgano físico que es el cerebro con la imaginación que lo trasciende y lo perpetúa a un tiempo —y en el tiempo.

O como lo dice insuperablemente J. M. Coetzee en su insuperable novela sobre *Robinson Crusoe* y su autor un tal Defoe, "el deseo de contestar a la palabra es como el deseo de abrazar y ser abrazado por otro ser".

"Loco no soy loco soy pintor."

Estas palabras de un Van Gogh imaginado revelan un doble sentimiento de presencia inseparable del sentimiento de ausencia, un sentimiento de separación inseparable de un sentimiento de reunión.

Éste es otro impulso, tan secreto como el de la memoria, para sentarse a escribir novelas sabiéndose, el novelista, rodeado de Van Gogh, es decir, de niños que son poetas y de locos que son artistas, preguntándose y preguntándome, ¿qué me hace falta?, ¿de qué carece el mundo donde, siendo y careciendo, somos?

Necesitados, quisiéramos ser necesarios.

Construimos entonces un jardín de senderos que se bifurcan, habitado por fantasmas demasiado carnales.

Son los espectros de lo que fue, pero también de lo que nunca fue, aún no es, o quisiera ser.

Quiero decir que una novela no se limita a enseñarnos el mundo.

Una novela quiere añadir algo al mundo, no sólo explicar o retratar la realidad, sino *crear* realidad: no sólo nueva realidad, sino *más* realidad.

La realidad que antes no estaba allí y que ahora, gracias a la novela, forma parte de la realidad.

Semejante proyecto no sólo enriquece la amplitud de la respiración histórica del mundo.

A menudo, la funda. Doy un ejemplo: como novelista de la ciudad —de mi ciudad de México— tal y como la ve mi imaginación, no como la vemos en los planos urbanos, me fascinan los ejemplos de visiones urbanas que trascienden el documento veraz para entregarnos la visión imaginativa de una urbe.

Tres momentos destacan en mi lectura de las ciudades de papel, como las llama el novelista mexicano Gonzalo Celorio.

El amanecer de París en la *Historia de los trece* de Balzac, la noche de Londres en *Nuestro amigo mutuo* de Dickens y el cruce de caminos urbanos en *La perspectiva Nevsky* de Gogol.

La ubicación de estas ciudades ya no es, si alguna vez lo fue, lo que históricamente pudieron ser, en el siglo XIX, París, Londres o San Petersburgo.

Es más: no tenemos otra prueba más viva de estas metrópolis que las páginas de Gogol, Dickens y

Balzac. Si Petrogrado, Londres y París no fueron como ellos dicen, pues ahora no son *sino* como ellos dicen.

Los novelistas del mundo ibero e iberoamericano entienden lo que estoy diciendo: la literatura y el arte españoles nacen menos de su tiempo histórico que del contratiempo que el escritor o el artista oponen a la ausencia o a la desgracia históricas.

Donde se combate al árabe, el Arcipreste de Hita lo reintegra mediante *El Libro de Buen Amor* que pone a correr la savia erótica del mundo mudéjar por las letras castellanas.

Donde se expulsa al judío, Fernando de Rojas lo reintegra mediante *La Celestina* que pone a correr por las calles de la ciudad moderna el lenguaje y la visión críticas de la cultura sefardí de España.

Y donde los edictos de pureza de la sangre y los dogmas de la Contra Reforma extienden a todos los rincones del reino las prohibiciones en el tiempo, Cervantes en *El Quijote*, demuestra que un novelista puede crear *otro tiempo*, un contratiempo, en el que la realidad puede fundarse en la imaginación.

Por desgracia, no hay historia de España sin el inquisidor Torquemada o el conquistador Nuño de Guzmán.

Por fortuna, tampoco la hay sin el Arcipreste de Hita, Fernando de Rojas, Miguel Cervantes o María de Zayas.

Descendientes de Sherezada, los novelistas de hoy, como la fabuladora de ayer, representan la antiquísima aspiración de derrotar a la muerte mediante la creación literaria o por lo menos de aplazarla una noche más gracias a un cuento más, a fin de vivir un glorioso día más —glorioso día— en esta tierra, hasta sumar mil noches y una noche:

para contar que el hermano ha vertido la sangre del hermano,

para contar que los molinos son gigantes,

para enriquecer la población de la tierra con la excentricidad de Picwick y la ambición de Rubempré, las mil vidas de Tristram Shandy y la muerte única de Hans Castorp, la comedia del Oliveira de Cortázar y la tragedia de *Yo el supremo* de Roa Bastos—para llenar el vacío del mundo que sólo podrían llenar Lord Jim o Leopold Bloom, el *José Trigo* de Del Paso o *Maqroll El Gavillero* de Mutis.

Para darles un jardín a La Regenta, una calle a Fortunata y Jacinta, un calabozo a Edmundo Dantés, una recámara en penumbra al narrador de Proust, un barco ballenero a Ahab, una isla desierta a Robinson, Cien años de soledad a los Buendía y una tumba a Pedro Páramo.

Así ha respondido la novela al clamor humano de llenar los múltiples moldes de la humanidad.

Así responde hoy la nueva geografía de la novela al clamor de civilizaciones enteras: Óiganme. Léanme.

Pero una vez que hemos llegado a ese espacio compartido donde Sherezada moja su magdalena en el té de Swann y Emma Bovary se hace el hara-kiri con la espada de Yukio Mishima, el evento mismo del lenguaje nos demuestra que siempre estamos haciendo lenguaje, caminando simultáneamente de regreso a los orígenes del ser parlante y hacia adelante a su imposible conclusión en el futuro.

La historia se convierte en objeto del lenguaje cuando participa del movimiento del lenguaje.

Pues en el origen mismo de la palabra, ¿qué encontramos sino el origen mismo del conocimiento gracias a la literatura —mito, fábula, epopeya, tragedia, poema: la literatura como primera identidad que adquiere la palabra y la palabra como primera identidad que adquiere la persona?

La actual geografía de la novela, por todo lo que llevo dicho, no sólo incorpora vastas áreas de la vida en el planeta excluidas de consideración en el pasado, cuando Montesquieu, irónicamente, podía preguntarse, pero ¿cómo es posible ser persa? Y Hegel definir con sólo dos palabras a todo el continente americano como un vasto y permanente "Aún no".

Aún no: quizás Hegel tenía razón, en el sentido de que América es simbólica de la tarea inacabada de ser seres actuantes y parlantes, mujeres y hombres que no hemos dicho nuestra última palabra.

Por eso, a la extensión del espacio externo de la novela actual, hay que añadir, dentro de cada comunidad lingüística o nacional, una diversificación que atañe o es producida por los grupos más invisibles y agredidos de nuestro mundo feliz:

el judío y el árabe,

el indígena americano, el trabajador migratorio,

el homosexual,

el disidente en general y aun más general y particularmente a la vez, esa mitad de la población mundial que es el género femenino. Sí, en la nueva geografía de la novela, Sherezada ha vuelto a contar y a cantar, en el sentido de contar como mujeres y contar como escritoras, no sólo por su sexo, sino por su canto universal, que es el de la poética a la que me he venido refiriendo y que es, al cabo, el piso común de todas las literaturas: otorgarle a las cosas no un solo sentido, sino significados múltiples.

Las escritoras constituyen por lo menos la mitad del actual *bumerang* de la literatura latinoamericana de Ángeles Mastretta en México, Marcela Serrano en Chile a Luisa Valenzuela en Argentina y en los Estados Unidos ser escritora y rescatar al otro pueden ser sinónimos porque Toni Morrison le da voz a la América negra, Amy Tan a la América asiática, Louise Erdrich a la América indígena, Cristina García a la América cubana, Rosario Ferré a la América puertorriqueña y Sandra Cisneros a la América mexicana.

Todas ellas nos dicen que la novela es una respuesta valiente y tierna a la vez a la enajenación de una sociedad que nos dice: tú no eres porque eres mujer, eres judío, eres palestino, eres homosexual, eres dispensable. *¡No eres!* La novela en cambio, nos permite decirle conmovedoramente al mundo: *No sé quién soy pero sólo puedo ser contigo.*

Señoras y señores:

Existe un terreno común donde la historia que nosotros mismos hacemos y la literatura que nosotros mismos escribimos, pueden reunirse.

Ese lugar no es Olimpo sino Ágora. Es el espacio compartido pero inconcluso en el que nos ocupamos de lo interminable pero amenazado: la creación propia de hombres y mujeres que no han dicho su última palabra.

Una sociedad está enferma cuando cree que la historia está completa y todas las palabras, dichas. Pero la desdicha del decir es ser dicho para siempre, y su posible dicha, ser siempre palabra por decir, aún no dicha.

Una sociedad está sana cuando sus mujeres y sus hombres saben que la historia no ha terminado, ni han terminado las palabras que manifiestan inconformidad, escepticismo, insatisfacción ante el orden actual, cualquiera que éste sea.

Somos seres inacabados. Somos seres insatisfechos. Somos hombres y mujeres interminables.

Nuestra historia y nuestro lenguaje aún no terminan porque son historias y lenguajes múltiples, contradictorios, policulturales, multirraciales e históricamente presentes.

El arte de narrar contribuye de manera insustituible a crear y mantener un dominio de polivalencia suficiente, de apertura, de pluralidad de sentido, capaz de oponerle así sea un mínimo de resistencia a la asimilación *al mundo económico* basado en el consumo instantáneo de los bienes que produce; al asalto del mundo político, que quisiera secuestrar el lenguaje a su propio proceso de constante auto-legitimación; y aun a las benignas caricias de la razón positivista que quisiera, insidiosamente, reducir el lenguaje a la comunicación de lo puramente factual o demostrable.

Los novelistas y las novelas que concurren a este foro del Festival del Centro Histórico de la ciudad de México en la sede de El Colegio Nacional nos dicen todos que el pasado está vivo en la memoria y el futuro está presente en el deseo:

aquí y ahora,
en el Río de Janeiro de Nélida Piñón,
en la isla de Lanzarote de José Saramago,
en la medina de Marrakech de Juan Goytisolo,
en el Manhattan de Susan Sontag,
en la Nicaragua natal de Sergio Ramírez,
en el County Clare irlandés de Edna O'Brien,
en la ciudad del Cabo de J. M. Coetzee

o en la Cartagena de Indias de Gabriel García Márquez.

Sólo me queda, finalmente, agradecerle al eminente grupo de escritores mexicanos su cordial interés en presentar a los autores extranjeros. Gracias, pues, a: Carmen Boullosa, Elena Poniatowska, Héctor Aguilar Camín, Sealtiel Alatriste, Carlos Monsiváis, José María Pérez Gay, Sergio Pitol, y Juan Villoro.

Muchas gracias a todos ustedes por su presencia esta tarde y las que siguen hasta el sábado.

Festival del Centro Histórico
El Colegio Nacional
Ciudad de México, México
17 de marzo de 1998

La creación literaria

Señoras y señores:

Agradezco al Colegio Nacional esta iniciativa que nos permite, a sus miembros, acercarnos al público que acude, con paciencia a veces, con afecto siempre, a nuestras conferencias.

Como la mayoría de los asistentes a los cursos del Colegio Nacional son jóvenes hombres y mujeres mexicanos y muchos de ellos —lo sospecho— son también escritores en ciernes, poetas también, voy a dedicar esta media hora —perdónenme si rebaso por algunos minutos— a enunciar, no los diez mandamientos sino las diez recomendaciones de un autor longevo ya y que se da perfecta cuenta de que habiendo comenzado a publicar a los 25 años de edad, son cuatro décadas las que me separan de los nuevos escritores de México y la América Latina, empezando por los ya muy premiados Jorge Volpi e Ignacio Padilla y sin olvidar a la pléyade de novísimos autores, aún desconocidos o poco conocidos, que yo *he* conocido en mis visitas a Tijuana y Ciudad Juárez, Mérida y Monterrey, Querétaro y Saltillo.

De manera que, recomendación número uno:

1. DISCIPLINA. Los libros no se escriben solos ni se cocinan en comité. Escribir es un acto solitario y a veces aterrador: es como entrar a un túnel sin saber si en él habrá luz o salida. Recuerdo, de muy joven, haber

compartido muchos fines de semana en Cuernavaca con mi muy amado maestro y amigo Alfonso Reyes. A veces llegaba yo tarde de una parranda —tenía 17 años— y a las cinco de la madrugada veía encendida la luz del estudio de Reyes y a don Alfonso inclinado sobre sus cuartillas como un mágico gnomo zapatero.

Reyes calmó mi asombro —mi envidia, mi afán de emularlo— con una frase de Goethe, otro escritor de madrugada: "El escritor debe quitarle la crema al día". Alfonso Reyes me enseñó que la disciplina es el nombre cotidiano de la creación y Oscar Wilde, que el talento literario es 10% inspiración y 90% transpiración.

Pero si ésta es la parte lógica de la creación literaria, hay otra misteriosa e insondable que yo no asocio con la vaguedad de la inspiración —que a menudo es una manera de aplazar el trabajo esperando a Godot—. Esa parte misteriosa es el sueño. Yo puedo planificar, la noche anterior, el trabajo de la mañana siguiente y acostarme a dormir impaciente por levantarme a escribir.

Pero cuando me siento a hacerlo, el plan propuesto por mi lógica de la vigilia sufre demasiadas excepciones, se viene abajo y es invadido por lo totalmente imprevisto.

¿Qué ha sucedido?

Sucede que he soñado, Y sucede que los sueños que recuerdo son repetitivos, banales e inservibles. No puedo sino creer, entonces, que la mano creadora que guía la mía es la de los sueños que *no* recuerdo al día siguiente, los sueños haciendo su trabajo literario invisible: desplazando, condensando, re-elaborando y anticipando en el trabajo del sueño el trabajo de la creación literaria.

Ahora bien, cada cual mata pulgas a su manera y la mía es levantarme a las seis de la mañana, escribir de siete a doce —cinco horas corridas—, hacer ejercicio una hora, salir a comprar los periódicos (sus noticias me parecen siempre más viejas que mi imaginación), comer con mi mujer Silvia, leer tres horas en la tarde —de tres a seis— y salir entonces al cine, al teatro, la ópera.

Esto es posible —añado de prisa— en mi cuartel literario de Londres, una ciudad organizada. En el D. F., en cambio, los desayunos políticos a las ocho de la mañana, como si no hubiese polaca sin pozole; las comidas de tres a seis; la difícil digestión, bajo la mirada irónica de la Coatlicue, de seis a nueve. Y la cena del ángel exterminador de diez de la noche a las dos de la mañana. Si en estas condiciones logro escribir un artículo de prensa, me doy por bien servido.

Pero México, mis amigos, mi familia, mi maravilloso, tierno, infinitamente cortés pueblo, mi estrangulada, asfixiante, nunca más transparente región del aire, mi territorio de la memoria y una vida política en la que la realidad supera la ficción (a ver quién puede meter en una novela a un Mario Villanueva o a una "Paca" y hacerlos creíbles), todo ello, les digo, me llena los vasos comunicantes de la creación, con ardor, es cierto, de tequila y enchiladas.

Puedo entonces regresar a Londres y agradecer el mal clima, la pésima comida y la frialdad cortés de los isleños, sin perder la nostalgia de un buen chilpachole y guardando en la oreja los dos sonidos constantes de México que son como el aplauso diario de nuestro país: las hacendosas manos de nuestras mujeres palmeando las tortillas y los fraternales abrazos de nuestros hombres palmeándose las espaldas.

2. LEER. Leer mucho, leerlo todo, vorazmente. Nuestro inolvidable Fernando Benítez tenía unas tarjetas de visita que decían simplemente: FERNANDO BENÍTEZ, LECTOR DE NOVELAS.

Leerlo todo y leerlo pronto. La vida no nos va a alcanzar para leer y releer todo lo que quisiéramos. Mi generación, acaso, fue la última en formarse gracias a las lecturas maravillosas de los libros que nos transportaban a otros mundos, los libros del ensueño infantil. Salgari y *El corsario negro*, Paul Feval y *El jorobado* o *Enrique de Lagardere*, los Pardaillán que nos dotaban de capas y espadas en vez de overoles y trompos, el *Corazón* de Edmundo de Amicis que nos autorizaba a llorar sin vergüenza. Éstos eran los libros iniciales de las infancias latinas, de Roma a Buenos Aires y de Madrid a México.

Pero a ellas se añadían las que compartíamos con el mundo anglosajón, los escritores comunes de nuestras infancias, Alejandro Dumas, Julio Verne, Dickens, Stevenson y Mark Twain. ¿Los leen los niños de hoy, o pasan todo su tiempo en el Nintendo? No lo sé, pero no lo creo. Mi editor inglés me lleva a la esquina de su librería en Londres y me muestra, a lo largo de cuatro cuadras, la fila de niños esperando comprar el nuevo volumen de *Harry Potter*. Y una versión moderna de un nórdico poema épico del siglo VII, *Beowulf*, en la luminosa traducción de Seamus Heaney, se convierte en *bestseller* en todo el mundo angloparlante. Richards Lawrence.

Y entre nosotros, durante toda mi vida, fue una seña de identidad de la juventud ascendente, obrera, estudiantil, de clase media, universitaria, leer a Paz y a Rulfo, a Neruda y a Lorca, a García Márquez y a Cortázar.

El escritor, pues, debe ser el adelantado de la lectura, el protector del libro, el tábano insistente: que el precio del libro no sea obstáculo para leer en un país empobrecido. Que haya librerías públicas, abiertas a todos. Que los jóvenes sepan que si no hay dinero para comprar libros, hay bibliotecas públicas donde *leer* libros. ¿Me escucha usted, señor secretario Reyes Tamez?

Lo cual me lleva a la TERCERA consideración de esta mañana.

3. TRADICIÓN Y CREACIÓN. Las enuncio unidas porque creo profundamente que no hay nueva creación literaria que no se sostenga sobre la tradición literaria, de la misma manera que no hay tradición que perviva sin la savia de la creación. No hay Lezama sin Góngora —pero no hay, desde ahora, Góngora sin Lezama—. El autor de ayer se convierte así en autor de hoy y el de hoy, en autor de mañana. Y es así porque el lector conoce algo que el autor desconoce: el lector conoce el futuro y el siguiente lector del *Quijote* será siempre el primer lector del *Quijote*.

Creación y tradición: el puente entre ambas es mi cuarto inciso.

4. LA IMAGINACIÓN, que es "la loca de la casa", dijo con razón Pérez Galdós, pero que abre con su locura todas las ventanas, respeta a los vampiros que duermen en los sótanos, pero levanta los techos como el Diablo Cojuelo para ver lo que ocurre en los pastelones podridos de Madrid, de México, de Manhattan… La imaginación vuela y sus alas son la mirada del escritor. Mira, y sus ojos son la memoria y el presagio del escritor.

La imaginación es eso, la unidad de nuestras sensaciones liberadas, el haz en que se reúne lo disperso, sí, la naturaleza de los símbolos que nos permiten pasar por las selvas salvajes, acaso más salvajes hoy en la ciudad que en la propia selva.

Imaginar es trascender, o por lo menos darle sentido, a la experiencia. Imaginar es convertir la experiencia en destino y salvar al destino de la fatalidad.

No hay, pues, naturaleza —*natura*— sin la imaginación bucólica de *Dafnis y Cloe* —prístino manantial del género—, de la *Diana* de Montemayor o del *Pastor* de Spenser, todas ellas formas amables que contrastan con la terrible naturaleza indómita del *Moby Dick* de Melville o con el paisaje desolado de *La tierra baldía* de Eliot.

Pero la naturaleza de la naturaleza literaria no sólo consiste en recordarnos que el mundo que nos rodea puede ser placentero o cruel, amigo o enemigo, sino en crear, mediante la imaginación, una segunda realidad literaria de la cual ya no podrá dispensarse la primera realidad física.

5. O sea, —quinta consideración— que la REALIDAD LITERARIA no se limita a reflejar la realidad objetiva. Añade a ésta algo que antes no estaba en la realidad —enriquece y potencia la realidad primaria—. Imaginemos —tratemos de imaginar— el mundo sin Don Quijote o Hamlet. No tardaremos en convencernos de que el Caballero de la Triste Figura y el Príncipe de Dinamarca tienen tanta o más realidad que muchos conocidos nuestros.

Ahora bien, la literatura crea realidad pero no puede divorciarse de la realidad histórica en la que ocurre —física, cronológica o imaginativamente— la literatura. Por eso es indispensable distinguir literatura e historia a partir de una premisa: la historia pertenece al mundo de la lógica, es decir, a la zona de lo unívoco: la invasión napoleónica de Rusia ocurrió en 1812. En cambio, la creación literaria pertenece al universo poético de lo plurívoco: ¿qué pasiones contradictorias agitan los espíritus de Natasha Rostova y Andrei Volkonsi en la novela de Tolstói?

La novela y el poema se disparan en muchos sentidos, no buscan una sola explicación y mucho menos una cronología precisa. Leamos a todos los excelentes historiadores rusos del siglo XIX pero tratemos de imaginar esa época sin Tolstói y Dostoyevski, sin Pushkin y sin Turguénev. O sea: *La guerra y la paz* de Tolstói no sólo ocurre en 1812. Renace en todos los campos de batalla de la guerra del tiempo, ocurre en la mente del lector y allí se diseña como hecho de la imaginación literaria que, a su vez, define la relación de la obra con el tiempo, a través del hecho del lenguaje.

6. LA LITERATURA Y EL TIEMPO. La literatura transforma la historia —los hechos, *lo que sucede* en el campo de batalla militar de Waterloo— en poesía y ficción o *cómo sucede* en el lecho nupcial de Natasha Rostova y Pierre Bezukov.

La literatura ve a la historia y la historia se subordina a la literatura porque la historia es incapaz de verse a sí misma *sin un lenguaje*. *La Ilíada*, nos indica Benedetto Croce, es la prueba de la identidad original de literatura e historia —es la obra de un *popolo intero poetante*— de todo un pueblo poetizador.

Semejante unidad se ha perdido. La modernidad fraccionadora, individualista, no la tolera desde que Montaigne dijo: "Ya no basta el nombre, ahora queremos el renombre". El anonimato poético y colectivo de Homero no lo requería. Lo requiere Victor Hugo, que según la célebre apostilla de Jean Cocteau, era un loco que se creía Victor Hugo…

El mundo épico de la antigüedad es como el San Petersburgo de Gogol, un gran animal roto en mil pedazos. Ruptura de la unidad del lenguaje homérico y aparición del lenguaje cervantino. A partir de *Don Quijote*, sólo se puede hablar de *lenguajes* en plural. *Cervantes supera la unidad perdida mediante la pluralidad hallada.* Don Quijote habla el lenguaje de la épica. Sancho, el de la picaresca. Ulises y Penélope hablaban el mismo lenguaje, se entendían. Mme. Bovary y su marido, Anna Karenina y el suyo, hablan lenguajes diferentes, no se pueden entender.

La ruptura de la unidad se convierte así en unidad de las rupturas. No hay comunicación sin diversificación y no hay diversificación sin la admisión del Otro. El lenguaje se convierte en niveles del lenguaje y la literatura en re-elaboración de lenguajes híbridos, migratorios, mestizos, con los que el escritor utiliza su lenguaje para arrojar luz sobre *otros* lenguajes. Así proceden Goytisolo en España, Grass en Alemania, Pamuk en Turquía.

Dios se retira a su sabático antes de que Nietzsche lo dé por muerto y en su lugar aparece Don Quijote: aparece la novela, ya no como la ilustración de verdades sabidas sino como una búsqueda de verdades ignoradas. Ya no como antigüedad del pasado sino como *novedad* del pasado. Así es: el próximo lector del *Quijote* será siempre el primer lector del *Quijote*. El pasado de la literatura se convierte en el futuro de la literatura y en el eterno lenguaje de la literatura. *Mito* que nos radica en el hogar. Épica que nos empuja fuera de la tierra conocida a la frontera ignorada. *Tragedia* del retorno al hogar y a la familia dividida y herida por la pasión y la historia. Literatura, en fin, que restaura la comunidad perdida, *polis* que exige nuestra palabra y nuestra acción política, *civitas* que necesita la voz literaria como acto de *civilización* para aprender el arte de vivir juntos, acercarnos, amarnos, apoyarnos a pesar de la crueldad, la intolerancia y la sangre derramada que jamás ha abandonado las sombras de una mente humana iluminada, a pesar de todo ello, por la luz de la justicia.

La literatura aporta a la *civitas* la parte no escrita del mundo y se convierte en lugar de encuentro, lugar común, no sólo de personajes y argumentos, sino de civilizaciones (Thomas Mann), de lenguajes (Guimarães Rosa), de clases sociales enteras (Balzac), de eras históricas (Hermann Broch) o de eras imaginarias (Lezama Lima). El lenguaje literario, en este sentido, es lenguaje de lenguajes. Es el lenguaje mirándose a sí mismo porque es capaz de mirar los lenguajes de los otros.

7. Publicada la obra literaria deja de pertenecerle al escritor y se convierte en propiedad del lector —del Elector, como lo llamo en *Cristóbal Nonato*. Se convierte también en objeto de LA CRÍTICA. Y cuando digo "crítica" me refiero a un arte ni superior ni inferior a la obra criticada, sino su *equivalente*, una crítica a la altura de la obra, en diálogo *con* la obra.

Los mejores críticos de la literatura son, por ello, los mejores creadores literarios. La correspondencia crítica, digamos, entre Reyes y Góngora, Paz y Darío, D. H. Lawrence y Melville, Baudelaire y Poe, Sartre y Faulkner, convierte la crítica en equivalencia de la creación literaria. Pero el gran crítico profesional —diferente del escritor escribiendo sobre otro escritor— alcanza la misma relación de correspondencia: Ernst Robert Curtius y Balzac, Roland Barthes y Proust, Martin Hopenhayn y Kafka, Eric Auerbach y los románticos alemanes, Pedro Henríquez Ureña y el modernismo latinoamericano, Michel Foucault y Borges, Marthe Robert y Cervantes, Bajtín y Rabelais, Donald Fanger y Gogol, son sólo algunos ejemplos de esta fructífera correspondencia entre el crítico y la obra.

Distingo así la crítica verdadera de la que no pasa de ser reseña —la mayoría de las opiniones sobre libros que se leen en la prensa— o aun de la crítica solapada, la que se limita a reproducir las solapas del libro en cuestión. Recomiendo al joven escritor no ocuparse ni preocuparse demasiado por la reseña periodística. Pero no seamos hipócritas. Agradecemos las reseñas positivas, deploramos las negativas y admiramos a Susan Sontag porque no lee ni las unas ni las otras. Pero, asimismo, sujetarse a unas o a otras es un error. Pasan como un chiflido. Las buenas nos dan, es cierto, un poquito de respiración. Las malas, nos hacen lo que el aire a Juárez.

Consuélense pensando que no existe una sola estatua, en ninguna parte del mundo, en honor de un crítico literario.

Toda una actividad que puede ser noble y necesaria es a veces disminuida por quienes la practican movidos por la envidia o la frustración. Pero subsiste la paradoja, o si lo prefieren, el dilema: sólo en la literatura la obra es idéntica al instrumento de su crítica: el lenguaje. Ni las artes plásticas, ni la música, ni el cine, incluso el teatro que es un arte de la representación en vivo pero distanciada, sufren de esta incestuosa relación entre palabra creadora y palabra crítica.

8. De allí mi octava recomendación al escritor joven. No se dejen seducir ni por el éxito inmediato ni por la ilusión de la inmortalidad. La mayoría de los *bestsellers* de una temporada se pierden muy pronto en el olvido y el *badseller* de hoy puede ser el *longseller* de mañana. Stendhal es un buen ejemplo de lo segundo. *Anthony Adverse* —*Adversidad*— de Hervey Allen, súper *bestseller* del año 1933, ejemplo de lo primero: el mismo año de 1933, Faulkner publicó un *noselle*r que se convirtió en *longseller, Luz de agosto.*

Bueno, la eternidad, dijo William Blake, está enamorada de las obras del tiempo. Obras del tiempo son *Don Quijote* y *Cien años de soledad* y la eternidad, desde un principio, se enamoró de ellas. En cambio, *La cartuja de Parma* de Stendhal sólo obtuvo el puñado de lectores que el elogio de Balzac, irritado por la indiferencia municipal y espesa, le aseguró a una obra maestra destinada, primero, a los *happy few* y hoy, a la gloria eterna y renovada de las generaciones.

La lección: sean ustedes fieles a sí mismos, escuchen la voz profunda de su vocación, asuman el riesgo tanto de lo clásico como de lo experimental. Ya no hay vanguardia, ya no hay dogmas ni para la tradición ni para la renovación. No hay vanguardia porque el arte concebido como compañero de la novedad ha dejado de ser novedoso porque la novedad era, a su vez, compañera del progreso y el progreso ha dejado de progresar. El siglo xx nos legó una modernidad vulnerada. Hoy sabemos que el adelanto científico y técnico no asegura la ausencia de la barbarie política y moral, como lo ha evocado Vicente Rojo.

La respuesta artística a la crisis política y economicista de la modernidad ha sido la libertad de estilos, prácticamente ilimitada, que permite al autor, si se libera de la triple tiranía vanguardista-progresista-consumista, escribir en los estilos que le plazcan —pero a condición de que la libertad no olvide nunca lo que le debe a la tradición y lo que la tradición le debe a la creación.

9. Regreso así al origen de mi decálogo de recomendaciones y la conciencia de que ambas —tradición y creación— debe poseer el joven escritor. Distingo en este punto dos vertientes de acción. Una es la posición social del escritor situado entre el pasado y el futuro en un presente que le impide sustraerse de la condición política. Pero esto no lo digo a la manera del obligado compromiso sartreano, sino a partir del libre compromiso ciudadano.

El escritor cumple con su función social manteniendo vivas, en la escritura, la imaginación y el lenguaje. Aunque no tenga opiniones políticas, el escritor, le plazca o no, contribuye a la vida de la ciudad —la *polis*— con el vuelo de la imaginación y la raíz del lenguaje. No hay sociedad libre sin ellas y no es fortuito que los regímenes totalitarios traten de silenciar, en primer término, a los escritores.

Pero esta función —mantener vigentes la imaginación y el lenguaje— en nada excluye la opción política del escritor. Sólo que, como actor partidista dentro de la *polis*, el escritor procede como ciudadano, ni más ni menos, sin más privilegios que cualquier otro ciudadano: escoge, debate, elige, sale al foro público acaso con más voz pero no con menos responsabilidades políticas que las de la sociedad civil a la que pertenece y por la que habla.

Y sin embargo, de pie en la plaza pública, a solas con sus cuartillas y sus plumas (como yo aún) o con su ordenador (como muchos ya) el escritor está dando vida, circunstancia, carne, voz, a las grandes, eternas preguntas de las mujeres y de los hombres en nuestro breve tránsito por esta tierra:

¿Cuál es la relación entre la libertad y la fatalidad?

¿En qué medida podemos moldear nuestro propio destino?

¿Qué parte de nuestras vidas se adapta al cambio y cuál a la permanencia?

¿Hasta dónde son determinadas nuestras vidas por la necesidad, hasta dónde por el azar y hasta dónde por la libertad?

Y, finalmente, ¿por qué nos identificamos por la ignorancia de lo que somos: unión de cuerpo y alma? Respuesta que no conocemos pero hecho que nos permite continuar siendo exactamente lo que no comprendemos.

La literatura, señoras y señores, es por todo esto una educación de los sentidos, una indispensable escuela de la inteligencia y de la sensibilidad a través de lo que más nos distingue de y en la naturaleza: la palabra.

El décimo mandamiento, en consecuencia, lo dejo en las manos de todos y cada uno de ustedes, de su imaginación, de su palabra, de su libertad.

El Colegio Nacional
Ciudad de México, México
7 de diciembre de 2000

Transformaciones culturales

Excmo. Sr. Presidente de Chile, don Ricardo Lagos, señoras y señores:

No oculto mi emoción al regresar a Chile, hogar de mi primera juventud, espacio de mi reconocimiento iberoamericano, patria poética de un lenguaje compartido, plaza de libertades que han de conquistarse día tras día.

Tampoco oculto la satisfacción de ser recibido en el Palacio de la Moneda por un mandatario democrático que a su personalidad política añade un pensamiento humanista y un compromiso social, que son el mejor padrinazgo imaginable para mis palabras esta noche.

El mundo globalizante, contra toda evidencia, nos ofrece visiones demasiado sonrientes que dejan de lado las agendas, no del pesimismo, pero sí, para parafrasear a Oscar Wilde, de un optimismo bien informado.

Ricardo Lagos ha sido una voz de advertencia y de proposición que, sin negar ninguna faceta de la racionalidad económica, jamás permite que ésta se disasocie de la realidad humana en que la economía debe sustentarse para ser, en efecto, tan *feliz* como Montesquieu la quería y menos *abismal —the dismal science—* de lo que Carlyle la imaginaba.

Ricardo Lagos nos honró a Gabriel García Márquez y a mí, atendiendo a nuestra invitación para impartir la Cátedra Julio Cortázar en la Universidad de

Guadalajara. Allí, Lagos nos advirtió que en Latinoamérica no hay recetas fáciles. Lo que debe haber es
un esfuerzo constante para asegurar que el desarrollo
económico tome en cuenta los objetivos sociales. Las
sociedades se hacen a partir del ciudadano. Empresario
y trabajador. Artista y receptor. Gobernante y gober-
nado. Es decir: La ciudadanía nos abraca a todos. Este
mensaje del Presidente Lagos en la Cátedra Julio Cortázar se amplificó el año pasado con la Conferencia de
la Gobernanza Progresiva en Londres, cuando el Presidente de Chile nos recordó que el concepto integral
de desarrollo no es mero complemento de políticas de
gobierno, sino que abarca la acción ciudadana, el bienestar social y el empleo del capital humano.

Ricardo Lagos será Ppresidente de Chile por el pe-
riodo constitucionalmente acotado. Pero fuera ya de
este Palacio de la Moneda que tan generosamente me
recibe, Ricardo Lagos seguirá siendo ciudadano del
mundo y guía de Iberoamérica.

Muchas gracias por la hospitalidad.

Señoras y señores:

TRANSFORMACIÓN: el Diccionario Oxford de la
lengua inglesa la define como un cambio de la forma,
una alteración, siendo el *transformismo* la evolución
gradual de relaciones morales y sociales y lo *transfor-
mativo,* aquello que posee la facultad de transformar.

Es un término físico: cambiar una forma de energía por otra.

Es un término eléctrico: el cambio de corriente.

El Diccionario de la Real Academia Española otorga a la palabra todas las anteriores connotaciones, más

una particularmente apta para las representaciones artísticas. Un *transformista* es un actor capaz de efectuar rápidos cambios de apariencia en el escenario. Y, finalmente, *transformismo* es, simple pero esencialmente, el arte de todas las especies en proceso de adaptación a nuevas circunstancias.

Si debiésemos traducir todos estos significados de la palabra *transformación* a la esfera de la cultura (o de la civilización, puesto que el tiempo ha hecho de ambos vocablos prácticamente sinónimos) de inmediato observaríamos dos cosas:

Primero, que las culturas viven en constante transformación.

Una cultura rígida e inamovible sería una cultura muerta.

Las culturas viven porque se mueven, viajan, le dan la mano a otras culturas, son abrazadas por otras culturas y, al hacerlo, van transformando pero también enriqueciendo sus perfiles originales.

El movimiento de las culturas ocurre en el tiempo y la más bella definición de lo temporal se la debemos a Platón: cuando la eternidad se mueve, la llamamos Tiempo.

Y al moverse, el Tiempo genera formas de relación entre seres humanos dentro de una comunidad. Significa, como lo define Ernest Gellner, compartir sistemas, ideas, signos y asociaciones, así como maneras de conducta y de comunicación.

En este sentido primordial, la cultura precede a todas las demás formas de asociación: familia, tribu, nación, Estado.

Pero apenas se mueve, una cultura se encuentra con otras pues, en las palabras de José Ortega y Gasset, la vida es ante todo un conjunto de problemas a los que damos respuesta con una galaxia de soluciones a las que llamamos "cultura".

Dado que muchas soluciones son posibles, muchas culturas han existido y existen. Lo que nunca ha existido es una cultura absoluta capaz de responder con éxito a todo problema.

Lo que para mí subyace tras estas aproximaciones diversas a la idea de cultura es que hombres y mujeres somos seres insatisfechos. Creemos resolver los enigmas de la existencia sólo para descubrir que la solución del enigma es un nuevo enigma.

Nos sentimos enajenados de la realidad e inventamos formas para introducirnos en ella sólo para descubrir de nuevo, que al hacerlo, hemos transformado aquello que, hasta entonces, habíamos creído que era una realidad perfectamente circunscrita.

Recordamos, porque tenemos un pasado.

Deseamos, porque tenemos un futuro.

La vida es transformación constante de lo lunar y de lo linear en centros mutantes desde donde irradiamos tanto nuestro sentido del pasado como el del futuro mediante memorias, proyecciones, espirales, eternos retornos, ciclos y senderos que se bifurcan. Hablo de las transformaciones del tiempo.

Parto de la convicción de que no hay creación sin tradición que la nutra. Pero, también, de que ninguna tradición pervive si no la enriquece una nueva creación.

Soy consciente de que toda cultura, dependa de identificaciones locales o adquiera mayores significados universales, vive gracias a esta tensión vital entre tradición y creación. La América Latina es territorio particularmente rico para explorar la relación entre tradición y creación, entre continuidad y transformación culturales, entre raíces y movimiento.

Raíces: ¿existe una cultura aboriginal de las Américas?

Para empezar, permítanme recordar que todos son inmigrantes en el hemisferio occidental, desde los primeros seres que cruzaron el estrecho de Bering desde Asia hace 60 o 30 mil años, hasta el último trabajador indocumentado que anoche cruzó la frontera entre Tijuana, México y San Diego, California.

Sin olvidar a esos ilustres inmigrantes, los puritanos ingleses que desembarcaron en Plymouth…, sin pasaportes o permisos de trabajo, en 1620.

En verdad, en las Américas todos venimos de otra parte.

Todos descendemos del movimiento y de la transformación.

Radicamos nuestras tradiciones previas en nuevas y pródigas tierras.

Tomen ustedes el caso de "Latinoamérica", una denominación que sirve de encubrimiento general para el hecho de que somos Indo-Americanos, Afro-Americanos, Euro-Americanos y, al cabo, mestizos, un arcoíris racial, un genuino *melting pot* del río Bravo a la Patagonia, que abarca 500 millones de seres humanos que no deben lealtad solamente a sus identidades nacionales, sino, aún más, a sus amplias y profundas raíces culturales.

La historia de Latinoamérica es la de un desenmascaramiento gradual de identidades falsas a fin de revelar nuestras verdaderas facciones en el espejo de una diversidad múltiple, generosa y exigente, comparable al de las tropas de Emiliano Zapata que, al ocupar la ciudad de México en 1915, fueron acantonadas en las mansiones de la aristocracia fugitiva y, allí se vieron por vez primera en espejos de cuerpo entero. "Mira —soy yo— mira —eres tú— mira: somos nosotros."

Iberoamérica —una denominación acaso más exacta que "Latinoamérica"— nació de una catástrofe histórica: la conquista y colonización de las tierras aborígenes por los imperios español y portugués. Una catástrofe que se tradujo en la muerte —física y cultural— de civilizaciones tan monumentales como las de México y Perú o tan mínimas como las del Caribe y el Amazonas.

Sin embargo, nos dice la filósofa española María Zambrano, una catástrofe sólo es catastrófica si de ella nada nace. Pero de la catástrofe de la conquista ibérica de las Américas, nacimos todos nosotros.

La mayoría hablamos español y portugués, aunque numerosas lenguas indígenas sobreviven en tradiciones diversas y sobre todo orales. Y la lengua española demuestra su potencia en la escritura y el habla cotidianas de Puerto Rico.

La mayoría somos católicos, pues en América Latina hasta los agnósticos son cristianos. Tal es la fuerza de la cultura de la cristiandad, especialmente porque supo admitir el sincretismo con las creencias indígenas primero y africanas enseguida.

Pero aunque la mayoría somos católicos en ese sentido, también mayoritariamente, apoyamos al Estado laico, convencidos de que la separación de la Iglesia y el Estado ha sido, en Occidente, la piedra angular de la democracia. Y allí donde dicha separación no prosperó, formas externas de dictadura política y religiosa, como el césaropapismo, la identificación de la Iglesia y Estado, como sucedió en Rusia, dañaron severamente la posibilidad democrática.

La mayoría somos de raza mixta, dado que los blancos, negros o indios puros son minoría en términos absolutos, aunque Bolivia y Guatemala son más indias y Argentina y Chile más blancas, en tanto que México es una variación plenamente indoeuropea y Brasil, plenamente afroeuropea.

Tal es nuestra fuerza. Nuestra convicción de que toda cultura es su propia verdad, pero siempre en relación con la verdad de los otros.

Nacidos de antiguas poblaciones indias, transformados por tres siglos de gobernanza colonial y mestizaje racial, nuestro drama latinoamericano fue que, al alcanzar la independencia a principios del siglo xix, nuestras élites culturales y gobernantes decidieron despegarse de las tradiciones negras e india, consideradas bárbaras y de la tradición ibérica, considerada opresiva. Y todas ellas —indígena, negra e hispánica— regresivas.

De modo que decidimos hacernos instantáneamente modernos imitando las máscaras del progreso y de la modernidad ejemplificadas en las leyes y costumbres de Francia, Inglaterra y los Estados Unidos de América. Nos convertimos en República Nescafé, creando leyes y constituciones, dijo Victor Hugo, hechas para los ángeles, no para seres humanos.

Pero debajo del barniz de la moda, las fachadas legales y las formas post-coloniales de la servidumbre comercial, una serie prácticamente ininterrumpida de regímenes dictatoriales apoyados en el latifundio y la riqueza minera, se sentaron encima de la masa de los iletrados, de los oprimidos, los desposeídos que eran también, ciertamente, los depositarios de las más viejas tradiciones que evolucionaron, a su vez, en novedades musicales, de lenguaje, rito, cocina y religión.

La identidad moderna de la América Latina se ganó gracias a un lento redescubrimiento de los perfiles ocultos de nuestras tradiciones —indígenas, africanas, europeas, mestizas que nos han convertido, en palabras de historiador y diplomático francés Alain Rouquié, en el Extremo Occidente. No el Lejano sino el Extraño Occidente, ¿Occidente?, ¿o Accidente?

La afirmación de una identidad latinoamericana en el siglo XX, más allá de las modas puramente imitativas del siglo XIX, fue el resultado de la triple afirmación de nuestra herencia.

En primer lugar, éramos dueños de una herencia indígena que podía no sólo transformar sino identificar y modernizar nuestras identidades presentes, como sucede en las novelas del escritor guatemalteco y premio Nobel de Literatura Miguel Ángel Asturias, o en la música de los compositores mexicanos, Revueltas, Chávez y Moncayo, además de nuestros pintores, Tamayo y Toledo.

Es más. Junto con estas recreaciones modernas de nuestra herencia indígena, nos hacía falta redescubrir la belleza misma de la poesía náhuatl y maya original, su inmensa devoción por la vida pasajera, así como por la muerte como parte integral de la vida.

Sólo hemos venido a soñar
No, no es cierto que hemos venido a vivir…
Pero yo soy un poeta

Y al cabo he entendido:
Escucho una canción, veo una flor
¡Ay, que ellas jamás perezcan!

Esa tensión entre el paso de la vida y la permanencia de la poesía jamás se divorcia de una concepción cósmica, constantemente renovada, de la creación del mundo por "el Hacedor, la Soberana Serpiente Emplumada, Corazón de la Laguna, Latido del Mar", "dadora de aliento, origen de vida". Y sólo entonces el mundo surge y fue "sólo la palabra la que lo creó", dice el Popol Vuh, el libro sagrado de los mayas.

Pero en segundo lugar, lo mismo podría decirse de nuestra tradición afroamericana, presente en las novelas del brasileño Jorge Amado, del cubano Alejo Carpentier y en la suntuosa variedad de ritmos afrocaribeños, del son cubano al merengue dominicano a la cumbia colombiana, sin olvidar los magníficos ritmos del Brasil, de la samba al bossanova y del refinamiento de Héctor Villalobos a la popularidad de Caetano Veloso.

Las tradiciones africanas llegaron a nuestras playas en sufrimiento y esclavitud, pero se liberaron y nos liberaron transformando las lenguas coloniales, el español y el portugués, pero también el inglés, el francés y el holandés, en un idioma nuevo y creativo, nacido de la necesidad de los esclavos africanos privados de sus lenguas nativas y obligados a adoptar y transformar el habla de las colonias, fuese en la creatividad rítmica del Caribe hispano:

Casimba yeré
Casimbangó

Yo salí de mi casa
Casimbangó
Yo vengo a buscá
Dame sombra ceibita
Dame sombra palo yabá
Dame sombra palo wakingangó
Dame sombra palo tengué

Sea en el sincretismo anglo-franco-africano de
Derek Walcott cuando funde las venas poéticas del
Caribe:

Trois jours, trois nuits
Iona boilly, Iona pas cuitte
(Ná di maman —Iáca)
Tou tou moula catin
Toute moune ka dir Iona tourner
Mauvais i'mauvais Iona!

Al tiempo que escucha la "salada música del mar" y
ruega, Derek Walcott orando,

Return to me, my language, return...

Sí, india y africana, pero también europea, como
en el caso del argentino Jorge Luis Borges quien, además de las europeas, se alimenta de fuentes árabes y
judías para sus historias, recordándonos que España
y Portugal, los poderes coloniales, eran, en sí mismos,
resultado de invasiones, migraciones, contagios de
múltiples culturas: filosofía griega y derecho romano,
pero también la literatura de España en su tránsito del
latín al castellano vernáculo.

Si hoy hablamos español es porque los sabios judíos de la corte de Alfonso el Sabio en la Castilla del siglo XIII insistieron en que las leyes y la historia de España fuesen escritas en castellano, la lengua del pueblo, en vez de latín, lengua de la clerecía.

En tanto que la presencia del islam en España, que duró siete siglos, nos dio por lo menos un tercio de nuestro vocabulario: alcázar, alberca, almohada, azotea, naranja, limón, ajedrez, alcachofa, al tiempo que devolvía a Europa los textos olvidados de la filosofía griega, perdidos durante la Primera Edad Media, así como a España en América, la originalidad y belleza de la arquitectura árabe. (No hay desgracia mayor, dice el dicho, que ser ciego en Granada. Abramos los ojos a Granada.)

Pues cómo podemos hoy mirar con indiferencia la sangre derramada del Mediterráneo oriental sin sentir el dolor de nuestra propia sangre, la sangre de los pueblos semitas, las dos culturas fraternas a las cuales les deberemos siempre nuestro origen y descendencia, árabes y judíos.

Con todas estas tradiciones —indígenas y africanas, mediterráneas y al cabo, mestizas— adquirimos una identidad durante el siglo XX, de México a la Argentina. Pero entonces aparece, una vez adquirida la identidad, una nueva tensión.

La Revolución mexicana de 1910, pongo por ejemplo, representó un redescubrimiento del ser propio —la narración de la nación— pero aun entonces nos percatamos de que hasta los pintores más nacionalista, estaban en deuda, por más que lo negasen, con las tradiciones europeas: Rivera con Gauguin, Orozco con el expresionismo alemán, Siqueiros con los futuristas italianos, en tanto que el cine mexicano fue marcado para siempre por las imágenes del ruso Eisenstein en su *Que viva México*.

De suerte que nos encontramos situados entre las imitaciones, derivativas del siglo xix y el nacionalismo patriotero del siglo xx. Un personaje del novelista mexicano Ignacio Solares satiriza el dilema cuando exclama: "Yo soy puro mexicano. No tengo nada ni de indio ni de español".

Pero otra exclamación, ésta debida a un crítico literario de los años cincuenta, pone de manifiesto el ridículo del chovinismo extremo: "Quien lea a Proust —proclamó— se proustituye".

Como de costumbre, el más grande humanista mexicano del siglo xx, Alfonso Reyes, puso las cosas en su lugar. "Seamos generosamente universales para ser provechosamente nacionales."

Sin duda, adquirir una identidad es tan importante como adquirir un nombre. Es, si ustedes quieren, una forma de bautismo espiritual.

Pero una vez adquirida la identidad surge el peligro del chovinismo de considerar nuestra cultura superior a la de los demás. El peligro de la xenofobia: el odio hacia aquellos que no comparten nuestra cultura, al grado, a veces, de exterminarlos. Los peligros del aislamiento: proteger las adquisiciones de la cultura nacional de influencias foráneas, asegurando así que la cultura local se secará como una planta sin agua.

¿Qué sigue, entonces, al camino empinado y vigoroso que nos conduce a la identidad nacional, a fin de superarla fortaleciéndola?

La respuesta, a mi parecer se encuentra en una palabra más cercana que opuesta: la diversidad.

En Latinoamérica, sabemos quiénes somos. Un mexicano sabe que él o ella son mexicanos, como lo saben de sí mismos los brasileños, o los chilenos.

No hay dudas. Éste ya no es un problema.

La cuestión hoy, a diversos niveles, es saberse mover de la identidad adquirida a la diversidad por adquirir. El valor de la diversidad, tanto en la América Latina como en los Estados Unidos, se ve inmensamente fortalecido por la variedad de lo que podríamos llamar "culturas fronterizas". La experiencia mexicana-norteamericana del teatro de Luis Valdez o de la literatura de Sandra Cisneros.

La experiencia cubano-norteamericana de escritores como Cristina García y Óscar Hijuelos, o la experiencia ricano-americana de novelistas como Rosario Ferré y Luis Rafael Sánchez en Puerto Rico.

La América Latina se encuentra en un cruce de caminos.

En términos generales, hemos superado la era de las brutales dictaduras militares. La mayoría de nuestras naciones son democráticas. Pero no todos tienen fe en nuestros gobiernos democráticos.

¿Por qué?, porque los beneficios atribuidos a la democracia, a veces ingenuamente, no están allí: una vida mejor, salud, alimento, educación, protección, trabajo, expectativas en alza.

Y es cierto. Salvo algunas áreas de luz, la mayor parte de los indicativos demuestran regresión en casi todos estos frentes.

Nuestros males sólo pueden ser superados si le atribuimos a la democracia algo más que una definición estrechamente política que la reduce, a veces, a un mero, aunque indispensable, evento electoral.

La democracia debe significar, desde luego, el Estado de derecho, la justicia distributiva, el crecimiento económico y el combate contra la corrupción y el crimen organizado. Pero también significa, junto con la diversificación política y la cultura de la legalidad, el respeto debido a la diversidad sexual, religiosa y cultural.

Significa cuidado del anciano, cobertura médica universal, educación vitalicia. Significa derechos de la mujer.

Y significa fortalecer las oportunidades para enseñar, practicar y representar las artes. Pues las artes son, y continuarán siendo, el fundamento mismo, así como el testimonio, el termómetro, la prueba de resistencia y la esperanza de desarrollo, de la sociedad en su conjunto.

La mitad de la población latinoamericana —200 millones de personas— tienen 20 años o menos. Toda proposición viable —política, económica o cultural— debe tomar en cuenta este hecho tan simple, tan impresionante y tan complejo. El nuestro es un continente de jóvenes y no podemos proponer o responder a cuestión alguna relativa al mundo de la creación artística, sin preguntarles a los jóvenes y preguntarnos a nosotros mismos:

¿Podemos ubicar el centro ciudadano en sociedades con niveles tan contrastantes de educación y riqueza? ¿Podemos colmar la brecha de expectativas en sociedades con ritmos tan discontinuos de desarrollo? ¿Sabremos comprender la resistencia juvenil a los modelos predominantes de entretenimiento, consumo, ambición, bienestar y belleza despojados de contenido moral? ¿Qué valores ofrecer, qué importancia colectiva otorgar a la aún anónima cultura urbana juvenil en Latinoamérica?

Y al cabo, ¿son estas preguntas privativas de los latinoamericanos? ¿O acaso las formulan miles, quizás millones de jóvenes que reaccionan de modos a veces indirectos, a veces muy directos, a los desafíos creativos de la cultura en todo el mundo?

Nuestro mundo.

Un mundo donde la más rápida difusión de la información coexiste con la más grande catarata de la desinformación.

Un mundo donde se celebra el libre comercio pero se practica el proteccionismo.

Un mundo que consagra el libre movimiento de las cosas pero condena el libre movimiento de las personas.

Un mundo donde 20% de la población mundial consume el 86% del producto mundial.

Un mundo donde se malgastan cada año 800 mil millones de dólares en armamentos, pero no se encuentra la suma necesaria —6 mil millones anuales— para sentar a todos los niños del mundo en un pupitre escolar.

Este constante desafío de la vida se convierte en centro neurálgico de la cultura dado que la manera de instalarnos en el mundo implica que modificamos el entorno y nos vemos obligados a comunicar dicha experiencia. Lo cual significa que debemos interpretar el acto de vivir en el mundo.

El más grande dramaturgo español de todos los tiempos, Calderón de la Barca, lo expresó sucintamente.

Hombres que salís al suelo
Por una cuna de hielo

> Y por un sepulcro estáis,
> Ved cómo representáis…

En efecto, ¿cómo representamos? Yo propondría la siguiente respuesta: Creando un mundo próximo al mundo, un universo contiguo al que creemos conocer.

¿Por qué?, porque el mundo que es no basta. Requiere un inmenso esfuerzo para seguir siendo, es decir, para seguir actuando y ello sólo lo asegura la más ancha definición de la creatividad cultural.

Nada reniega de este deber tanto de vivir al mundo como de crearlo que la falaz teoría del fin de la historia, que cómodamente nos adormece para creer que no tenemos nada más que decir o hacer, excepto aceptar el *statu quo* y asentirle a la nada, habiendo alcanzado una especie de estado matrimonial beatífico entre el capitalismo y la democracia.

Pero dado que el capitalismo no siempre es democrático —caso de China— ni la democracia capitalista —como lo atestiguan múltiples formas de actividades del tercer sector y organizaciones no lucrativas de la sociedad civil que, sólo en los Estados Unidos, dan cuenta de la mitad de los haberes del gobierno federal, sumando dos millones de organizaciones que a su vez cuentan con el tiempo y el apoyo de 95 millones de personas o sea el 51% de la población de ese país—, debemos sospechar que los proponentes del fin de la historia no quieren realmente enterrar la historia sino vendernos otra historia ajustada a sus propios intereses y dependientes de que en palabras de C. Wright Mills, nos convirtamos en "robots alegres". O, como famosamente lo ha expresado Neil Postman, "divertirnos hasta morir".

Las manifestaciones de la cultura, en ese sentido, son un llamado constante, a veces necesariamente revulsivo, chocante, incluso ríspido y escandaloso, de impedir nuestra muerte por causa de diversión.

En un mundo perfecto, lo que decimos sería idéntico a lo que hacemos.

Como esto no es así, vivimos nuestras vidas como seres problemáticos que afirmamos a la vez que trascendemos los problemas mediante la interpretación, en el sentido más lato, de nuestras facultades, nuestro lenguaje mental y corporal pero siempre imaginativo. Somos los mediadores entre el sentido y la percepción.

El arte nos dice que podemos conocer al mundo. Pero enseguida, debemos imaginarlo.

La imaginación es el nombre del conocimiento en el arte.

¿Qué mundo debemos imaginar hoy?

En el alba misma de nuestra cultura iberoamericana, el cronista peruano, Inca Garcilaso de la Vega, hijo de madre indígena y de conquistador español, dijo: "Mundo, sólo hay uno".

Semejante afirmación de la unidad humana no podía, dada la naturaleza misma de la experiencia que he querido dibujar en este día, excluir la variedad de un continente que se iba formando mediante el entretejido de culturas muy diversas. En verdad, la medida de nuestra unidad como seres humanos equivale a nuestra capacidad para admitir la diversidad de los valores humanos.

El problema consiste en que tanto la unidad como la diversidad de valores ocurren en la historia, y la historia no ha concluido. La historia se genera constantemente como tema problemático cargado tanto de peligros como de oportunidades. El peligro de la historia es considerarla como simple colección de hechos y olvidar que es, sobre todo, horizonte de posibilidades.

Claro que la historia puede ser dolorosa. Pero la ausencia de historia será más dolorosa aún.

Y si el mundo es un escenario, nuestra actuación humana debe tener lugar en ese tablado en el que estamos presentes, semejantes a los actores como seres que están allí indicando que su presente, nuestro presente en todos los sentidos de la palabra (presente como lugar y tiempo, compañía, protección contra el miedo, atención, regalo), nuestro presente es la espléndida manera que tenemos de valorar tanto nuestro pasado como nuestro futuro.

La representación del presente resucita al pasado porque lo recuerda. Y le da vida al futuro porque lo desea. Tal es la gran verdad universal compartida por todas las culturas del mundo a medida que representan, de nuevo en palabras de Calderón, el interminable drama de la vida y de la muerte.

Pregunto a ustedes: ¿hay representación —escrita, cantada, bailada, construida— que no recuerde y, simultáneamente, desee? ¿Puede la memoria —el pasado— estar ausente del acto del escritor que rememora el lenguaje en el acto mismo de transformarlo?

¿Del cantante o danzante que estará recordando el más antiguo grito de auxilio o de amor cuando representa la obra más novedosa?

¿Del actor que no sólo sirve a una tradición tan antigua como las máscaras de Sófocles al tiempo que debe recordar y repetir las acciones y las palabras de la representación presente como una continuación de la representación pasada, pero obligado a ofrecer unas y otras como vibrante novedad al mismo tiempo?

El teatro dentro del teatro. Hamlet rompe las cadenas del olvido gracias a los actores que pasan por Elsinore... Don Quijote abre la memoria del pasado caballeresco atacando el retablo titiritero de Maese Pedro... Calderón y Kleist emplean el escenario como si fuese el filo de la navaja entre sueño y memoria... Woody Allen y Buster Keaton disuelven las fronteras entre espectáculo y espectador... Pirandello cierra el círculo asegurándonos que somos a la vez actores y actuados, lo que hacemos y lo que parecemos hacer...

De tal suerte que, acaso, toda representación ocurre en el suelo doble del recuerdo y el olvido del acto humano, reteniendo y reproduciendo, pero también imaginando y deseando, la plenitud de la vida.

Sí, en un mundo ideal, el hacer sería idéntico al decir. La voz se correspondería exactamente con el acto. Puesto que esto no ocurre, dado que todos nuestros lenguajes —corporales, políticos, artísticos— son objeto de engaño y manipulación constantes, la representación, la creación, la actuación, el darle voz a las realidades alternas —el mundo contiguo al mundo— modifica realmente el entorno, a veces de maneras diminutas, a veces enormes, pero siempre como afirmación de la verdad, como sinónimo de la multiplicidad de nuestro ser.

Un desnudo desciende una escalera.

Una multitud es diezmada por los soldados del zar en las escaleras de Odessa.

Fernando Botero ocupa el espacio mediante una presencia masiva y José Luis Cuevas gracias a una masiva ausencia.

Antonio Webern y Julián Carrillo eliminan el centro tonal… dándonos la libertad de escoger nuestra propia red sonora, como lo hace, también, la secreta música verbal de Gonzalo Rojas y de Nicanor Parra.

Merce Cunningham revela en la danza las emociones más internas mediante los movimientos más externos del cuerpo, tal y como lo hace Antonio Salinas en México, en tanto que el teatro de Antonin Artaud o la Compañía Teatral del Automóvil Gris tratan de transformar el gesto en evento como Ictus en Chile.

Heisenberg nos dice que la presencia del observador introduce la indeterminación en un sistema físico. ¿Hace otra cosa el novelista mexicano Jorge Volpi?

La arquitectura del mexicano Luis Barragán nos permite ver la diferencia entre la tierra —lo que es— y el mundo —lo que puede ser—. ¿Hace otra cosa Germán del Sol en Chile?

Virginia Woolf nos pide sincronizar los setenta tiempos que laten simultáneamente en todo sistema humano normal, igual que el novelista mexicano Juan Rulfo.

En tanto que William Faulkner nos pide recordar que todo es presente, "¿Entienden ustedes?, el presente empezó hace diez mil años", o hace 100 años de soledad, nos diría desde Colombia Gabriel García Márquez.

Don Quijote cabalga desde su aldea medieval seguro en la identidad de sus lecturas —y descubre que el mundo lo lee como símbolo de la incertidumbre, como en la poesía de Vicente Huidobro.

Violeta Parra canta la música chilena de todos los tiempos, en tanto que una anciana chamán mexicana, María Sabina, canta a la noche bajo un incendio de estrellas: Yo soy la luna, yo soy el ave, yo soy el barro, yo soy el río, yo soy el ocelote nocturno —yo soy el alba en las montañas, yo soy la mujer, la mujer, la mujer...

Todos estos son reclamos a nuestra imaginación que cambian para siempre al mundo porque no se contentan con reproducir o reflejar la realidad, sino que aspiran a crear una nueva y más profunda realidad.

Don Quijote o Hamlet son inimaginables antes de que Cervantes y Shakespeare los creasen. Hoy, no entenderíamos el mundo sin ellos. No nos entenderíamos a nosotros mismos.

No nos entenderíamos porque Hamlet y Don Quijote son figuras de la incertidumbre, de la duda, del cuestionamiento acerca de la presencia y el destino del ser humano en la Tierra.

Al orgullo renacentista —todo es posible, incluso la utopía negada por la realidad renacentista de la destrucción de antiguas culturas americanas, la explotación colonial, las guerras dinásticas y las pugnas entre poderes imperiales— Shakespeare responde que los usos sin freno del poder humano pueden conducir a la ruina y la sangre, y que el hombre del Renacimiento, creyéndose amo del universo, es en verdad poca cosa frente a los poderes desatados del cosmos. La humanidad se pavonea apenas una hora sobre el escenario del mundo, "lleno del rumor y la furia, significando nada..."

Cervantes, al contrario, él es comediante del Renacimiento: Don Quijote cree en la verdad de todo lo que lee sólo para descubrir la verdad de la mentira y arrojar una inmensa mancha —la mancha de la incertidumbre y la duda: ¿son rebaños los ejércitos, son gigantes los molinos?— sobre el mundo dogmático de la Contrarreforma española, la Santa Inquisición y las verdades inamovibles.

Esta capacidad de dudar, de poner en tela de juicio las verdades establecidas y los dogmas intransigentes, no son más necesarios que nunca en un mundo que se impone con perfiles maniqueos.

El Mal Maniqueo.

La fácil identificación del Bien y del Mal, como si el mundo fuese un gigantesco "O. K. Corral" en el cual, claro está, nosotros somos el bueno y los otros el malo. Y el malo es objeto de exterminio.

No, las civilizaciones no chocan. Se mezclan, se diversifican y enriquecen al mundo.

Es la ideología política y la *hubris* imperial las que alimentan la hostilidad contra el otro.

Por ello es obligación de la cultura vernos en el otro, reconocernos en el otro, reconocerme a mí mismo en él o ella que no son como tú y yo.

Una guerra contra una civilización no tiene solución —salvo el exterminio.

No, no asistimos al fin de la historia.

No, mientras un solo ser humano no le haya dado presencia a lo no escrito, lo no cantado, lo no pintado, lo no filmado, lo no interpretado, lo no representado...

No, la historia aún no termina, porque todavía no hemos dicho nuestra última palabra.

Que es, sin embargo, mi última palabra.

Gracias.

Conferencias Presidenciales de Humanidades,
Palacio de la Moneda
Santiago, Chile,
24 de marzo de 2004

La novela de la Revolución mexicana

Señoras y señores:

La novela mexicana de la primera mitad del siglo XX estuvo dominada por el *acontecimiento* mexicano del siglo XX: la revolución social, política y cultural de 1910-1920. *Los de abajo* de Mariano Azuela, *Vámonos con Pancho Villa* de Rafael Muñoz y *La sombra del caudillo* de Martín Luis Guzmán dieron testimonio y estética realistas. Los intentos de novela intimista del grupo Contemporáneos (Torres Bodet, Novo, Owen) fueron minimizados, si no sustituidos, por una retórica nacionalista creciente y excluyente ("el que lee a Proust se proustituye") y una angustia de la ilusión y la pérdida políticas (José Revueltas). Hasta que dos obras, *Al filo del agua* de Agustín Yáñez y *Pedro Páramo* de Juan Rulfo, cerraron con brillo el ciclo de la revolución y el mundo agrario. La novela urbana pasó a ocupar el centro de la ficción y con ella apareció una literatura muy diversificada temáticamente.

"Las revoluciones empiezan combatiendo a la tiranía y acaban combatiéndose a sí mismas".

Tal dijo Saint-Just, el revolucionario francés, sobre la lucha de facciones unidas, al principio contra la monarquía.

Saint-Just fue guillotinado por órdenes de Robespierre en 1794, pero su pregunta no perdió la cabeza: ¿acaban las revoluciones por combatirse a sí mismas?

Tal fue el caso en Rusia y en China.

La joven Revolución norteamericana fue desafiada por la contrarrevolución de Daniel Shays en 1787 y sólo fue completada por la Guerra Civil de 1861 y continuada por las luchas por los derechos civiles en nuestros días.

La Revolución mexicana, en su fase armada (1910-1920) comenzó como un movimiento contra la larga dictadura de Porfirio Díaz. El apóstol de la revolución, Francisco I. Madero, fue electo en 1911, depuesto y asesinado por Victoriano Huerta en 1913.

Todas las fuerzas de la revolución —Obregón, Carranza y Villa en el norte, Zapata en el sur— se unieron contra Huerta quien, derrotado, huyó en 1915.

La revolución, tal y como lo previó Saint-Just, se dividió en las facciones que, con gran simplismo, podríamos llamar "populares", Villa y Zapata y las que, con igual largueza, podríamos considerar representativas de la clase media emergente, sofocada por el régimen patrimonialista y dictatorial de Díaz.

Mariano Azuela (1873-1952) era un médico de provincia, maderista, exiliado, que en 1915, en medio del combate revolucionario, publica *Los de abajo*.

¿Y qué es *Los de abajo?*

Es una novela épica, pero una épica degradada, una épica vulnerada, dañada, afectada por seres humanos, hombres y mujeres, de una *Ilíada* descalza, hombres y mujeres que levantan la pesada piedra de la historia y se mueven cegados por el sol, moviéndose por primera vez, abandonando el hogar para irse a la revolución.

En la novela de Azuela, el pueblo de México es "el ejército de la noche", como diría Norman Mailer. Da la impresión de un movimiento violento y espontáneo.

Pero hay que estar prevenidos. La *inmediatez* de los personajes de Azuela es el resultado de la larga *mediación* de la opresión, del imperio indígena a la colonia y a la república.

Y si este peso del pasado explica, en parte, la brutalidad del presente, Azuela no generaliza. Encarna. Encarna y vulnera.

La caracterización en Azuela es repetitiva, enunciativa y anunciadora de las calidades del héroe. Como Aquiles es el valiente y Ulises el prudente, Álvar Fáñez quien en buenhora ciñó espada y Don Quijote el Caballero de la Triste Figura, Pancho Villa aquí es el "Napoleón mexicano", "el águila azteca que ha clavado su pico de acero sobre la cabeza de la víbora Victoriano Huerta". Y Demetrio Macías será el héroe de Zacatecas.

Pero es aquí mismo, al nivel de la nominación, donde Azuela inicia su devaluación de la épica revolucionaria mexicana. ¿Merece Demetrio Macías su membrete, es héroe, venció a alguien en Zacatecas, o pasó la noche del asalto bebiendo y amaneció con una vieja prostituta con un balazo en el ombligo y dos reclutas con el cráneo agujereado?

O sea, "Las cosas se agarran sin pedirle licencia a nadie", dice la Pintada; si no, ¿para quién fue la revolución? "¿Pa' los catrines? —pregunta—. Si ahora nosotros vamos a ser los meros catrines…"

"Mi jefe" le dice Cervantes a Macías.

"Si ahora *nosotros* vamos a ser los meros catrines", dice la Pintada. Extraña épica del desencanto, entre estas dos exclamaciones perfila *Los de abajo* su verdadero espectro histórico. La dialéctica interna de la obra de Mariano Azuela abunda en dos extremos verbales: la amargura engendrando la fatalidad y la fatalidad engendrando la amargura. El desencantado Solís cree que la protagonista de la revolución es "una raza irredenta" pero confiesa no poder separarse de ella porque "la revolución es el huracán". La sicología de "nuestra raza" —continúa Solís— se condensa en dos palabras: "robar, matar…" pero "qué hermosa es la revolución, aun en su misma barbarie". Y, famosamente concluye: "¡Qué chasco, amigo mío, si los que veníamos a ofrecer todo nuestro entusiasmo, nuestra misma vida por derribar a un miserable asesino, resultásemos ser los obreros de un enorme pedestal donde pudieran levantarse 100 o 200 mil monstruos de la misma especie!", pero "—¿Por qué pelean ya, Demetrio […]? —Mira esa piedra cómo ya no se para…"

Azuela rehúsa una épica que se conforme con reflejar, mucho menos con justificar. Es un novelista tratando un material épico para vulnerarlo, dañarlo, afectarlo con el acto que rompe la unidad simple. En cierto modo, Azuela cumple así el ciclo abierto por Bernal Díaz, levanta la piedra de la historia y nos pide mirar a los seres aplastados por las pirámides y las iglesias, la mita y la hacienda, el cacicazgo local y la dictadura nacional. La piedra es esa piedra que ya no se para; la revolución huracanada y volcánica deja, bajo esta luz, de asociarse con la fatalidad para perfilarse como un acto humano, novelístico, que quebranta la épica anterior, la que celebra todas nuestras hazañas históricas y, constantemente, nos amenaza con la norma adormecedora del autoelogio.

En consecuencia, lo que parecería a primera vista resignación o repetición en Azuela, es crítica, crítica del espectro histórico que se diseña sobre el conjunto de sus personajes.

La novela es un evento crítico. La religión exige fe. La lógica demanda razón. La política solicita ideología. La novela pide crítica.

Crítica del mundo, junto a crítica de sí misma.

Y aunque la literatura y la imaginación son consideradas superfluas en las sociedades satisfechas de sí, lo primero que hace una dictadura es censurar libros, quemarlos y exiliar, encarcelar o asesinar escritores.

¿Precisamos la represión autoritaria para demostrar la importancia de la literatura, la libertad crítica de la imaginación y de las palabras?

Azuela nos dio un retrato crítico de la Revolución mexicana mientras la revolución *ocurría*. Sentó de esta manera una norma de libertad crítica que prevaleció en México durante siete décadas.

Ha habido represión en México. Contra partidos políticos, individuos, sindicatos, movimientos agrarios, periodistas.

Pero la literatura ha mantenido un alto grado de independencia crítica, a partir de *Los de abajo* de Mariano Azuela y continuada por las obras de Martín Luis Guzmán, Rafael Muñoz y José Vasconcelos.

Crítica indispensable ayer, pero más indispensable hoy, si queremos construir un sistema democrático.

Al final de *Los de abajo*, Demetrio Macías quisiera regresar al hogar.

Ya no puede. "¿Por qué pelean ya, Demetrio?"

"Mira esa piedra, ya no se para".

Los de abajo es una novela.

Porque es una novela *asombrada* por un mundo que ya no comprende.

Y es este sentimiento de *asombro* ante lo real lo que le da a *Los de abajo* su asombro literario.

Además de su humor.

Azuela nos dio las armas de la critica.

La revolución misma, las del humor.

Lo tiene una revolución cuyo himno celebra a una cucaracha marihuana.

El protagonista de *Los de abajo,* Demetrio Macías, es un hombre invisible, uno de tantos seres anónimos que hicieron la revolución y murieron en la revolución. El protagonista de *La sombra del caudillo* es otro hombre invisible, el jefe máximo para el que se hizo la revolución y que de ella vive.

Decimos en México que un día la revolución se bajó del caballo y se subió al Cadillac. La novela de Guzmán retrata a una sociedad política intermedia entre el caballo y el Cadillac. Ha terminado lo que se llamó "la fase armada" de la revolución: la lucha contra la dictadura de Victoriano Huerta y luego la guerra entre facciones revolucionarias: Carranza contra Zapata y Villa, Obregón contra Carranza, De la Huerta contra Obregón y Calles. La consolidación del régimen Obregón-Calles a partir de 1921 no excluyó las revueltas de militares ambiciosos o insatisfechos (Francisco Serrano, Pablo González, Arnulfo R. Gómez).

Con un pie en el estribo y el otro en el acelerador, el *caudillo* de Guzmán siempre está, como lo indica el título, en la sombra. Su poder se manifiesta en los personajes que actúan, también ambiciosamente, a su sombra. A favor o en contra. El caudillo manipula, frustra, despliega trampas, fomenta rivalidades, obligando, al cabo, a la oposición a manifestarse públicamente —tan pública como el caudillo se manifiesta, cual titiritero, en la sombra— y, a la luz del día, ofrecerse como blanco para la muerte. Fuera de la sombra, no hay salud, dice implícitamente el caudillo. A la luz del sol, hay un pelotón de fusilamiento. O peor: hay una cacería vil de los opositores, como si fuesen animales.

Guzmán retrata un poder político aún inseguro que se mueve del cambio a la permanencia, de "la bola" a "la institución". Calles no toleró la oposición y mandó destruir a sus enemigos. Pero también absorbió a la oposición creando un partido de partidos que sumara facciones a favor de un poder único, presidencial, centralista: el Partido Nacional Revolucionario (PNR), seguido por el Partido de la Revolución Mexicana (PRM) y al cabo, y eternamente, por el Partido Revolucionario Institucional que gobernaría, durante siete décadas.

En *La sombra del caudillo* esta transición inicial vive su bautizo como un baño de sangre, violencia y traición, virtudes contrastadas por la prosa límpida de Guzmán. Éste, junto con Alfonso Reyes, había escrito crítica de cine en Madrid con el seudónimo de "Fósforo" y a sus libros —*El águila y la serpiente* y *La sombra del caudillo*, ambos de 1928—, les otorga un castellano límpido, como si la opacidad de los temas requiriese la luminosidad de la prosa.

Hay en esto, qué duda cabe, una voluntad estética y una percepción visual muy notable que, sin embargo, en su *perfección* misma, les dan a las obras una dimensión académica. La diáfana prosa de Guzmán corona las turbias historias que cuenta. No hay más. No hay contradicción de forma y fondo, porque éste, oscuro, sólo se podría escribir así, luminosamente. La contradicción aparente es superada por la voluntad de estilo. Guzmán aspira a conciliar, clásicamente, el fondo y la forma. Escribe —y muy bien— para una suerte de eternidad lingüística.

Hacía falta voltear el guante, negarse a concluir la historia, explorar formas nuevas para temas viejos y temas nuevos para formas viejas, trascender la historia para re-encontrar la historia con armas inéditas de la imaginación y el lenguaje.

Había que encontrar la forma universal del tema nacional. Había que dar cuenta de la sociedad más allá de lo que la sociedad es, lo que la sociedad imagina y cómo imaginamos la sociedad.

AGUSTÍN YÁÑEZ Y EL PORVENIR DEL PASADO

Al filo del agua (1947) de Agustín Yáñez señala el fin de la llamada "novela de la revolución" narrando, sin paradoja, el inicio de la revolución. Yáñez rompe los estilos habituales del realismo (Azuela, Guzmán, Muñoz) introduciendo, en primer lugar, un coro despojado de adornos yerbales. El autor lo llama "acto preparatorio" y su voz es la de un coro cuya primera célebre declaración es: "pueblo de mujeres enlutadas" para seguir —siempre el coro— con "pueblo sin fiestas", "pueblo seco, sin árboles ni huertos", "pueblo de sol, reseco…"

Novela coral de arranque, *Al filo del agua* somete su propia continuidad a la norma introductoria del coro que, no hay que olvidarlo, era una *liturgia* que precedía y presentaba la acción trágica. Ésta sería tan variada y disímil como se quisiera de la voz coral, pero, sin ésta, no tendría lugar la acción misma.

Esto es importante para entender tanto la novedad como la importancia de *Al filo del agua*, pues antes de

Yáñez la novela mexicana (que era la novela de Azuela y Guzmán) había narrado los hechos de modo directo y continuo, como lo exigió la norma realista. Yáñez nos presenta, no un "nuevo" realismo, sino una ruptura de lo real en la que el tema de la novela presiente el hecho histórico pero lo somete a lo mismo que lo precede: la ignorancia de lo que vendrá. Yáñez logra así una novedad en nuestra literatura. Nos revela el secreto de lo desconocido.

El gran coro con que se inicia *Al filo del agua* —el acto preparatorio— parecería un momento de quietud al borde de la tempestad. Quietud engañosa. La estática del coro contiene cuanto ha de sucederla: la acción, que deja de ser sucesión temporal para convertirse, por arte del coro, en simultaneidad de tiempos. El arte de Yáñez consistiría en decirnos lo que la historia comprueba —1909 a 1910: la revolución se prepara y se inicia— de una manera que la historia desconoce. Como, en efecto, sucede: la historia no tiene bola de cristal que adivine el futuro; la historia no tiene más espejo que el pasado; pero el pasado que evoca una novela se desconoce como tal porque es puro presente narrativo.

El coro de *Al filo del agua*, así, es falsamente estático. Contiene la acción por venir. Sólo que "la acción" en esta obra no sólo ocurre *afuera* sino *adentro* de las personas. Afuera, hay un pueblo "que puso Dios en mis manos", murmura el cura *Don Dionisio*. Los rituales se suceden previsibles y vacíos. Las vidas se suceden; pecado, perdón, dolor, muerte de acuerdo con calendarios que prohíben la fiesta y son pura mortificación.

Hay otra vida y Yáñez apela a las técnicas narrativas modernas para introducirse en las mentes afligidas y mudas del "pueblo de mujeres enlutadas". El monólogo interior sirve aquí un doble propósito. Rompe el silencio de un pueblo fatal y da voz a un pueblo mudo. El deseo y la culpa, el miedo, el silencio, van adquiriendo una extraña sonoridad, pasan del monólogo interno en rebelión contra el silencio, rompen las supersticiones como el perro que con sus aullidos parcela los rezos, niega la obediencia de siglos, mira a los que se van y sienten que escapar del "pueblo de mujeres enlutadas" es posible. Llegan los trabajadores del norte, se va y regresa Victoria, "alborotadora de prójimos", el país se mueve, la quietud se rompe, al cabo llegan los revolucionarios y sólo queda en el pueblo el campanero Gabriel —nombre de arcángel— quien ha celebrado fechas y emociones, amores mudos y ese eterno secreto de lo desconocido.

Gabriel también se va. Don Dionisio el cura ha quedado exhausto. La religión sin fiesta ha sido vencida por la fiesta de la revolución.

Agustín Yáñez ha vencido la linealidad de la historia con la diversidad de las voces de la novela.

Juan Rulfo

Juan Rulfo asume toda esta tradición, la desnuda, despoja el cacto de espinas y nos las clava como un rosario en el pecho, toma la cruz más alta de la montaña y nos revela que es un árbol muerto de cuyas ramas cuelgan, sin embargo, los frutos, sombríos y dorados, de la palabra.

Juan Rulfo es un novelista no sólo en el sentido de que, en *Pedro Páramo,* concluye, consagrándolos y asimilándolos, varios géneros tradicionales de la literatura mexicana: la novela del campo, la novela de la revolución, abriendo en vez una modernidad narrativa de la cual Rulfo es, a la vez, agonista y protagonista.

Pedro Páramo, la novela de Juan Rulfo, se presenta ritualmente con un elemento clásico del mito: la búsqueda del padre. Juan Preciado, el hijo de Pedro Páramo, llega a Comala: como Telémaco busca a Ulises. Un arriero llamado Abundio lo conduce. Es Caronte, y el Estigia que ambos cruzan, es un río de polvo. Abundio se revela como hijo de Pedro Páramo y abandona a Juan Preciado en la boca del infierno de Comala. Juan Preciado asume el mito de Orfeo: va a contar y va a cantar mientras desciende al infierno, pero a condición de no mirar hacia atrás. Lo guía la voz de su madre, Doloritas, la Penélope humillada del Ulises de barro, Pedro Páramo. Pero esa voz se vuelve cada vez más tenue: Orfeo no puede mirar hacia atrás y, esta vez, desconoce a Eurídice. No es ella esta sucesión de mujeres que suplantan a la madre y que más bien parecen Virgilios con faldas: Eduviges, Damiana, Dorotea la Cuarraca con su molote arrullado, diciendo que es su hijo.

Son ellas quienes introducen a Juan Preciado en el pasado de Pedro Páramo: un pasado contiguo, adyacente, como el imaginado por Coleridge: no atrás, sino al lado, detrás de esa puerta, al abrir esa ventana. Así, al lado de Juan reunido con Eduviges en un cuartucho de Comala está el niño Pedro Páramo en el excusado, recordando a una tal Susana. No sabemos que está muerto; podemos suponer que sueña de niño a la mujer que amará de grande.

Eduviges está con el joven Juan al lado de la historia del joven Pedro: le revela que iba a ser su madre y oye el caballo de otro hijo de Pedro Páramo, Miguel, que se acerca a contarnos su propia muerte. Pero al lado de esta historia, de esta muerte, está presente otra: la muerte del padre de Pedro Páramo.

Eduviges le ha preguntado a Juan:

—¿Has oído alguna vez el quejido de un muerto? [...]

—No, doña Eduviges.

—Más te vale [contesta la vieja].

Este diálogo es retomado:

—Más te vale, hijo. Más te vale.

Pero entre los dos diálogos de Eduviges, que son el mismo diálogo en el mismo instante, palabras idénticas a sí mismas y a su momento, palabras espejo, ha muerto el padre de Pedro Páramo, ha muerto Miguel el hijo de Pedro Páramo, el padre Rentería se ha negado a bendecir el cadáver de Miguel, el fantasma de Miguel ha visitado a su amante Ana, la sobrina del señor cura y éste sufre remordimientos de conciencia que le impiden dormir. Hay más: la propia mujer que habla, Eduviges Dyada, en el acto de hablar y mientras todo esto ocurre contiguamente, se revela como un ánima en pena, y Juan Preciado es recogido por su nueva madre sustituta, la nana Damiana Cisneros.

Tenemos así dos órdenes primeros de la estructura literaria en *Pedro Páramo:* una realidad dada y el movimiento de esa realidad. Los segmentos dados de la realidad son cualesquiera de los que he mencionado: Rentería se niega a enterrar a Miguel, el niño Pedro sueña con Susana encerrado en el baño, muere el padre de Pedro, Juan Preciado llega a Comala, Eduviges desaparece y la sustituye Damiana.

Pero esos segmentos sólo tienen realidad en el movimiento narrativo, en el roce con lo que les sigue o precede, en la yuxtaposición del tiempo de cada segmento con los tiempos de los demás segmentos. Cuando el tiempo de unas palabras —*más te vale, hijo. Más te vale*— entendemos que esas palabras no están separadas por el tiempo, sino que son instantáneas y sólo instantáneas; no ha ocurrido nada. O más bien: cuanto ha ocurrido ha ocurrido simultáneamente. Es decir: ha ocurrido en el eterno presente del mito novelesco de la obra.

Cuando en mi lectura sucesiva entendí que los tiempos de *Pedro Páramo* son tiempos simultáneos comencé a acumular y a yuxtaponer, retroactivamente, esta contigüidad de los instantes que iba conociendo. La historia de Pedro Páramo que le cuentan a Juan sus madres sucesivas es una historia política y sicológica "realista", lineal. Pedro Páramo es la versión jalisciense del tirano patrimonial cuyo retrato es evocado en las novelas de Valle Inclán, Gallegos y Asturias: el minicésar que manipula todas las fuerzas políticas pero al mismo tiempo debe hacerles concesiones; una especie de príncipe maquiavélico agrario.

Y sin embargo, este héroe del maquiavelismo patrimonial del nuevo mundo, señor de horca y cuchillo, amo de vidas y haciendas, dueño de una voluntad que impera sobre la fortuna de los demás y apropia para su patrimonio privado todo cuanto pertenece al patrimonio público, este profeta armado del capricho y la crueldad impunes, rodeado de sus bandas de mayordomos ensangrentados, no aprendió la otra lección de Maquiavelo, y ésta es que no basta imponer la voluntad. Hay que evitar los vaivenes de la fortuna, pues el príncipe que depende de ella, será arruinado por ella. Por la fortuna.

Pedro Páramo no es el príncipe maquiavélico porque, finalmente, es un personaje de novela. Tiene una falla secreta, un resquicio por donde las recetas del poder se desangran inútilmente. La fortuna de Pedro Páramo es una mujer, Susana San Juan, con la que soñó de niño, encerrado en el baño, con la que voló cometas y se bañó en el río, cuando era niño.

¿Cuál es el papel de Susana San Juan? Su primera función, si retornamos de la frase de Eduviges Dyada —*más te vale, hijo. Más te vale*— a la razón de esta técnica, y si la acoplamos al tremendo aguafuerte político y sociológico del cacique rural que Rulfo acaba por ofrecernos, es la de ser soñada por un niño y la de abrir, en ese niño que va a ser el tirano Páramo, una ventana anímica que acabará por destruirlo. Si al final de la novela Pedro Páramo se desmorona como si fuera un montón de piedras, es porque la fisura de su alma fue abierta por el sueño infantil de Susana: a través del sueño, Pedro fue arrancado a su historia política, maquiavélica, patrimonial, desde antes de vivirla, desde antes de serla. Sin embargo, ingresó desde niño a la simultaneidad de tiempos que rige el mundo de su novela. Ese tiempo simultáneo será su derrota porque, para ser el cacique total, Pedro Páramo no podía admitir heridas en su tiempo lineal, sucesivo, lógico: el tiempo futurizable del poder épico.

Pedro Páramo no es una excepción a esta regla: la confirma con brillo incomparable, cuenta la historia épica del protagonista, pero esta historia es vulnerada por la historia mítica del lenguaje.

Negar el mito sería negar el lenguaje y para mí éste es el drama de la novela de Rulfo. En el origen del mito está el lenguaje y en el origen del lenguaje está el mito:

ambos son una respuesta al silencio aterrador del mundo anterior al hombre: el universo mudo al cual viaja el narrador de *Los pasos perdidos* de Alejo Carpentier, deteniéndose al borde del abismo.

Por todo esto, es significativo que en el centro mismo de *Pedro Páramo* escuchemos el vasto silencio de una tormenta que se aproxima —y que este silencio sea roto por el mugido del ganado—.

Fulgor Sedano, el brazo armado del cacique, da órdenes a los vaqueros de aventar el ganado de Enmedio más allá de lo que fue Estagua, y de correr el de Estagua para los cerros del Vilmayo. "Y apriétenle —termina—, ¡que se nos vienen encima las aguas!"

El silencio es roto por las voces que no entendemos, las voces mudas del ganado mugiente, de la vaca ordeñada, de la mujer parturienta, del niño que nace, del molote inánime que arrulla en su rebozo una mendiga.

Este silencio es el de la etimología misma de la palabra "mitoll: *mu*", nos dice Erich Kahler, raíz del mito, es la imitación del sonido elemental, res, trueno, mugido, musitar, murmurar, murmullo, mutismo. De la misma raíz proviene el verbo griego *muein*: cerrar, cerrar los ojos, de donde derivan misterio y mística.

Novela misteriosa, mística, musitante, murmurante, mugiente y muda, *Pedro Páramo* concentra así todas las sonoridades muertas del mito. *Mito* y *muerte*: ésas son las dos *"emes"* que coronan todas las demás antes de que las corone el nombre mismo de México: novela mexicana esencial, insuperada e insuperable, *Pedro Páramo* se resume en el espectro de nuestro país: un murmullo de polvo desde el otro lado del río de la muerte.

La novela, como es sabido, se llamó originalmente *Los murmullos,* y Juan Preciado, al violar radicalmente las normas de su propia presentación narrativa para ingresar al mundo de los muertos de Comala, dice:

—Me mataron los murmullos.

Lo mató el silencio. Lo mató el misterio. Lo mató la muerte. Lo mató el mito de la muerte. Juan Preciado ingresa a Comala y al hacerlo ingresa al mito encarnando el proceso lingüístico descrito por Kahler y que consiste en dar a una palabra el significado opuesto: como el *mutus* latín, *mudo,* se transforma en el *mot* francés, *palabra,* y la onomatopeya *mu,* el sonido inarticulado, el mugido, se convierte en *mitos,* la definición misma de la palabra.

Pedro Páramo contiene un *antes* feliz: la Comala descrita por la voz ausente de Doloritas, el murmullo de la madre:

"Un pueblo que huele a miel derramada".

Pero este pueblo frondoso que guarda nuestros recuerdos como una alcancía sólo puede ser recobrado en el recuerdo; es el "Edén subvertido" de López Velarde, creación histórica de la memoria pero también mito creado por el recuerdo.

Pero, ¿quién puede recordar en Comala, quién puede crear la historia o el mito a partir de la memoria? ¿Quién tiene, en otras palabras, derecho al lenguaje en Comala? ¿Quién lo posee, quién no? Steven Boldy, el crítico inglés y catedrático de Emmanuel College, Cambridge, responde en un brillante estudio sobre *Pedro Páramo:* el dueño del lenguaje es el padre; los desposeídos del lenguaje son los demás, los que carecen de la autoridad paterna.

Este pueblo frondoso ha sido destruido por un hombre que niega la responsabilidad colectiva y vive en el mundo aislado del poder físico individual, de la fuerza material y de las estrategias maquiavélicas que se necesitan para sujetar a la gente y asemejarla a las cosas.

¿Cómo ocurre esto? ¿Por qué llega Juan Preciado a este pueblo muerto en busca de su padre?

Ésta es la historia detrás de la épica.

Pedro Páramo ama a una mujer que no pertenece a la esfera del poder. Susana San Juan pertenece al mundo de la locura, la infancia, el erotismo y la muerte. ¿Cómo poseer a esta mujer? ¿Cómo llegar a ella?

Pedro Páramo está acostumbrado a poseer todo lo que desea. Forma parte de un mundo donde el dueño de la esfera verbal es dueño de todos los que hablan, como el emperador Moctezuma, que llevaba el título de Tlatoani, el Señor de la Gran Voz, el monopolista del lenguaje.

Un personaje de "Talpa", el cuento de Rulfo, tiene que gritar mientras reza, "nomás" para saber que está rezando y, acaso, para creer que Dios o el Tlatoani lo escucha.

Pedro Páramo es el padre que domina la novela de Rulfo, es su Tlatoani.

Nombrar y *existir, para* el *padre,* son la misma cosa, y en *Pedro Páramo* el poder del cacique se expresa en estos términos cuando Pedro le dice a Fulgor: "La ley de ahora en adelante la vamos a hacer nosotros". La aplicación de esta ley exige la negación de los demás: los de *más,* los que sobran, los que *no-son* Pedro Páramo: "Esa gente no existe".

Pero él —el Padre, el Señor— existe sólo en la medida en que ellos le temen, y al temerlo, lo reconocen, lo odian, pero lo necesitan para tener un nombre, una ley y una voz. Comala, ahora, ha muerto porque el Padre decidió cruzarse de brazos y dejar que el pueblo se muriera de hambre. "Y así lo hizo".

Su pretexto es que Comala convirtió en una feria la muerte de Susana San Juan. La verdad es otra: Pedro Páramo no pudo poseer a la mujer que amó porque no pudo transformarla en objeto de su propia esfera verbal. Pedro Páramo condena a muerte a Comala, porque la condena al silencio, pero Comala, Susana y finalmente Juan Preciado saben algo que Pedro Páramo ignora: la muerte está en el origen, se empieza con la muerte, la vida es hija de la muerte, y el lenguaje proviene del silencio.

Pedro Páramo cree que condena a muerte a un pueblo porque la muerte para él está en el futuro, la muerte es obra de la mano de Pedro Páramo, igual que el silencio. Para todos los demás —para ese coro de viejas nanas y señoritas abandonadas, brujas y limosneras, y sus pupilos fantasmales, los hijos de Pedro Páramo, Miguel y Abundio, y Juan Preciado al cabo— lo primero que debemos recordar es que la muerte es nuestro origen. Para todos ellos, la muerte está en el origen, se empieza con la muerte, y acaso es esto lo que une, al cabo, al hijo de Pedro Páramo y a la amada de Pedro Páramo, a Juan Preciado y a Susana San Juan: los murmullos, el lenguaje incipiente, nacidos del silencio y de la muerte.

El problema de Pedro Páramo es cómo acercarse a Susana. Cómo acercarse a Pedro Páramo es el problema de sus hijos, incluyendo a Juan Preciado, y éste también es un problema de la esfera verbal.

¿Qué cosa puede acercamos al padre? El *lenguaje* mismo que el padre quiso damos primero y quitarnos en seguida: el lenguaje que es el poder del padre, pero su impotencia cuando lo pierde.

Pedro Páramo es en cierto modo una telemaquia, la saga de la búsqueda y reunión con el padre, pero como el padre está muerto —lo asesinó uno de sus hijos, Abundio el arriero— buscar al padre y reunirse con él es buscar a la muerte y reunirse con ella. Esta novela es la historia de la entrada de Juan Preciado al reino de la muerte, no porque encontró la suya, sino porque la muerte lo encontró a él, lo hizo parte de su educación, le enseñó a hablar e identificó muerte y voces o, más bien, la muerte como un ansia de palabra, la palabra como eso que Xavier Villaurrutia llamó, certeramente, la nostalgia de la muerte.

Juan Preciado dice que los murmullos lo mataron: es decir, las palabras del silencio. "Mi cabeza venía llena de ruidos y de voces. De voces, sí. Y aquí, donde el aire era escaso, se oían mejor. Se quedaban dentro de uno, pesadas".

¿Es la muerte la realidad que con mayor gravedad y temblor y ternura exige el lenguaje como prueba de su existencia?

Los mitos siempre se han contado junto a las tumbas: Rulfo va más lejos: va dentro de las tumbas, lado a lado, al diálogo de los muertos:

—Siento como si alguien caminara sobre nosotros.

—Ya déjate de miedos. […] Haz por pensar en cosas agradables porque vamos a estar mucho tiempo enterrados.

La tierra de los muertos es el reino de Juan Rulfo y en él este autor crea y encuentra su arquetipo narrativo, un arquetipo íntimamente ligado a la dualidad padre/madre, silencio/voz.

Como Pedro Páramo en sus últimos años, viejo e inmóvil en un equipal junto a la puerta grande de la Media Luna, esperando a Susana San Juan como Heathcliff esperó a Catherine Earnshaw en las *Cumbres borrascosas*, pero separado radicalmente de ella porque Susana pertenece al mundo de la locura, la infancia, el erotismo y la muerte y Pedro pertenece al mundo del poder, la conquista física de las cosas, la estrategia para subyugar a las personas y asemejarlas a las cosas.

La verdad de Pedro Páramo es la muerte, su deseo de reunirse con Susana. "No tarda ya. No tarda. Ésta es mi muerte. Voy para allá. Ya voy".

Muere una vez que ha dejado a Comala morirse, porque Comala convirtió en una feria la muerte de Susana San Juan.

—Me cruzaré de brazos y Comala se morirá de hambre.

Y así lo hizo.

En la muerte, retrospectivamente, sucede la totalidad de *Pedro Páramo*. De allí la estructura paralela y contigua de las historias: cada una de ellas es como una tumba; más bien: es una tumba, crujiente, mojada y vecina de todas las demás. Aquí, completada su educación en la tierra, su educación para la muerte y el terror, acaso Juan Preciado alargue la mano y encuentre, él sí, ahora sí, su propia pasión, su propio amor, su propio reconocimiento. Acaso Juan Preciado, en el cementerio de Comala, acostado junto a ella, con ella, conozca y ame a Susana San Juan y sea amado por ella, como su padre quiso y no pudo. Y quizás por eso Juan Preciado se convierte en fantasma: para conocer y amar a Susana San Juan en la tumba. Para penetrar en la muerte a la mujer que el padre no pudo poseer. Para vivir el erotismo como una afirmación de la vida hasta la muerte.

RULFO, EL NOVELISTA FINAL

Leer a Juan Rulfo es como recordar a nuestra propia muerte. Gracias al novelista, hemos estado presentes en nuestra muerte, que así pasa a formar parte de nuestra memoria. Estamos entonces mejor preparados para entender que no existe la dualidad vida y muerte, o la opción vida o muerte, sino que la muerte es *parte* de la vida: todo *es* vida.

Al situar a la muerte en la vida, en el presente y, simultáneamente, en el origen, Rulfo contribuye poderosamente a crear una novela hispanoamericana moderna, es decir, abierta, inconclusa, que rehúsa un acabamiento —un acabado técnico, inclusive— que la prive de su resquicio, su hoyo, su Eros y su Tánatos.

Literalmente, cada palabra debería ser final. Pero ésta es sólo su apariencia: de hecho, nunca hay última palabra, porque la novela existe gracias a una pluralidad de verdades: la verdad de la novela es siempre relativa. Su hogar, escribe Mijaíl Bajtín, es la conciencia individual, que por definición es parcial. Su gloria, recuerda Milan Kundera, es la de ser el paraíso transitorio en el que todos y cada uno tenemos el derecho de hablar y ser escuchados.

La novela es el instrumento del diálogo en este sentido profundo: no sólo el diálogo entre personajes, como lo entendió el realismo social y sicológico, sino el diálogo entre géneros, entre fuerzas sociales, entre lenguajes y entre tiempos históricos contiguos o alejados,

como lo entendieron y entienden los generadores de
la novela, Cervantes, Sterne y Diderot ayer, y Joyce,
Kafka, Woolf, Broch y Faulkner en nuestro tiempo.
Y Juan Rulfo.

El Colegio Nacional
Ciudad de México, México
6 de abril de 2010

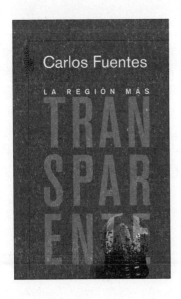

Carlos Fuentes
La región más transparente

«La novela, como se sabe, está fundada en una estructura
muy parecida a la sociedad que describo: es chiclosa, a medio
cocinar, deforme. Caótica como la sociedad de México.»
Carlos Fuentes

«Has venido a dar conmigo, sin saberlo, a esta meseta de joyas
fúnebres. Aquí vivimos, en las calles se cruzan nuestros olores,
nuestras carnes ociosas y tensas, jamás nuestras miradas. Aquí
caímos. Qué le vamos a hacer. Aguantarnos, mano. A ver si
algún día mis dedos tocan los tuyos. Ven, déjate caer conmigo
en la cicatriz lunar de nuestra ciudad, ciudad puñado
de alcantarillas, ciudad presencia de todos nuestros olvidos,
ciudad del sol detenido, ciudad a fuego lento, ciudad con el
agua al cuello, ciudad perro, suntuosa villa, ciudad lepra
y cólera, hundida ciudad. Tuna incandescente. Águila sin alas.
Serpiente de estrellas. Aquí nos tocó. Qué le vamos a hacer.
En la región más transparente del aire.»

Carlos Fuentes
La silla del águila

En el año 2020, en un México sin telecomunicaciones,
se desata la lucha por la presidencia, es decir, por sentarse
en *La Silla del Águila* y no abandonarla nunca más.

Una lucha donde no hay lealtad que valga: por conseguir
el poder, el padre es capaz de traicionar al hijo, la esposa al
cónyuge, el secretario de estado al primer mandatario.
Y donde todo puede pasar: crímenes de viejos caciques,
espionaje de supuestos allegados, maniobras tétricas,
extorsión sexual... o que incluso reaparezca en la escena
política un fallido candidato presidencial al que todos
creyeron asesinado años atrás.

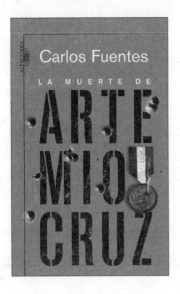

Carlos Fuentes
La muerte de Artemio Cruz

La muerte de Artemio Cruz, novela de 1962 de Carlos Fuentes, es una visión panorámica de la historia del México contemporáneo tal como la rememora un industrial y político agonizante.

Un clásico de la literatura mexicana del siglo XX, que es a su vez una audaz exploración de las posibilidades de representación en la literatura, a través de la superposición de niveles de tiempo, espacio y consciencia narrativos.

En su lecho de muerte, durante su último medio día, el anciano y enfermo **Artemio** Cruz recuerda: no siempre fue ese triste saco de huesos y fermentos corporales; alguna vez fue joven, osado, vigoroso. Y tuvo ideales, sueños, fe. Para defender todo eso, incluso combatió en una revolución. Más la rapiña, la codicia y la corrupción extinguieron su fuego y aniquilaron su esperanza. Tal vez por ello perdió a la única mujer que de verdad lo amó.

Una reflexión sobre el México surgido de la Revolución Mexicana, pero también de cuestiones tan universales y permanentes como la soledad, el poder o el desamor.

Las revoluciones las hacen los hombres de carne y hueso y no los santos, y todas acaban por crear una nueva casta privilegiada...

Carlos Fuentes
El espejo enterrado

Las culturas se fosilizan si están aisladas, pero nacen o renacen
en el contacto con otros hombres y mujeres, los hombres y
mujeres de otra cultura, otro credo, otra raza. Si no reconocemos
nuestra humanidad en los demás, nunca la reconoceremos en
nosotros mismos. De los espejos de obsidiana enterrados en la
urbe totonaca de El Tajín a los espejos ibéricos de Cervantes
y Velázquez, el de la locura y el del asombro, un intercambio
de reflejos culturales ha ido y venido de una a otra orilla del
Atlántico a lo largo de más de quince años; este ensayo cuenta
esa historia, la nuestra.

Sólo nos vemos enteros en el espejo desenterrado de la identidad
cuando aparecemos acompañados del otro; entonces somos
por fin capaces de mirar de cerca las consecuencias de nuestras
acciones y convertir la experiencia en conocimiento.

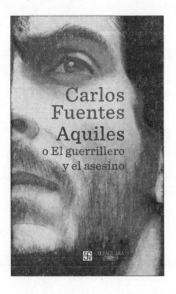

Carlos Fuentes
*Aquiles o El guerrillero
y el asesino*

Aquiles o El guerrillero y el asesino, la novela inédita
de Carlos Fuentes, es un relato personal, fascinante y revelador
sobre un episodio controvertido de la historia contemporánea
de Colombia.

Basándose en la biografía de Carlos Pizarro, uno de los jefes del
movimiento guerrillero M-19, el autor dio forma en esta novela
a un personaje carismático, lleno de luces y de sombras.
Un Aquiles que, como los protagonistas de los poemas
homéricos, se siente llamado a pasar a la acción y acaba
enfrentándose a un destino inexorable que le esperaba paciente.

Más allá de los datos conocidos, entre el inevitable narcotráfico,
una guerrilla que para negociar la paz debe seguir disparando,
la ausencia de proyecto nacional y la indomable voluntad
de luchar, en esta obra póstuma de Carlos Fuentes los lectores
conocerán tanto a un personaje con rasgos épicos como a una
persona compleja, vulnerable, plena de amor y de esperanza.

A viva voz de Carlos Fuentes
se terminó de imprimir en diciembre de 2019
en los talleres de
Impresora y Editora Infagon, S.A. de C.V.
en Escobillería número 3, Colonia Paseos de Churubusco,
Ciudad de México, C.P. 09030